厦门大学
哲学社会科学繁荣计划
2011—2021

■ 本书受厦门大学哲学社会科学繁荣计划的资助

厦门大学公共事务学院文库

ZHUANXINGQI ZHONGGUO DE GONGZHONG CANYU HE
SHEHUI ZIBEN GOUJIAN

ZHUANXINGQI ZHONGGUO DE GONGZHONG CANYU HESHEHUI ZIBEN GOUJIAN

转型期中国的公众参与和社会资本构建

陈福平　著

中国社会科学出版社

图书在版编目 (CIP) 数据

转型期中国的公众参与和社会资本构建 / 陈福平著 . —北京：
中国社会科学出版社，2018.7
ISBN 978 - 7 - 5203 - 2804 - 3

Ⅰ. ①转…　Ⅱ. ①陈…　Ⅲ. ①公民—参与管理—社会资本—
研究—中国　Ⅳ. ①F124.7

中国版本图书馆 CIP 数据核字（2018）第 146778 号

出 版 人　赵剑英
责任编辑　孔继萍
责任校对　沈丁晨
责任印制　李寡寡

出　　版　中国社会科学出版社
社　　址　北京鼓楼西大街甲 158 号
邮　　编　100720
网　　址　http://www.csspw.cn
发 行 部　010 - 84083685
门 市 部　010 - 84029450
经　　销　新华书店及其他书店

印　　刷　北京明恒达印务有限公司
装　　订　廊坊市广阳区广增装订厂
版　　次　2018 年 7 月第 1 版
印　　次　2018 年 7 月第 1 次印刷

开　　本　710 × 1000　1/16
印　　张　16.75
插　　页　2
字　　数　258 千字
定　　价　75.00 元

总 序

　　公共事务是一个涉及众多学科的重大理论与实践领域，既是政治学与行政学（或公共管理学）的研究对象，也是法学、社会学和经济学等学科研究的题中之意。公共事务研究是国家的一个重大战略要求领域。随着全球化、市场化、信息化以及数据化、网络化和智能化时代的来临，当代国内外公共事务的理论和实践都发生了深刻变化；我国改革开放和现代化建设急需公共事务及其管理的创新研究。党的十八届三中、四中全会分别作出了《中共中央关于全面深化改革若干重大问题的决定》和《中共中央关于全面推进依法治国若干重大问题的决定》，提出了"推进国家治理体系和治理能力现代化"以及依法治国的改革总目标。

　　全面深化改革，国家治理现代化，依法治国，决策的科学化民主化，都迫切需要公共事务及其管理理论的指导及其知识的更广泛应用。这为中国公共事务研究提供了前所未有的发展机遇。改革与发展中的大量公共管理与公共政策问题需要系统研究，国家治理的实践及其经验需要及时总结。新形势要求我们迅速改变公共事务及其管理研究滞后于实践发展的局面，推动中国公共事务及其管理的理论创新，以适应迅速变化着的实践发展需要。这是我们继续出版《厦门大学公共事务学院文库》这套丛书的初衷。

　　厦门大学政治学、行政学和社会学学科具有悠久的历史。早在20世纪20年代中期，我校就设立了相关的系科，中间几经调整分合及停办。20世纪80年代中期，作为国内首批恢复政治学与行政学学科的重点综合性大学之一，我校复办政治系，不久更名为"政治学与行政学系"，随后社会学系也复办了。2003年，由我校的政治学与行政学系、社会学系和人口研究所三个单位组建了公共事务学院，2012 年学校又批准成立了公共政策研究院。

经过 30 年的发展，我校的公共管理与公共政策、政治学和社会学等学科已经取得了长足的发展，迈进了国内相关学科的前列。学院及研究院拥有公共管理、政治学 2 个一级学科博士点和博士后科研流动站，人口、资源与环境经济学二级学科博士点（国家级重点学科），社会学二级博士点和博士后科研流动站，公共管理硕士（MPA）和社会工作 2 个专业学位，"行政管理"国家级特色专业，公共管理、政治学和社会学 3 个福建省重点学科，厦门大学"985 工程"及一流学科建设项目——公共管理重点学科建设平台，福建省 2011 协同创新中心——"公共政策与地方治理协同创新中心"，福建省文科重点研究基地——"厦门大学公共政策与政府创新研究中心"和福建省人文社科研究基地——"厦门大学公共服务质量研究中心"以及多个人才创新或教学团队。此外，学院还建立了设备先进的公共政策实验室。

本学院及研究院已形成一支包括多名教育部"长江学者"特聘教授或讲座教授及中组部"万人计划"人才在内的以中青年教师为主、专业结构比较合理、创新能力较强的人才团队，并形成了包括公共管理理论、公共政策分析、政府改革与治理、公共服务及其管理、公共部门绩效管理、人才发展战略、社会管理及社会保障、国家学说、新政治经济学、政治社会学、社会性别与公共事务在内的多个有特色和优势的研究领域或方向。

作为厦门大学公共事务学院和公共政策研究院以及"厦门大学哲学社会科学繁荣计划"和 2011 省级协创中心等项目或平台的研究成果，《厦门大学公共事务学院文库》围绕公共事务及其管理这一核心，遴选我院教师的各种项目研究的成果以及优秀博士学位论文汇集出版，旨在显示近年来我院公共事务及相关学科的研究进展，加强与国内外学界的交流，推进我国公共事务及相关学科的理论创新与知识应用。

陈振明

于 2016 年 8 月 28 日

摘　要

　　在当代中国社会，随着市场经济体制的确立、单位制的解体，各类公众参与在社会中逐渐活跃。然而在实践中，也遇到不少的矛盾和困境。因此本书从普特南的公众参与和相关社会资本理论出发，在中国的转型背景下，对公众参与的现状和困境的深层原因进行了分析和阐释。

　　本书首先回顾了学术界对市场经济和公众参与之间关系的研究中存在"市场推进论"和"市场制约论"两种意见。市场推进论的主要观点是：市场经济的发展，使得个人拥有更多的自主能力和资源，带来了公众参与的繁荣。而市场制约派认为市场经济的发展制约了人们的发展合作精神，从而影响了公众参与。本书的经验研究发现市场经济的两种效应都是存在的，一方面，它的确提高了个体的能力和资源在公众参与中的效用；另一方面，它也存在着对公众参与的抑制作用。对此，本书做了进一步的推论：如果市场经济的确降低了人们的合作意愿，人们不愿在参与中与他人建立新的社会合作和联系，那么由公众参与网络生成内部（网络成员间的信任和互惠）和外部社会资本（普遍信任）的能力，也应该是降低的。经验资料的结果也支持了本书的推论。

　　那么我们应该如何去研究宏观社会组织制度模式对公众参与行为产生的影响呢？普特南强调了社会组织对社会发展的积极作用，然而公众参与研究中也存在着奥尔森关于社会利益组织将有害于社会发展的相反论断。但实际上二者的理论并不存在绝对的对立。普特南将社会资本划分为团结型社会资本和桥接型社会资本，奥尔森则提出排他性团体（利益）和相容性团体（利益）的分析工具。本书认为这两者之间存在着内在联系,即排他性团体创造了团结型社会资本,相容性团体则生成了桥接型社会资本,换言之,相容性团体是普特南所强调的公众参与网络的组织形式,而团结型社会资本的狭隘性则正是奥尔森分析的利益团体分利化倾向的社会产品。不过奥尔森强调的各类利益团体和普特南分析的大众性社会组织所依赖的社会背景,与当代中国的社会组织制度和管理规则完全不同。因此,本书首先从组织的整合效应、社会组织的专业化和经济性、参与的非政治化以及参与的合法性问题四个方面阐释了这种差异。本书的实证研究发现,在中国社会,奥尔森组织也能实现从团结型社会资本到桥接型社会资本的跨越,从而促进社会的整合;但另一方面,普特南组织却在某种程度上导致了网络的封闭性。这种现象的内在原因是:在特定制度和管理方式的作用下,市场经济发展中的公众参与网络也会成为小而分化的利益团体,进而无法承担起在更大社会范围内促进整合的责任。其次,本书使用各国公众参与的资料,从横向比较方式进行了分析,研究结果显示:在相似制度结构的国家或地区中,两类团体的社会影响具有内在趋同性。因此,无论是奥尔森还是普特南的研究,其适用性都需要考虑国家或地区的组织制度和政治整合模式对公众参与或社会组织的形塑关系。

　　本书最后考察了在中国文化背景下,公众参与和社会资本构建之间独特的关系路径。基于相关分析,中国信任的构建包含了一个基本命题:中国人的信任和关系具有同构性,因此,亲属信任对不同类别人群信任的影响就取决于关系的远近亲疏。也就是说,中国的社会资本有很强的不依赖公众参与构建的内生属性。通过对该命题的推演,本书立足于以下两个假设展开分析:首先,特殊信任与普遍信任之间可能是一个此消彼长的关系,当公众参与依赖着关系路线形成时,其所建立的信任仍然是一种无法普遍化的信任。其次,在市场化中存在着两种力量,其在推进普遍信任的同时,也增强了特殊信任和普遍信任之间的矛盾,在这一背景下,依赖关系路线的公众参与和普遍信任之间的矛盾也被增强了。根据实证结果,我们可以得到以下三个启示:第一,在当代中国社会,特殊信任与普遍信任之间的内在矛盾仍然存在,无论是对不同信任之间关系的分析,还是根据网络结构对信任程度的影响,都证明了这一点。

第二，市场经济发展降低了人际关系中生成的特殊信任，然而由于缺乏公共协商制度，不平等效应对封闭性的作用也增强了，因此特殊信任和普遍信任之间的矛盾进一步加强了。第三，公众参与中信任的建立方式仍然遵循差序性人际关系路径，这意味着在中国社会的公众参与中，尚未形成基于制度和共识等规则力量建立社会资本的方式。

此外本书也尝试对互联网公众参与行为的特点进行了分析。研究从数字不平等的视角出发，考察了互联网使用差异与在线公众参与之间的内在联系，即试图分析不同社会经济地位人群由于各自偏好的网络使用类型，是否进一步强化了"参与鸿沟"。本书利用2011—2012年对10个城市在职网民的调查数据，结合对社会经济地位和使用心理以及行为变量的分析，结果表明：虽然互联网使用鸿沟显著存在，但是以娱乐互动为中介的互联网使用能够促进低教育人群的政治表达，而且独立于社会阶层影响的娱乐互动效能也能够促进互联网使用者进一步去获取政治信息的行为。同时研究也发现，高社会阶层在网络公众参与中信息和互动的双重优势，可能潜在地给予了他们在公共议题上的引导性权力。

最后，本书从当代中国经济、政治、文化三个方面的转型背景出发，对公众参与和社会资本之间的关系进行了阐释。对于公众参与困境的内在原因，本书的结论是：由于制度系统的特殊性和文化传统的滞后作用，使得中国的社会资本构建处在一个传统型社会资本尚未消失，而现代型社会资本尚未形成的过渡阶段。因此当重新思考普特南的社会资本理论时，本书认为对处于转型期的国家或地区来说，国家建设和制度建设在公众参与和社会资本构建中扮演了十分重要的角色。推动鼓励性的社会组织制度建设和发展跨人际的社会网络，会更利于公众参与发挥出构建社会资本的效果。在实践中，这也需要通过相关制度保障和公众素养教育来助其实现。

关键词：公众参与　社会网络　社会资本　社会转型

目　录

第一章　引言

第一节　研究背景

改革开放距今已有 40 年，在这期间，中国发生了经济、政治、文化诸方面的快速发展和变化。在经济持续快速增长、人民生活水平显著提高、国际技术和文化不断开放和引入的背景下，社会生活发生了日新月异的变化，在过去，静态人口的社会和文化地平线是由单位、户籍制度、资源由国家分配等决定，现在，代之而起的是一个高度流动、消费主义主导以及对新机会的追逐所推动的社会。单一的计划经济力量在人民生活中已经逐渐消退，这为公众生活和人际交往创造了新的发展空间。

在民间和学术领域，具有广泛公众参与社会治理的社会形态逐渐受到了学术界和媒体的重视。之所以有这一场理论界的大讨论，是因为在国际社会的历史经验中，公众参与的活跃是与市场经济的建立与发展、国家治理能力现代化的逐步确立以及现代性文化的发展和内化相联系的。党的十九大报告也指出："完善党委领导、政府负责、社会协同、公众参与、法治保障的社会治理体制，提高社会治理社会化、法治化、智能化、专业化水平。"[①] 当代中国正经历着一场经济、政治和文化上的重大变革，同时这场变革对公众参与和社会治理的影响也慢慢地渗透到每个人的生活世界。

---

① 习近平：《决胜全面建成小康社会　夺取新时代中国特色社会主义伟大胜利——在中国共产党第十九次全国代表大会上的报告》，2017 年 10 月，中国政府网：http://www.gov.cn/zhuanti/19thcpc/baogao.htm。

　　什么样的社会是一种公众广泛参与的状态呢？在这一概念的理解上，我国政府和学术界基本有着共识，那就是一种多元的"共建共治共享"的社会治理格局，即理顺国家—市场—社会三方关系，推动共同参与和缔造。随着社会主义市场体制的逐步建立和完善，进入新时代以来，这种社会治理格局进一步形成。在特定社会事务领域，政府逐渐转变为宏观指导、制度规制和监管的角色，而大量的社会性、服务性和居民自治性事务则由社会组织来承担。因此，各类社会组织在承担社会职能方面，将担负更加繁重的任务，发挥更加重要的作用。

　　那么如何理解公众参与和社会组织所需承担的功能和社会职能呢？本书认为首先要理解中国从单位社会转型到市场社会的改革。单位制度曾是中国社会的基本制度，是国家分配社会资源和实现社会控制的方式，[①] 是控制和调节整个社会运转的中枢系统，[②] 是再分配体制下的制度化组织。城市中的事业和行政单位是最典型的"单位"，它在宗法制度和家族消解的情况下，承担了原有家族的功能，并随着供给制的推广和党组织向下的延伸而最终被确立，单位制度实际上是一种政治理想和制度惯例的结合，[③] 也是在资源再分配的需求下形成的一个中介组织形式。单位也因此具有功能全面、资源的非流动性、社会活动的行政特性、成员利益的非市场化及人际交往的私人化等特征。按照沃尔德对单位分析所用的"组织性依附"概念的理解，单位之所以具有以上特征和功能，是因为单位是建立在对稀缺资源再分配的基础之上的。按照沃尔德的看法，人们不能从单位外部获取资源而只能从单位中获取资源，被牢牢地束缚于单位，这影响着人们的工作生活、公共娱乐甚至私人生活空间，从而使人们对单位形成了深度的依赖性。在这种单位制背景下，人们的社会交往，无论是私域交往还是公域交往，很大程度上都局限于单位内部。

---

　　① 李路路：《中国非均衡的结构转型》，载袁方等《社会学家的眼光：中国社会结构转型》，中国社会出版社 1998 年版，第 208 页。

　　② 路风：《单位：一种特殊的社会组织形式》，《中国社会科学》1993 年第1 期。

　　③ 同上。

但随着改革开放及市场化进程的深入，中国社会中那种由国家集中控制和统一分配资源的体制正在逐步改变。非公有制经济的崛起和公有制产权的明晰化及单位专业功能的逐渐加强，使原来由国家直接控制的社会资源面向社会分散和转移。市场机制的逐步渗透，严重冲击了旧的体制，单位依附于国家、个人依附于单位的传统生存格局发生了较大程度的变迁。人们对单位的依赖，事实上正在不断降低，从而使得计划经济体制下传统的单位制逐渐解体。

因此，本书所分析的公众参与或社会组织参与，首先是对当代中国市场经济中资源逐渐流动、人们自主空间逐渐扩大、社会成员自主意识逐渐提高的一种组织化力量的承接，这种承接表现于社会成员之间是如何通过自身的力量整合成为一个个新生的社会群体，并通过群体性的参与和交往，互相形塑着国家、市场和社会的多元关系，从而再生产出新型的当代中国社会治理结构。

第二节 研究主题与概念

一 研究主题

据统计，1965年，中国有全国性社会组织近100个，地方性社会组织6000多个。1966—1976年的"文化大革命"期间，全国各类社会组织陷入"瘫痪"状态。1976年以后社会组织开始发展并再度进入繁荣时期，截至2016年底，全国范围内的社会组织已达到70.2万个。但是社会组织的空间分布呈现出高度的不平衡，表现为其在城市中的发展水平远远高于农村，经济发达地区远远高于经济落后地区，沿海地区远远高于内陆地区，总体而言，社会组织的发展和发育程度，与其所在地区的经济发展水平和市场活跃程度密切相关。

当代中国社会组织的另一个特点是政府对组织发展的推动。据世界银行2005年6月报告的数据显示，中国有各类事业单位100多万个，纳

入政府事业单位编制的工作人员近 3000 万，占公共部门就业人数的 40%
以上，其中包括我国 60% 以上的受过最良好教育的专业技术人员，[①] 我
国事业单位各项事业经费支出占政府财政总支出的 30% 以上。因此，我
国目前的社会组织、公募基金会多数由政府部门或相关机构出资，工作
人员或负责人纳入事业单位编制，有的甚至纳入国家公务员系列。

另外，据专家估计，我国的社会组织实际数量远远多于登记数量。
清华大学王名教授在《中国 NGO 发展和研究现状》的报告中认为：在中
国范围之内开展各种公益或者互益活动的社会组织大概是 300 万家，但
是这里边真正按照现行法规登记注册的只有十分之一。[②] 国际上许多国家
对多种形式的社会组织采取备案制管理，并不需要按照法律严格注册登记。
因此，我国大量社会组织游离于法规登记之外其实具有一定的客观现实性，
如我国农民已自发成立近 13 万个协会，但其中大部分没有到民政主管部门
登记。[③] 对社会组织而言，行为的合法性比组织的合法性更为重要。

在社会组织大量发展的同时，公众参与本身也面临一系列问题，例
如部分公众在政治上较为冷漠，没有参与的热情；部分公众有很高的参
与热情和参与需求，却缺乏通畅合法的参与途径；部分公众在参与中存
在失序现象，与政府发生冲突；还有部分公众参与失去控制，危害社会
的正常秩序。[④] 与此同时，社会对相关社会组织的认知和信任程度也较低，
相关调查显示，90% 以上的人在面临问题时倾向于找政府解决，只有 3% 的
人遇到问题寻求社会组织的帮助，一半以上的人对私人、社会属性的东西
不信任，社会组织参与的欠缺反过来影响了其自身的赋权能力。[⑤]

---

① 世界银行：《中国：深化事业单位改革》，www. worldbank. org. cn/Chinese/
content/psu_cn. pdf。

② 王名、刘培峰等：《民间组织通论》，时事出版社 2004 年版，第 262 页。

③ 李勇：《民间组织的专项改革与制度创新》，载王名主编《中国民间组织 30
年——走向市民社会》，社会科学文献出版社 2008 年版，第 122 页。

④ 俞可平：《中国治理变迁 30 年：1978—2008》，社会科学文献出版社 2008 年
版，第 5 页。

⑤ 贾西津：《中国公民参与：案例与模式》，社会科学文献出版社 2008 年版，
第 15 页。

因此，本书旨在立足于当代中国发展和转型的背景下，探讨公众参与的问题，并且希望回答以下几个基本的理论与实践问题：

（一）当代中国现代社会主义道路，是以经济带动社会、政治的变化而展开的道路，在这一转型的基本思路中，公众参与是如何并且以怎样的方式展开的？

（二）公众参与中相关问题和困境存在的内在社会机制是什么？我们如何找到一个合适的理论视角和研究框架对这种社会机制的逻辑加以阐释？

二　概念界定

在国际上，社会志愿性、制度化、多样性的公众参与已经成为社会参与的具体表现形态，公众参与这种社会实践形态，一直被视为社会发育成熟、公众表达自治精神的基本体现。[①] 笔者认为在我们的研究中，需要对公众参与和社会资本这两个概念进行相应的界定，并厘清其内在的联系和区别，从而指导本书后续研究的开展。

（一）公众参与

根据公众参与协会（IAP2）的标准定义，公众参与的定义包括：（1）公民在影响其生活的政策制定过程中（主要是行政决策）有发言权；（2）公民对政策制定能够产生实质性的影响；（3）参与过程中所有参与者的利益能够得到充分沟通，而且该过程能够满足参与的需要；（4）参与过程具有开放性，便于潜在的受影响群体的参与；（5）参与过程能够清晰定义公众参与的机制和方式。

在本书的分析和阐释目标中，不同于政治学和公共行政学强调政策决策领域的参与，主要将公众参与定位为一种社会学所重视的社会性参与，偏重于社会组织的参与，包括社会成员参与各类的体育或娱乐组织、俱乐部、社会联谊组织、艺术音乐或教育组织、环境组织、专业协会

---

① 刘岩、刘威：《从"公民参与"到"群众参与"——转型期城市社区参与的范式转换与实践逻辑》，《浙江社会科学》2008 年第 6 期。

（学会）、慈善公益组织、社会福利组织等。

（二）社会资本

在关于社会资本的研究中，基本存在两种取向。一种取向关注个体行动者如何利用自身社会网络中所嵌入的资源来实现个人目标，例如地位获得。[①] 另一种取向则立足于集体行动者，也就是参与行为如何提高组织的集体目标，例如参与性民主或社会发展。[②]

本书的研究，则主要立足于组织或社团层面上的社会资本创造。在普特南的研究中，公众参与网络被认为是推动公民之间合作的关键机制，并且提供了培养信任的框架。他同时分析了公众参与网络对社会发展带来的好处：首先，在一个共同体中，此类网络越密，其公民就越有可能进行为了共同利益的合作。其次，公众参与网络增加了人们在任何单独交易中进行欺骗的潜在成本，培育了强大的互惠规范，促进了交往，促进了有关个人品行的信息的流通，还体现了以往合作的成功，可以把它作为一种具有文化内涵的模板，未来的合作在此之上进行。最后，密集但彼此分离的垂直网络维持了每一个集团内部的合作，而公众参与网络则跨越了社会的分层，滋养了更广阔的合作。因此，普特南提出："如果

---

① Ronald Stuart Burt, *Structural Holes: The Social Structure of Competition*, Cambridge: Harvard University Press, 1992; Ronald Stuart Burt, "The Network Structure of Social Capital", *Research in Organizational Behavior*, Vol. 22, No. 22, 2000; Bonnie H Erickson, "Culture, Class, and Connections", *American Journal of Sociology*, Vol. 102, No. 1, 1996.

② R. D. Putnam, "The Prosperous Community: Social Capital and Public Life", *The American Prospect*, Vol. 13, No. 13, 1993; A. Bebbington and T. Perreault, "Social Capital, Development, and Access to Resources in Highland Ecuador", *Economic Geography*, Vol. 75, No. 4, 1993; P. McClenaghan, "Social Capital: Exploring the Theoretical Foundations of Community Development Education", *British Educational Research Journal*, Vol. 26, No. 5, 2000; P. Paxton, "Social Capital and Democracy: An Interdependent Relationship", *American Sociological Review*, Vol. 62, No. 7, 2002; R. D. Putnam, *Bowling Alone: The Collapse and Revival of American Community*, New York: Simon & Schuster, 2000; K. A. Schafft and D. L. Brown, "Social Capital and Grassroots Development: The Case of Roma Self-Governance in Hungary", *Social Problems*, Vol. 47, No. 2, 2000.

说，横向的公众参与网络有助于参与者解决集体行动困境，那么，一个组织的建构越具有横向性，它就越能够在更广泛的共同体内促进制度的成功。"①

因此，在本书的研究中，社会资本包含三个层面的内容：第一，社会资本的网络层面，其表现为公众参与网络的结构和发展情况；第二，社会资本的核心层面，其表现为网络中和网络外形成的互惠行为和信任，其中信任是本书的主要研究对象之一；第三，社会资本的宏观层面，其表现为公众参与之于社会整合的意义和效果。

第三节 公众参与和社会资本研究的意义

一 理论意义：公众参与——社会资本的创造者

普特南的《让民主运转起来》重点研究了意大利不同地区公众参与的传统和结构，他得出的结论是：之所以意大利北部在经济发展水平和政府绩效上要高于意大利的南部，其重要的原因并不是物质资源和人力资本上的差异（因为在这两方面，南部和北部的差距并不大），发展水平差异的真正原因来自公众生活结构上的不同。在北部，社会互动繁荣发展，人们具有较高的公众参与水平，而在南部地区，却缺乏这种公众参与的基础。因此，在同样的外部条件下，两个地区的发展逐渐拉开了差距。

接着，普特南进一步对社会资本与制度绩效之间的因果关系进行了阐释，他认为社会资本指的是包含了信任、规范和网络等要素的组织特

① R. D. Putnam, "The Prosperous Community: Social Capital and Public Life", *The American Prospect*, Vol. 13, No. 13, 1993; R. D. Putnam, R. Leonardi and R. Y. Nanetti, *Making Democracy Work: Civic Traditions in Modern Italy*. Princeton, NJ: Princeton University Press, 1994.

征，它们能够通过推动集体行动来提高社会效率，① 在研究中，普特南是将公众参与作为社会资本而进行分析的。在这一理论指导下，普特南阐释了社会资本之于制度绩效和经济发展的意义。在实证研究中，他首先对 1970 年意大利政府将权力下放到地方政府后的政府绩效进行了地区比较，结果表明，与南部地区相比，意大利北部具有更高的政府绩效。对此普特南解释道：对于意大利南北部而言，正是社会资本水平差异造成了地方治理水平上的不同。在意大利北部，人们富有公共精神，社会中有着大量而密集的公众参与团体，例如体育俱乐部、合唱团、远足俱乐部、鸟类观察组织、文学会、猎人协会等，这些社会组织的特点是一种横向的参与网络。在意大利南部地区，人们极少参加社会生活，在他们眼里，公共事务就是别人的事务，他们互不信任，社会生活是按照垂直的等级制组织起来的，腐败和违法乱纪是家常便饭。普特南认为在一个拥有大量社会资本存量的共同体中，社会生活是有序和协调的，因为公众参与网络孕育了一般性交流的牢固准则，促进了社会信任的产生，这种网络有利于协调和交流、扩大声誉，因而也有利于解决集体行动的困境，当政治和经济谈判是在社会互动的密集网络中进行时，机会主义的动机减少了。②

普特南的论述引发了研究者们对社会资本与经济发展、社会治理的关系等问题的广泛讨论。普特南把社会资本解释成"能够通过推动协调的行动来提高社会效率的信任、规范以及网络"，这就把长期以来被主流经济学所忽略的社会关系转换为解释潜在经济能力与行为的社会因素。这个概念在 20 世纪 90 年代迅速得到了一大批学者的赞同，并被广泛地运用到各类研究中。

---

① ［美］罗伯特·普特南：《繁荣的社群——社会资本与公共生活》，载李惠斌、杨雪冬主编《社会资本与社会发展》，社会科学文献出版社 2000 年版，第 155—156 页；［美］罗伯特·普特南：《独自打保龄球：美国下降的社会资本》，载李惠斌、杨雪冬主编《社会资本与社会发展》，社会科学文献出版社 2000 年版，第 195 页。

② ［美］罗伯特·普特南：《繁荣的社群——社会资本与公共生活》，载李惠斌、杨雪冬主编《社会资本与社会发展》，社会科学文献出版社 2000 年版，第 167 页。

普特南进一步利用公众参与作为社会资本的重要指标分析了当代美国的社会资本状况。通过对各种类型公众参与（投票、参与政党活动、居民参与社区活动、公众表达等）的比较和分析，他发现社会资本在美国处于一个不断下降的趋势。在1995年的文章中，普特南将社会资本下降的原因归结为以下几个方面：（1）工作紧张和时间压力；（2）经济低谷；（3）人口流动；（4）郊区化；（5）妇女求职运动和双职工家庭的压力；（6）婚姻和家庭关系的衰弱；（7）经济结构的变化，如连锁商店、分公司和服务部门的兴起；（8）福利国家的增长；（9）公民权利的革命；（10）电视、电子革命和其他技术变革；（11）20世纪60年代的社会冲突，如越南战争、水门事件、公共生活的觉醒和对权威的文化反叛。后来普特南在2000年出版的《独自打保龄球：美国下降的社会资本》一书中，将上述原因归纳为四个方面：美国人面临的时间和金钱压力、美国人频繁的流动和迁徙、技术和大众传媒的发展、代际差异。①

因此，本书将从普特南的社会资本理论视角出发，在中国的转型背景下讨论公众参与对社会资本的构建效果。在理论上，本书力图回应两个问题：第一，中国的公众参与和社会资本的构建所依赖的社会背景和制度环境与西方具有差异性，这种差异性是否造成了社会资本构建方式和效果的不同？第二，普特南社会资本理论强调公众参与网络就是社会资本，而本书认为只有当公众参与网络生成了社会产品，且这种社会产品能够产生超越参与需求的社会效果时，其才表现出社会资本的"资本"内涵。当以这一对象为立足点时，我们的分析结论是否会与普特南的分析产生差异？

二　现实意义：发展与推动社会资本

（一）公众参与的发展和问题

正如西方学者所强调的那样，公众参与被视为一个富有活力社会的

---

① ［美］罗伯特·普特南：《独自打保龄球：美国下降的社会资本》，载李惠斌、杨雪冬主编《社会资本与社会发展》，社会科学文献出版社2000年版，第195页。

基础和主要构成因素。① 因此，随着当代中国市场经济水平的不断提高，人们在社会生活和政治领域对公众参与的需求也不断增加。对于公众参与，社会学的相关研究中关注的不仅仅是效率问题，也不仅仅是利益冲突和权力均衡，我们更加关注人们在社会生活中的本原，关注社会联系的建设、信任与互惠基础的生产，关注对需要者提供服务的公共行为和对自己的事情自己治理的自信。在社会学的视野中，公众参与本身就是目的，而不必首先是手段，② 人们在平等的参与和自我治理中所感受的自主性、创造性、合作的能力、认同感等成分，其本身也是目的。因此，公众参与对于当代中国走向现代社会而言，其本身就是发展中的一个必然现象，值得我们在实践中加以考虑和分析。

然而正如前文所述，当代中国的公众参与和社会组织发展存在种种制度和社会层面的困境和问题，例如社会组织和国家规制之间的关系、公众参与意识问题、社会组织的合法性和效能问题等。这些制度上和行动中的困境，对公众参与造成了怎样的影响呢？如果说公众参与是现代社会发展所需社会资本的主要缔造力量，那么这种影响又造成了其怎样的变化呢？本书相信通过对以上问题的探讨，可以帮助我们找到答案，从而有利于在实践中进一步推动社会生活中公众参与的良性发展。

（二）社会资本构建的作用

我们相信通过公众参与来形成社会资本，对社会的政治和经济发展也具有重要的推动作用。总体而言，社会资本的意义主要体现在以下几

---

① Jeffrey M. Berry, *The Interest Group Society*, New York: Addison Wesley Longman, 2009; Franklin I Gamwell, *Beyond Preference: Liberal Theories of Independent Association*, Chicago: University of Chicago Press, 1984; David G. Green, *Reinventing Civil Society*, London: Institute of Economic Affairs Health and Welfare Unit, 1993; P. Q. Hirst, *Associative Democracy: New Forms of Economic and Social Governance.* Amherst, MA: University of Massachusetts Press, 1994; Alejandro Portes, "Social Capital: Its origins and Applications in Modern Sociology", *Annual Review of Sociology*, Vol. 24, No. 1, 1998; M. J. Smith, "Pluralism, Reform Pluralism, and Neopluralism: The Role of Pressure Groups in Policy-Making", *Political Studies*, Vol. 38, No. 2, 1990.

② 王名、刘培峰等：《民间组织通论》，时事出版社 2004 年版，第 48 页。

个方面:

1. 通过组织层面的参与，扩大个体的社会网络，提高个人网络中的可利用资源

社会资本研究中，一直存在着个体和组织、社会的两个流派。前者强调个人在社会网络中汲取和利用的社会资源，就是其所拥有的社会资本，在研究中，社会资本被认为可用于解释以下各方面的产出，包括工业生产、公司发展、职业成功。① 就公众参与对社会资本构建的现实意义而言，通过公众参与可以加强人们之间的合作和互助行动，从而提高社会信任，这对降低人们在市场活动中的交易成本、促进人际间的集体行动，具有重要的意义。

因此，人们在注重有形资本研究的同时，开始注重无形资本尤其是人力资本以外的无形资本的研究，这是经济学与社会学研究领域的一种融合。在经济学领域，学者们致力于社会资本与经济增长和发展的关系研究，把社会资本看作物质资本、人力资本之外的资本要素，以解释和说明一个地区乃至一个国家经济增长和经济发展的成就。这些研究被广泛应用于有关亚洲经济成长模式的解释当中，例如人们常常认为东亚经济的起飞和高速增长是亚洲特有的品质和性格以及社会组织的价值（勤劳、团队精神、中庸之道）的结果。如果说在当代中国社会，传统的社会资本是推动经济发展的重要力量，那么对于未来的中国而言，由市场经济推动下公众参与所形成的新型社会资本则是我们需要加以思考的更为重要的方面。

2. 由公众参与所形成的社会资本是提高政府绩效、实现善治的重要因素

正如普特南对意大利南部和北部的比较分析中所呈现的，我们可以看到对于一个有效率的政府治理而言，社会资本的作用是明显的。通过

---

① Howard E. Aldrich and C. M. Fiol, "Fools Rush in? The Institutional Context of In-dustry Creation", *Academy of Management Review*, Vol. 19, No. 4, 1994; Tone A. Ostgaard and S. Birley, "Personal Networks and Firm Competitive Strategy—A Strategic or Coincidental Match?" *Journal of Business Venturing*, Vol. 9, No. 4, 1994.

横向的公众参与网络，人们实现了在社会生活中的交往和互助，建立了良好的信任关系，通过这种联系和社会氛围的建立，使得政府能够更好地跟社会组织进行合作，共同改善经济和政治的发展结构。正如燕继荣所言，"人们一般引用西方政治学关于国家与个人的理论来研究中国政治问题，习惯于从国家制度与公民意识和行为两个宏观和微观的层面出发分析政治问题，而社会资本理论让我们更加关注中观层面的问题，即介于国家与个人之间的社群或社区组织在社会治理模式中的地位和作用"[①]。

事实上对公众参与的强调，可以从许多学者的分析概念中找到相应的阐释，例如"多元主义""大众社会""公民文化"等。[②] 在这些概念的分析思路上，无疑存在一个共同的特征，即一个有效并能够获得民众最大支持的政府，是一个能够推动公众参与社会生活、扩大社会合作与沟通渠道的政府。在政治领域中，国家能够依靠自上而下的力量，给予公众参与以制度保障和资源供给，保障公众参与的有效和持续。同时在大众生活中，人们能够依靠制度化、组织化的公众参与，加入社会治理的行列，从下而上地反映民众的需求和意见，改善政府的治理模式和绩效。这样，在一个拥有高度社会资本存量的社会里，经济发展、政府治理和人民生活就会进入良性运行的状态，使得国家、市场和社会都更加积极健康地发展。

---

① 燕继荣：《投资社会资本》，北京大学出版社 2006 年版，第 16 页。

② Craig Calhoun, *Habermas and the Public Sphere.* Cambridge, MA: MIT Press, 1993; S. M. Lipset, "The Value Patterns of Democracy: A Case Study in Comparative Analysis", *American Sociological Review*, Vol. 28, No. 4, 1963; S. M Lipset, M. A. Trow, and J. S. Coleman, "Union Democracy: The Internal Politics of the International Typographical Union", *American Journal of Sociology*, Vol. 61, No. 6, 1956; David Bicknell Truman, "The Governmental Process: Political Interests and Public Opinion", *Western Political Quarterly*, Vol. 4, No. 4, 1951; Gabriel Almond, and Sidney Verba, *The Civic Culture.* Princeton, NJ: Princeton University Press, 1963.

第二章 理论视角与综述

第一节 公众参与的社会资本视角

一 从个体出发的社会资本

社会资本是 20 世纪 80 年代开始特别是 90 年代兴起的一个国际性学术热点，它由社会学家率先提出，而后被经济学家、政治学家以及法学家广泛采纳并用来解释和说明各自研究领域问题的综合性概念和研究方法。社会资本这一概念最早由法国社会学家布迪厄提出，科尔曼、林南、普特南和福山等都对社会资本进行了详细的论述。

布迪厄将社会资本定义为："实际或潜在资源的联合体，它们与或多或少制度化了的相互认识与认知的持续关系网络联系在一起……通过集体拥有的资本的支持提供给他的每一个成员。"① 从布迪厄的定义中可以看出，他视社会资本为一种关系结构，这与科尔曼的定义有些相似。布迪厄将资本分为经济资本、文化资本和社会资本，其中经济资本是其他两种资本的基础，其他两种资本都可以化约为经济资本。

科尔曼从功能的角度来定义社会资本，他在《社会理论的基础》一书中写道："社会资本的定义由其功能而来；它不是某种单独的实体，而是具有各种形式的不同实体；其共同特征有两个：它们由构成社会结构

---

① 参见周红云《社会资本：布迪厄、科尔曼和帕特南的比较》，《经济社会体制比较》2003 年第 4 期。

的各个要素所组成；它们为结构内部的个人行动提供便利。"①从科尔曼的定义中可以看出，他将社会资本视为一种关系结构，结构中的个人可以利用社会资本提供的资源。他通过列举四个例子：韩国激进学生运动中的学习小组、美国医患关系出现的信任危机、一位母亲从底特律郊区移居至耶路撒冷以及开罗的中央市场中零售商所结成的关系，来证明"社会组织构成社会资本，社会资本为人们实现特定目标提供便利，如果没有社会资本，目标难以完成或必得付出极高的代价"②。与物质资本和人力资本一样，社会资本也是生产性的，不过社会资本不依附于独立的个人，也不存在于物质生产的过程之中，而是存在于人际关系的结构之中。社会资本具有公共物品的性质，这是它区别于其他资本形式的最基本的特征，例如家长教师联合会这一社会资本，可以为学校带来许多益处，而联合会成员只能获得全部利益的一部分，如果某一联合会成员决定退出，将给其他学生家长以及学校带来不利影响。

科尔曼认为从功能的角度来定义社会资本，可以使研究者忽略不同类型社会关系之间的区别，而只关注其功能，社会资本的主要形式有义务与期望、信息网络、规范与有效惩罚、权威关系、多功能社会组织以及有意创建的组织。科尔曼特别强调了在义务与期望这一形式的社会资本中，信任关系特别重要，对信任关系的强调也是普特南和福山的主题，两位学者分别论述了信任对于制度绩效和经济结构的影响。影响社会资本出现和消亡的因素包括网络的封闭性、社会结构的稳定以及意识形态，科尔曼特别指出富裕以及需要的满足得自官方（各种政府援助计划）会使人们相互需要的程度降低，从而减少社会资本。

华裔美国社会学家林南将社会资本看作一种资源，"在目的性行动中被获取的和/或被动员的，嵌入在社会结构中的资源"③。林南认为资源是

---

①　J. S. Coleman, *Foundations of Social Theory*, Cambridge: Belknap, 1990, p. 333.

②　Ibid., p. 335.

③　[美] 林南：《社会资本——关于社会结构与行动的理论》，张磊译，上海人民出版社 2006 年版，第 40 页。

所有资本理论，特别是社会资本理论的核心。① 资源可以是先赋的或自致的。先赋资源是与生俱来的，如性别和种族。资源也可以自致，如教育、有声望或有权威的工作。当资源在市场中被投资以产生期待的回报时，它们就变成了社会资本。社会资本理论由一组关于社会的宏观、中观和微观假定构成。宏观的假定是：有价值的资源嵌入在社会结构中且是金字塔形的等级制结构，在等级制中的层级越高，有价值的资源聚集越多，位置的数量越少，权威的控制越大，占据的数量越少。中观的假定是一个网络的假定，即在社会网络中，不同的行动者拥有不同的资源，其中包括个体拥有的资源，以及他所占据的位置的资源，其他行动者可以通过直接或间接的互动去获得这些资源。为连接个体与结构，林南将行动区分为工具性行动和表达性行动，工具性行动是那些为了实现某些目标的人采取的行动，这类行动的明显特征为手段与目标是分离的；而在表达性行动中，行动既是手段又是目的，两者是一体的、不可分割的。在区分了工具性行动和表达性行动之后，林南提出社会资本的第三个假设，即在人们的目的性行动中，个人资源的作用是有限的，而嵌入在社会结构中的资源更有用——行动的成功与社会资本正相关。

　　在上述假定下，社会资本的测量有三个标准：（1）达高性：自我通过社会关系可以在等级制结构中触及的最顶端位置的资源。（2）资源异质性：反映了自我通过跨越结构等级制位置的社会关系可触及的资源的纵向幅度。（3）广泛性：只是反映了自我通过社会关系触及的位置及其嵌入性资源的多样性。

　　那么谁更可能获取好的社会资本呢？林南提出了三个可能的因素：（1）自我在等级结构中的位置；（2）自我与其他行动者之间关系的性质；（3）网络中关系的位置。这三个因素导致关于获取社会资本的四个理论命题：（1）自我的结构性位置的强度。即初始位置（指自我的先赋位置与自致地位）越好，行动者越可以获取和使用好的社会资本。（2）关系的强度，包括强关系强度命题和弱关系强度命题。关系越强，获取的社

---

① ［美］林南：《社会资本——关于社会结构与行动的理论》，张磊译，上海人民出版社 2006 年版，第 40 页。

会资本越可能正向地影响表达性行动的成功；关系越弱，自我在工具性行动中越可能获取好的社会资本。（3）关系的位置的强度：个体越靠近网络中的桥梁，他们在工具性行动中获取的社会资本越好。（4）结构位置、关系与网络位置的共同（互动）效应：对于工具性行动，网络位置（靠近桥梁）强度视桥梁所连接的不同资源而定。

周敏和林闽钢认为，社会资本与人力资本一样，也是金融资本的比喻，但社会资本的不同之处在于它不是由个人或群体掌握的资源组成，而是由导向建设性结果的社会互动的过程组成。[①] 周敏等认为把个体间结构化了的互动理解为"资本"是有用的比喻，因为社会关系能够看作是产生有利后果的投资。但比喻也可能误导人们，认识概念间的区别和共同点非常重要，社会资本与金融资本或人力资本最大的不同在于：金融资本和人力资本都能够界定为在人类事务的社会经济安排中拥有明确位置的特定数量的资本，而社会资本不能这样界定。可能所有的理论建构都是比喻性的，然而社会资本的比喻特征最为明显并且麻烦，因为它涉及将专业术语从社会生活的一个领域（金融投资）延伸到另外一个领域（社会关系）。周敏等人也认为不能将社会资本仅仅理解为规范或价值，这样做与以迪尔凯姆为代表的传统社会学家将共享规范视为整合原因的做法并无二致。周敏对唐人街的研究表明了族裔聚居区作为一种社会资本对移民的重要意义。[②] 唐人街提供的社会网络和社会资本使移民能够很快适应新国家、提高社会地位以及远离种族主义的歧视。唐人街内还存在着以家庭、宗亲关系和社区经纪人为基础的有千丝万缕联系的就业网络，那些不懂英语、缺乏市场适用的职业技能、对大社会毫不了解的移民，可以很容易地通过这些网络找到合适的工作。唐人街也起到了庇护所的作用，街内大都是华人，大家彼此没有种族上的矛盾，而在街区之外，移民就必须克服种族主义造成的压力。所以，唐人街作为一种族裔社会资

---

① 周敏、林闽钢：《族裔资本与美国华人移民社区的转型》，《社会学研究》2004 年第 3 期。

② 周敏：《唐人街：深具经济社会潜质的华人社区》，商务印书馆 1995 年版，第 109—132 页。

本，为移民提供了物质和精神的双重支持。综观以上几位学者的论述，可以很明显地看出他们都将分析的焦点集中在个人如何获得社会资本上。

二　组织与群体层面的社会资本

事实上，也可以在群体、组织甚至国家的层次上讨论社会资本，普特南和福山就是典型的代表。该理论的主要观点可以概括为：个人之间通过合作、互惠、参与集体社会行动，产生社会信任并形成社会资本，小群体内的社会信任能扩展至对政府的信任，促进英明的公共政策、强劲的经济增长、有效的公共管理以及较高的制度绩效的产生。[①] 普特南将社会资本与民主、公众参与联系起来，他认为社会资本"指的是社会组织的特征，例如信任、规范和网络，它们能够通过推动协调和行动来提高社会效率。社会资本提高了投资于物质资本和人力资本的收益"[②]。在这一思想的指导下，普特南论证了社会资本对制度绩效的正功能。他在对意大利进行的实证研究中发现，1970 年意大利将权力下放到地区政府之后，北部地区比南部地区的政府绩效更高。为什么会这样呢？普特南认为，这是因为北部地区富有公共精神，而南部地区则缺乏这种精神。在北部地区存在着许多社团组织，如足球业余爱好者俱乐部、合唱团、远足俱乐部、鸟类观察组织、文学会、猎人协会等，那里的人民关心公共事务，遵纪守法，相互信任，社会的组织和参与方式是横向的、水平的。相反，在南部地区，人们极少参加社会生活，在他们眼里，公共事务就是别人的事务，他们互不信任，社会生活是按照垂直的等级制组织起来的，腐败和违法乱纪是家常便饭。普特南认为，在一个拥有大量社会资本存量的共同体中，人们的生活是比较顺心的，因为公众参与的网络孕育了

---

① 杨敏：《作为国家治理单元的社区——对城市社区建设运动过程中居民社区参与和社区认知的个案研究》，《社会学研究》2007 年第 4 期。

② ［美］罗伯特·普特南：《繁荣的社群——社会资本与公共生活》，载李惠斌、杨雪冬主编《社会资本与社会发展》，社会科学文献出版社 2000 年版，第 155—156 页。

一般性交流的牢固准则、促进了社会信任的产生，这种网络有利于协调和交流、扩大声誉，因而也有利于解决集体行动的困境，当政治和经济谈判是在社会互动的密集网络中进行的时候，机会主义的动机减少了。①

普特南指出，所有社会制度的绩效都取决于我们如何解决集体行动的困境，即我们在为共同利益合作的过程中，都会面临这样一个问题：如果合作的话，每一方都能从中获益，然而，由于缺乏信任，人人都愿意"搭便车"。如何走出困境呢？普特南认为由互惠规范和公众参与网络组成的社会资本可以解决这一问题。对于集体行动悖论以及由此产生的违背自身利益的投机行为，其成功的超越依赖于更为广阔的社会背景，在那里，任何一种博弈都能够进行。而在一个继承了大量社会资本的共同体内，自愿的合作更容易出现，这些社会资本包括互惠的规范和公众参与的网络。② 普特南引用"轮流信用组织"来阐述社会资本如何促进自发的合作，轮流信用组织的成员每人每月交一些钱，每一个月都有一个成员得到这笔钱，然后做他或她想做的事（操办婚礼、买自行车、买缝纫机或给自己的小店进货等），这个成员下个月就没有资格再拿钱了，但是要继续交钱，直到所有的成员都拿到了钱。轮流信用组织显然违背了集体行动的逻辑：为什么参与者在拿到他那一份之后不退出？考虑到这一风险，为什么其他人还会先捐款后受益？普特南指出，轮流信用组织的组织者在挑选成员时清楚地意识到了这些风险，因此他们会挑选那些享有诚实而可靠的名声的人，而人们判断一个人是否拥有好名声的依据是他以前参加类似组织的表现，所以如果违约，这个人的名声就会受到很大的影响，"声誉的不确定性和违约的风险，被强大的规范和密集的互惠性参与网络降到了最低"③。

普特南主要强调社会资本对制度的重要性，而日裔美国学者福山则

---

① ［美］罗伯特·普特南：《繁荣的社群——社会资本与公共生活》，载李惠斌、杨雪冬主编《社会资本与社会发展》，社会科学文献出版社 2000 年版，第 167 页。

② ［美］罗伯特·普特南：《使民主运转起来》，王列、赖海榕译，江西人民出版社 2001 年版，第 191—195 页。

③ 同上书，第 197 页。

认为社会资本对经济发展影响重大。福山将社会资本看作是由社会或社会的一部分普遍信任所产生的一种力量，这种社会资本体现在各种社会群体中，小的如家庭、大的如国家。人力资本可以通过理性的决策获得——如接受大学教育或经过训练成为一名机械师或计算机编程专家，社会资本却不可能通过这样的途径获得，"社会资本的获得要求人们习惯于群体的道德规范，并具有忠诚、诚实和可靠等美德，而且信任未在成员中间普及之前群体必须整个地接受共同的规范。换言之，社会资本不可能仅靠个人的遵守来获得，它是建立在普遍的社会德行而非个人的美德的基础之上。从另一角度来说，正是因为社会资本是基于道德习俗，所以它也同样地难以改变或摧毁"①。像韦伯认为新教伦理导致资本主义产生一样，福山将信任视为一种文化，这种文化有助于大型商业组织的形成。他指出，人们通常将美国和日本视为两个持相反社会导向的国家，美国是个体主义社会的象征，而日本则是重视群体和国家的"社群导向"社会的楷模。但是美国和日本在工业结构方面具有很多共同点，如经济都由大型企业控制，家族企业在两国发展早期就已经向专业管理和理性组织的企业演进等。福山将这些共同点归因于美国和日本都建立了介于国家和家庭之间的社群组织，这样人们既不会过度依赖国家，又发展了超出家庭范围之外的社会信任，因而能够建立大规模的工业组织。而华人社会表面上看起来与日本同受儒家文化的影响，但是因为"家族主义"的影响，华人社会的信任很难扩展到家庭之外，也就很难与家庭成员之外的人结成商业关系，因此华人社会的工业结构多以家族企业为主，而且大多数规模比较小。"美国、日本和德国之所以能够这样做（首先发展大型现代化、合理组织的、专业人员管理的企业），是因为在它们的社会中，毫无关系的个体之间存在着高度的信任，从而为社会资本打下了坚实的基础。"②

　　以上学者都重点论述了社会资本的积极后果，而波茨则指出了其负

---

　　①　[美] 弗兰西斯·福山：《信任：社会美德与创造经济繁荣》，彭志华译，海南出版社 2001 年版，第 30—31 页。

　　②　同上书，第 49—57 页。

功能。"与事实相反，个人和团体用作社会资本的同样机制可能有其他的、让人不喜欢的结果。重点强调这些后果出于两个原因：首先，避免把社群网络、社会控制以及集体惩罚完全看作幸事的认识陷阱；其次，要在严肃的社会学分析而不是道德化表态限度内进行分析。"① 社会资本的四个消极后果是：排斥圈外人、对团体成员要求过多、限制个人自由以及用规范消除秀异。社会资本能为人们带来资源和利益，但前提是人们必须是特定团体中的成员，团体之外的人是没有资格享受社会资本带来的益处的，因此，社会资本具有排外性。这样的例子包括：韩国移民在东海岸的几个城市中控制了制造业，犹太商人对纽约的珠宝贸易的垄断传统，古巴人对迈阿密经济中的许多部门的控制。波茨引用韦伯的观点来阐释社会资本的第二个消极后果：阻碍成员进行商业创新。韦伯强调企业家成功的原因之一是普世主义原则所指导的非人格的经济交往，而在高度团结的共同体中，团体成员间的亲密关系可能会产生巨大的搭便车问题，不勤奋的成员会向更成功的成员提出更多的要求，例如家庭或朋友起初往往恳求成功企业的支持，因为他们认为他们的家庭成员身份或亲密朋友身份有资格获得支持，这是他们的社会资本，而在这个过程中，本可以用于投资的资本未能积累而被他们消耗掉了。② 限制个人自由是社会资本的第三个消极后果。团体巨大的凝聚力会产生要求成员服从的压力，无所不在的社会控制在保护成员的同时，也极大地限制了他们的自由。社会资本的最后一个消极后果是用规范来消除秀异之人。团体的一致是团体凝聚力的基础，如果有人想要打破这种一致，想要脱颖而出，必然会受到团体及其他成员的压制和打击。"虽然有限团结和信任为某些团体中的社会经济情况改善和企业家发展提供了源泉，但是对于其他团体则产生了相反的影响。社会能力有两面性，虽然它能够成为公共

① ［美］亚历山德罗·波茨：《社会资本：在现代社会学中的缘起和应用》，载李惠斌、杨雪冬主编《社会资本与社会发展》，社会科学文献出版社2000年版，第137页。

② ［美］亚历山德罗·波茨、帕特里夏·兰多特：《社会资本的下降》，载李惠斌、杨雪冬主编《社会资本与社会发展》，社会科学文献出版社2000年版，第307页。

'善'的来源，例如科尔曼、卢里以及其他人所赞美的那样，但是它也能够带来公共的'恶'，黑手党家族、卖淫和赌博集团以及青年帮派等众多例子说明了嵌入于社会结构能够产生人们不乐意看到的社会结果。"①

第二节 公众参与的理性视角

一 公众参与的个体理性

在关于社会成员政治参与的分析中，公共选择理论一直被学术界视为理论研究的重镇，其基本出发点在于将政治领域中的个人与市场中的个人同样理解为具有自利性和理性行为特征的"经济人"，把政府的行为看作是政治领域中众多"经济人"行为选择的结果。② 由此，产生了许多以选民投票为分析对象的研究，例如邓肯·布莱克、詹姆斯·布坎南、安东尼·唐斯等的分析。在本书中，则主要从曼瑟·奥尔森在《集体行动的逻辑》一书中对公众从个体理性到利益集团参与的内在机制着手进行总结和分析。

（一）利益团体

在奥尔森看来，组织的实质之一就在于它提供了某种不可分的、普遍的利益，个人之所以会结成一个集团行动，恰恰是因为他们拥有共同的利益目标，形成利益团体最根本的动力在于对共同利益目标的追逐。③因为集团中所有成员的利益目标都是相同的，当其中任意一位成员的目标达成的时候，所有其他成员的目标也都达成了，比如工会组织有效地

① ［美］亚历山德罗·波茨、帕特里夏·兰多特：《社会资本的下降》，载李惠斌、杨雪冬主编《社会资本与社会发展》，社会科学文献出版社2000年版，第303页。
② 高嵩：《公共选择经济学导论》，经济管理出版社2007年版，第25页。
③ ［美］奥尔森：《集体行动的逻辑》，陈郁译，上海人民出版社1995年版，第41页。

改善了工人与资方的谈判力量，这将有利于工会中的每一位工人。正因为如此，利益团体共同的利益目标对于集团中所有成员就像一种公共产品，利益团体的存在总是要花费一定的成本进行维持，这些成本的付出目的恰恰在于生成公共产品——追逐所有成员共同的利益目标。

许多发达国家的历史已经证明，利益团体现象是市场经济发展到一定阶段必然要出现的一种社会政治现象。因为市场经济是社会利益的驱动器，只要有市场的存在与发展，就必然要有竞争，而竞争就必然要极大地牵动人们的利益追求。在人们的利益追求中，当个人的利益表达遇到困难的时候，人们便求助于集团，希望借助于集团的力量来使利益得以表达。而在利益表达的过程中，仅仅在经济领域中活动是远远不够的，它还不足以使利益得到圆满实现，于是便促使人们进入政治领域，通过参政议政、通过对政策的影响来更好地实现自己的利益。由于利益团体是市场经济发展到一定阶段必然会出现的现象，虽然在中国特殊的经济结构和政治结构的影响下，中国的利益团体现象将会带有自己的特点，但作为利益团体的普遍性格其肯定是会具备的，随着市场经济的发展，每一个社会组织独立表达自己的利益的愿望也将会越来越强烈。

（二）选择性激励

奥尔森在"潜在团体"和人数众多的大团体的基础上，对其成员参与的内在动机机制进行了分析。所谓"潜在团体"，其特点是如果一个成员帮助或不帮助提供集体物品，其他成员不会受到明显的影响，因此也没有理由做出反应。在这种团体中，某一个体不能为任何团体努力做出多少贡献，而且由于他什么也不干时团体中也没有人会做出反应，因此他就不会受到激励去做贡献。所以，大团体或者潜在团体不会受到激励为获取集体物品而采取行动，因为不管集体物品对团体整体而言多么重要，它不能给个体成员任何激励，使他们承担实现潜在团体利益所需的组织成本，或以任何其他方式承担必要的集体行动成本。[①]

因此，奥尔森强调了在这种团体中的激励必须是选择性的，这样那

---

① ［美］奥尔森：《集体行动的逻辑》，陈郁译，上海人民出版社1995年版，第41页。

些不参加为实现团体利益而建立的组织或没有以别的方式为团体利益做出贡献的人，所受到的待遇与那些参加的人才会有所不同。同时，这种"选择性激励"既可以是积极的，也可以是消极的。积极的可以通过对那些集体利益出力的人进行奖励，而消极的则是通过对成员的强制来实现。这种通过选择性激励来诱导的团体，被奥尔森称为"被动员起来的"潜在团体，因此，大团体被称为潜在团体，因为它们有采取行动的潜在力量或能力，但这一潜在力量只有通过选择性激励才能实现或被动员起来。①

（三）社会激励

公共选择理论作为经济学中的一个重要学派，对公民的政治参与进行了大量的分析和实证，其基本的立场与奥尔森的分析是一致的，都强调公众参与行为中成本与收益的分析。然而如果只单纯地从经济分析角度来看待人们的参与行动，现实中存在诸多难题和困境，因此在具体的分析中，公民选择学派的学者以社会价值体系的角度，对公民在缺乏激励机制的情况下仍然会积极参与政治行动的行为进行研究分析。②

奥尔森认为，经济激励不是唯一的激励，人们有时候还希望去获得声望、尊敬、友谊以及其他社会和心理目标。所以当缺乏经济激励驱使个人为团体利益做贡献时，可能有一种社会激励驱使他这样做。

> 如果对一件集体物品感兴趣的一个小团体的成员同时也正好都是私人朋友，或属于同一个俱乐部，而集团中的一些人把提供集体物品的负担推给别人，那么即使他们的行动使他们在经济上受益，他们的社会地位也要受到影响，而且这一社会损失可能超过经济受益。他们的朋友可能运用"社会压力"来迫使他们承担实现集体目标的责任，或者俱乐部会开除他们，这些措施是很有效的，因为日

---

① ［美］奥尔森：《集体行动的逻辑》，陈郁译，上海人民出版社 1995 年版，第 42 页。

② ［荷］汉斯·范登·德尔、本·范·韦尔瑟芬：《民主与福利经济学》，陈刚等译，中国社会科学出版社 1999 年版，第 101 页。

常的观察揭示出，大多数人很看重他们与朋友和熟人的友谊，并且
很看重社会地位、个人声望和尊重。①

奥尔森认为，这种社会激励的存在与经济学的理性假定是不相冲突
的，因为社会地位和社会承认是个人的非集体物品。社会制裁和社会奖
励是选择性激励，即它们属于可以用来动员一个潜在团体的激励，② 社会
激励的本质就是它们能对个人加以区别对待：不服从的个人受到排斥，
合作的个人被邀请参加特权小团体。因此，作为理性行动者的团体成员
不但会考虑到经济激励的因素，同时也会衡量其中的社会激励的成本和
收益。

与此同时，这种社会压力和社会激励往往只有在较小的团体中才起
到作用，这些团体一般很小，成员间有着面对面的接触。但是社会激励
同样也可以让潜在团体（较大的团体）中的小团体形成联邦团体——每
个小团体都出于某种理由与别的团体一起组成一个大团体的联邦。如果
中央或联邦组织为其成员提供某些服务，它们可能会运用社会激励来使
每个小团体的成员为实现整个团体的集体目标做出贡献，③ 因此被划分为
"特权"或"中介"团体的足够小的团体就受到双重激励，不光是经济激
励，还可能是社会激励，这些激励引导其成员为获取集体物品而努力。

（四）"无组织"的参与

奥尔森分析了诸多类型的利益团体，特别对社会生活中存在的那些
无组织但具有最为重要的共同利益的团体进行了分析。对无组织的团体
来说，那些没有游说疏通的团体、不施加压力的团体是全国最大的团体
之一，它们具有某些最重要的共同利益。例如，白领工人是一个具有共
同利益的大型团体，但没有关心其利益的组织；纳税人是具有明显共同
利益的巨型团体，但就重要性而言也无人代表他们的利益，消费者人数

---

① ［美］奥尔森：《集体行动的逻辑》，陈郁译，上海人民出版社1995年版，第
70—71页。

② 同上书，第71页。

③ 同上书，第71—74页。

至少不比社会中任一团体少，但他们没有任何组织来与有组织的垄断生产者抗争。[①]

因此，这种团体会组织起来或采取行动，其内在原因在于团体行动的收益会超过成本。经济系统中的理性个人不会削减其开支来阻止膨胀（或增加开支来阻止经济衰退），因为他知道首先光凭他个人的努力是无济于事的；其次，他能在任何情况下从别人争取到的价格稳定中获益。[②]同样，社会政治事务中的大型团体中的理性个人也不愿意做任何牺牲去实现其与他人分享的目标，因而不存在大型团体会组织起来为了共同利益而采取行动的前提。只有当团体很小或他们恰巧具有选择性激励的独立源头时，他们才会组织起来或采取行动来实现其目标。

从奥尔森的分析中可以看出，对于这种无组织的团体，其仍强调了个人基于成本和收益的考虑，通过个体化的行动来化解利益矛盾时产生的困境。这种"个体化"的行动也可以被视为一种考虑集体利益目标的参与行为，但是这种参与行为并不是一种组织化的参与。因为对于利益组织的产生而言，需要有选择性激励和社会激励的作用，而这种激励的成本则需要由全体团体成员来承担。当组织起来的成本大于成员通过"个体化"行动即可获得的利益时，那么尽管这种大型无组织团体的共同利益是重要的，人们仍然不会有结成组织的愿望和动机。

二　公众参与的组织理性

在西方解释非营利组织存在的原因时主要有以下三种组织理性理论。

首先是政府失灵理论。韦斯布罗德认为，非营利组织是专门提供集体物品的社会组织，其产生的内在原因是政府和市场在提供公共物品时，存在一定的局限性和不足。在现实社会中，个人由于在财富、教育水平、种族、宗教信仰等有一定的差异，使得他们对于不同的公共物品有着各

---

① ［美］奥尔森：《集体行动的逻辑》，陈郁译，上海人民出版社1995年版，第191页。

② 同上书，第192页。

自的需求，然而对于政府而言，其提供公共服务的水平和能力需要由政治决策的过程决定。在选民投票的简单多数模型中，政治决策的最终实现往往只反映了中位选民（median voter）的利益和要求，[①] 这使得大多数的社会成员被排除在了需求能够得到有效满足的群体之外。政府在公共物品的提供上，存在着只能满足部分社会群体的失灵现象，因此，需要非营利组织这些具有更加灵活的集体物品的提供者来满足社会大众的需要。作为政府补充的非营利组织，其提供公共物品的数量则取决于政府部门能够满足选民多样需求的程度。

其次是市场失灵理论。汉斯曼最早对这一理论进行了阐释，他从市场组织存在的不足和局限性方面分析了非营利组织存在的原因。[②] 他认为，在消费者和生产者之间存在着信息不对称的现象，而市场组织存在潜在地利用其所具有的信息优势来实现自身利益的最大化的现象，这就是一种"市场失灵"现象。而非营利组织不是以获得市场利益为组织目标的，因此，它们利用信息不对称的优势占有消费者利益的可能性比市场组织要小得多。当对政府失灵和市场失灵两种理论进行比较时，我们可以看到，前者论证了非营利组织提供公共物品的必要性，而后者关注的是相对于市场组织而言，非营利组织提供私人物品的必要性。

最后是 NPO 失灵理论。与政府失灵和市场失灵两种理论相比较，赛拉蒙更加注重分析为什么存在政府和非营利组织合作的组织形态，这被称为"NPO 失灵理论"。[③] 他认为，区别于政府和市场在提供社会物品上的不足，对于非营利组织而言，在其组织结构和能力上，也存在着失灵的现象。以慈善组织为例，赛拉蒙分析了非营利组织存在以下几个局限性：第一，在公共物品的供给中由于搭便车问题，同时组织经费来源又

---

① Burton Weisbrod, Toward a Theory of the Voluntary Nonprofit Sector in Three-Sector Economy. In E. Phelps. eds. *Altruism Morality and Economic Theory.* New York: Russel Sage, 1974.

② Henry Hansmann, "The Role of Nonprofit Enterprise", *Yale Law Journal*, Vol. 89, No. 5, 1980.

③ L. M. Salamon, "Rethinking Public Management: Third-Party Government and the Changing Forms of Government Action", *Public Policy*, Vol. 29, No. 3, 1981.

缺乏稳定性，对于公共服务的提供往往是不足的。第二，慈善组织中的服务对象一般是社会中的少数人群，也就是相对弱势的群体，因此其行动的风格往往是特殊主义的。第三，慈善组织中的经费来源通常来自私人的捐赠，而这些控制组织资源的人具有不同的偏好，从而影响了组织提供怎样的服务，这容易产生家长式的管理方式。第四，非营利组织中由于经费有限，大多数工作只能依靠志愿者的无偿服务来完成，这使得组织的专业性受到了影响，降低了服务的质量，并使得慈善组织中的服务提供往往不如营利组织做得出色，进而妨碍其发展。因此，政府在弥补这些不足时可以做许多工作，赛拉蒙认为，政府可担当两种角色：一是"资金和指导提供者"；二是"服务递送者"。美国联邦政府主要担当资金和指导提供者的角色，在提供具体的社会服务时，联邦政府更多依靠大量的第三方机构——州、市、县、大学、医院、行业协会以及大量的非营利组织。联邦政府通过这些第三方机构来实施政府功能，这样就出现了精巧的第三方治理模式，也就是说，政府与第三方分享了在公共基金支出和公共权威运用上的处理权。基于这种政府和非营利组织在各自组织特征上的互补性，政府出于对服务提供的成本考虑，与非营利组织建立起了合作关系（见表2.1）。

表2.1　　　　　　　　西方非营利组织三种组织理性理论

理论类型	动力机制	弥补的缺陷	产生形态
政府失灵理论	个人利益需求 选举利益	政府失灵	提供公共物品的 NPO
市场失灵理论	个人利益需求 市场信息不对称	市场失灵	提供私人物品的 NPO
NPO 失灵理论	个人利益需求 NPO 组织缺陷	NPO 失灵	政府介入合作的 NPO

从政府失灵论和市场失灵论两种理论视角来看，其分析的是当个人的利益需求得不到来自政府和市场两种机制的满足时，才产生了非营利组织。然而由政府推动的非营利性组织，一方面组织成员有利益需求，另一方面政府也给予了公共物品，为什么组织成员的参与性仍然不足？

这是政府失灵论和市场失灵论两种理论无法解释的。而在 NPO 失灵理论的分析中，探讨了政府介入合作的非营利组织的存在必要性，其提出了非营利组织内部组织结构缺陷的分析思路，从而论证了政府介入非营利组织运作的必要性。事实上，前两种理论探讨了组织产生的外生性因素问题——国家和市场的缺陷，而赛拉蒙的研究则分析了组织产生的内生性因素——组织内部结构，这是需要引起我们研究者注意的。然而其分析的框架对于中国现实而言，同样具有不适用性。首先，在服务配送方式上，当代中国虽然出现了政府购买社会服务的相关行动，但是绝大多数的社会服务仍然是由政府部门来完成的。其次，在中国，政府相关职能部门并不仅仅以赛拉蒙所说的"资金和指导的提供者"的角色出现，政府在一定程度上拥有社会组织的人事任免权和较大的资金运用权，对社会组织的各个方面具有较大的话语权。① 因此，赛拉蒙分析的组织内生性因素是产生于市场经济的结构之中的，对中国的社会组织而言，组织的内生性问题可能产生于政府部门和组织成员的关系之间。同时在赛拉蒙的研究中，由于社会组织具有某种缺陷，需要政府介入社会组织，即社会组织和政府的合作是果，社会组织本身是因。而对于我们提出存在"参与性困境"的组织而言，许多社会组织本身就是在政府的推动下建立的。因此，两种完全不同路径所作的理论解释也不可能获得一致，这意味着要总结解释当代中国的公众参与及其相关社会组织中获得的成就和不足，需要有一种适合于中国现实的框架。

第三节　公众参与的制度与文化视角

一　国家与社会的关系

在关于社会组织和公众参与的研究中，往往采用国家与社会二元化

---

① 田凯：《组织外形化：非协调约束下的组织运作——一个研究中国慈善组织与政府关系的理论框架》，《社会学研究》2004 年第 4 期。

的视角，国家与社会的关系问题是该类社会理论的核心内容。① 相关研究
总结认为，这种国家与社会关系的视角主要包含以下几种类型：社会制
衡国家、社会对抗国家、社会与国家共生共强、社会参与国家、社会与
国家合作互补等关系模式。② 在现阶段，国内许多研究者在其研究和论述
中都尝试用这种视角进行社会组织的分析。③

（一）社会外在于国家：洛克

以洛克为代表的古典自然法学派中的自由主义运动，极力突出社会
对于政治国家的优先地位。在洛克看来，社会先于政府而存在；社会首
先源自一个把个人从自然状态解救出来的契约，接着这个新形成的社会
才建立了政府。政府尽管可被视为至高无上，但它与社会之间实际上是
一种信托关系，假如它违反了自己的信用，社会就可以恢复自身行动的
自由。④ 洛克式的自由主义架构对国家或政治权力表现出极度怀疑和高度
不信任，在这种根本精神的引导下，其透出两种思想导向：一是透过社
会前国家或前政治的身份表现出来的所谓捍卫个人权利或反权威的导向；
二是透过社会外在国家的规范框架显示出来的社会完全可以不需要国家

---

① 龚咏梅：《社团与政府关系——苏州个案研究》，社会科学文献出版社 2007
年版。

② 何增科：《市民社会与第三部门》，社会科学文献出版社 2000 年版。

③ 冯仕政：《西方社会运动研究：现状与范式》，《国外社会科学》2003 年第 5
期；冯仕政：《典型：一个政治社会学的研究》，《学海》2003 年第 3 期；刘能：《怨
恨解释、动员结构和理性选择——有关中国都市地区集体行动发生可能性的分析》，
《开放时代》2004 年第 4 期；石发勇：《关系网络与当代中国基层社会运动——以一
个街区环保运动个案为例》，《学海》2003 年第 3 期；张磊：《业主维权运动：产生原
因及动员机制——对北京市几个小区个案的考查》，《社会学研究》2005 年第 6 期；
刘春荣：《中国城市社区选举的想象：从功能阐释到过程分析》，《社会》2005 年第 1
期；魏伟：《政治经济学视角下的中国城市研究：资本扩张、空间分化和都市运动》，
《社会》2007 年第 2 期；张扬：《社会运动研究的国家——社会关系视角》，《学海》
2007 年第 5 期；施芸卿：《机会空间的营造——以 B 市被拆迁居民集团行政诉讼为
例》，《社会学研究》2007 年第 2 期。

④ ［美］查尔斯·泰勒：《市民社会的模式》，载邓正来主编《国家与市民社
会》，中央编译出版社 2002 年版，第 14 页。

权威的干预而自己管理自己的导向。

洛克式"社会先于国家或外在于国家"的架构认为，社会决定国家，社会创造了国家，国家对社会只限于工具性的作用。① 这种理论在某种意义上否定了国家及其建制对社会的正面意义。

（二）社会对抗国家：潘恩

托马斯·潘恩认为，社会和国家是一种此消彼长的关系，社会愈完善，对国家需求就愈小，理想的国家乃是最低限度的国家。潘恩还认为，反抗国家那些随意限制公众自由和权力的行为是正当、合法的行为。当代少数激进的学者继承了这一观点，如东欧的一些社会研究者把前社会主义政权下国家和社会的关系描述为一种支配和被支配、控制和被控制的关系，两者相互对立，他们主张反对国家对社会的压制，提倡扩大社会自主活动空间。② 因此，波兰的社会运动也被描述为社会反抗国家的运动的兴起。

（三）社会制衡国家：托克维尔、哈贝马斯

托克维尔认为不受制约的国家权力和不断扩张的国家干预，将对人类的自由和权力构成持久的威胁，因此，他认为，应该使国家和社会在一定程度上分离，通过活跃而有力的社会来制衡国家权力。通过对法国大革命的失败进行反思，他认为要防止非理性的公意的困境，必须建立一种自我管理的社会组织构成的活跃的社会，他认为这种社会正是美国式的民主社会。这种社会中的每个团体具有其利益、关注专门的目标，同时又在个人和国家之间充当中介。这些组织大部分是"准政治性"的，只有与其利益相关时，才偶尔进入政治领域。这些团体对于社会秩序的作用，是将大众利益充分组织化，它们的网络从基层一直关联到国家。另外，为了避免垄断，每一个组织所关注的问题和活动必须相对专门化，其权力的运用应有确定的范围，这样就没有一个组织会强大到支配其他组织的程度。托克维尔认为，由这样的社团网络组成的社会能培育一种

---

① 侯小伏：《打开另一扇门——中国社团组织的现状与发展》，群众出版社2003年版，第106页。

② 何增科：《市民社会与民主治理》，中央编译出版社2007年版，第88页。

全体公众的意识，监督政府行为有利于权力分配并且可以为人们直接参与公共事务提供相应的机制。

哈贝马斯提出的"公共领域"的概念是我们所熟悉的。"公共领域"特指在 17 世纪后期的英国和 18 世纪的法国，伴随着市场经济、资本主义及资产阶级的兴起而生的各种自发的公众聚会场所和机构的总称，包括"天主教会、文化团体和学会，包括独立的传媒、运动和娱乐协会、辩论俱乐部、市民论坛和市民协会，还包括职业团体、政治党派、工会和其他组织等"①。公众在这些领域中依靠自己对公共权威及其政策和其他共同关心的问题进行评判，通过这种批评性的、自由的、理性的讨论和评判，从而形成某种"公共意见"，通过公共意见，社会可以在政治组织以外达成某种统一和协调，从而实现对国家活动范围的限制。

总体来说，社会制衡国家学说的学者形成了一个共识：一个人民参与活跃和社会组织发达的社会是民主政治发展必不可少的条件，只有通过一个相对独立于国家的社会民主实践，包括政治选举、大众参与和舆论监督，才能有效地监督政府权力的行使并使其易于对民众的要求做出反应。

（四）国家高于社会：黑格尔

黑格尔强调国家的自主性，认为国家具有组织资源和推进发展的"行动者"角色，他透过对社会和国家的规定，提出"国家高于社会"的理论框架。其表现为以下几个方面：第一，社会与国家的关系是一种相别又相依的关系，不得抹杀社会与国家的分离，国家从社会获得必需的东西，同时也仰仗于社会得到实现它所体现的道德宗旨所需要的手段，而社会则从国家那里得到睿智的领导和道德的旨意。第二，尽管社会和国家相互依存，但它们又处于不同的层次，国家的地位要高于社会，社会只居于一个从属的层次。第三，由于社会是由非道德的因果规律所支配，它在伦理层面表现为一种不自足的地位，对于这种不自足的状况的救济甚至干预，只能依靠整个社会进程唯一的真正的道义力量——国家。

---

① ［德］尤尔根·哈贝马斯：《合法化危机》，刘北成等译，上海人民出版社 2000 年版，第 29 页。

黑格尔的国家高于社会的论述，肯定了国家及其建制对形塑社会的积极作用。但是，由于这种架构在原则上确立了社会在道德层面的低下地位，承认国家对社会的渗透甚至统治的合理性，从而也就在某种意义上否定了公众之于国家建构的正面意义。

（五）国家与社会合作互补：施密特

施密特倡导国家与社会的合作主义关系，其认为处理社会问题，重要的是各种社会力量的平衡和它们的关系，而不是刺激它们相互之间的竞争，因为冲突如果达到不可收拾的状态，即人类不能控制时，它可能会给社会带来危险。所以施密特特别强调国家的协调作用，特别强调利益团体的自我控制作用。这种利益团体，不仅要代表自己团体的利益，而且需要有一种公共责任，即超越自己团体利益的那部分责任。合作主义认为，如果一个集团提出的建议仅仅代表它的利益，这个社会是危险的，必须建立一种体制，来规范所有的利益集团，让它们能够代表自己的利益，同时又必须在某种程度上关顾到公众的利益。

因此，合作主义建议必须建立一种纵向的、由下到上，又由上到下，可以互相联系和沟通，而且又都承认对方的合法性和协调权力的纵向的机构。这种沟通能够把社会基层不同利益团体的声音传达到国家那里，为国家的决策提供信息。

国家与社会关系的理论框架具有强大的解释能力，当对应本书开篇指出的"参与性困境"时，可以认为政府推动型参与不足是社会对抗国家，而民间推动型是社会制衡国家。然而我们需要反思一个问题，国家和社会是可以制衡的、对抗的、共生共强的、参与的、合作互补的，而且每一个理论阐释都可以得到部分的验证，那么这就意味着在当代中国，"国家"具有可变性。那么公众参与和社会组织实践中的"国家"概念和理论分析中的"国家"概念是否具有一致性，如果我们没有注意到这一点，则有可能会出现分析上的"层次谬误"。关于参与性困境问题，同样也在这种理论框架中进行解释：政府推动型的社会组织表达了国家主动寻求与社会的合作。可是这个框架无法回答为什么公众参与时需要利用消极参与的"弱武器"来排斥国家的支持？与此同时，自发形成的社会组织如果表达的是社会制衡或对抗国家，那为什么在国家对该类社会组织发展有比较强的约束性制度的情况下，这些组织仍然有如此强的生命力和社会参与能力？

二　制度主义的视角

（一）宏观制度层面：政治机会结构

"政治机会结构"一词来自彼得·艾辛格的一篇探讨美国都市种族抗议的文章。[1] 对于种族群体而言，不同的都市形成了相应的政治环境，影响了他们实现其利益的可能性。艾辛格将一般通称的政治环境称为政治机会结构，他进一步发现所谓的"抗议的悖论"（Paradox of protest），抗议活动在这些城市中的发生频率与城市中民众对当地政体的影响力之间有一个曲线型关系：当一些城市的民众对当地政府的影响力很大或者很小时，抗议活动在这些城市发生的可能性就很小；而当一个城市的民众对当地政府的影响力处于一个中等状态时，抗议活动在这一城市发生的可能性就会大大增加。[2] 针对这个发现，艾辛格解释道：开放性即是都市政体的回应性，如果政治机会结构在理论上完全开放，就没有必要采取抗议手段来实现其目标，任何新兴议题都会很快地被吸补进入体制内的管道；反之，如果政治机会结构是处于绝对的封闭状态，抗议则没有产生的可能性，因为任何集体行动都会遭到当局的镇压。艾辛格的贡献在于：一是提出了政治机会结构的概念；二是他将政治体制的问题带进集体研究的讨论，并且明确指出，抗议只有在特定的政治脉络中才会产生。[3]

麦克亚当进一步发展了"政治机会结构"的概念，认为社会运动必然受到现有政权的制约，社会运动之所以成功，往往是受惠于政治机会

---

[1]　Peter K. Eisinger, "The Conditions of Protest Behavior in American Cities", *American Political Science Review*, Vol. 67, No. 1, 1973.

[2]　赵鼎新：《社会与政治运动讲义》，社会科学文献出版社 2006 年版，第 196 页。

[3]　参见何明修《政治机会结构与社会运动研究》，中国台湾社会学学会 2003 年年会会议论文。

的扩大，譬如说统治阶层对某问题出现利益冲突或意见不一致时，便会降低对相关的社会运动进行镇压的可能性，亦提高了动员的政治机会。[①]他指出，工业化和都市化等社会结构的变迁过程并不是促成抗议的直接原因，而是由于这些结构变迁改变了既有的权力关系，一方面使得挑战者享有更优势的议价空间，另一方面提高了执政者采取的镇压成本。社会运动的出现反映了政治机会的扩张，使挑战者更能够采取抗议的手段，同样地，当政治机会开始收缩时，社会运动则处于衰退状态，他将这种政治生活中的权力关系综合称为政治机会结构。在麦克亚当的分析中，1961—1965 年是美国民权运动的极盛时期，政治机会结构的扩张表现于：（1）黑人选票的重要性增长，迫使民主党政府采取支持民权运动的行动；（2）冷战所带来的国际压力，使得执政者要回应国际社会对于美国种族不平等的批评；（3）种族成为最显著的议题，使得民权团体获得北方自由派白人社会的支持。在 1966—1970 年间，政治机会结构逐渐收缩使得民权运动面临越来越不利的环境，其中包括：（1）反对派的动员造成黑人选票重要性的消失，最后使得保守派尼克松上台。（2）越战等其他议题的出现使得种族问题的公共关切下降。在后来学者的发展下，政治机会结构的核心观点演变为：集体行动是否可能取决于政治体制对于集体行动的开放程度。换句话说，政治机会结构是指一群以国家组织为中心的变量组合，对集体行动者形成了一定程度的限制和可能性，并且提高或降低了集体行动所需花费的成本。[②]

塔罗则勾勒出政治机会结构的四个主要因素：（1）原来被政体排除在外的社会群体，由于某种原因对政体的影响力增大，这就为这一群体中的某些人发起社会运动创造了机会；（2）旧的政治平衡被破坏；（3）政治精英的分裂，精英集团的分裂在社会运动特别是革命的产生中往往

---

① Doug McAdam, Ronnelle Paulsen, "Specifying the Relationship between Social Ties and Activism", *American Journal of Sociology*, Vol. 99, No. 3, 1993; Sidney Tarrow, "Making Social Science Work across Space and Time: A Critical Reflection on Robert Putnam's Making Democracy Work", *American Political Science Review*, Vol. 90, No. 2, 1996.

② 参见何明修《政治机会结构与社会运动研究》，中国台湾社会学学会 2003 年年会会议论文。

是一个关键性因素；（4）社会上有势力的团体成了一个社会运动群体的同盟。① 而威尔森认为抗议活动往往是来自"弱势者"（the powerless），他们缺乏体制内的资源，无法以正常方式来争取他们的利益，抗议是弱势者所运用的政治资源，是在没有政治影响力的情况下所创造出来的政治影响力。同时，抗议其实是一个议价的过程，挑战者所争取的回报来自被挑战者的让步。抗议不是全然的道德说服，也不可能是武力强制，所以被挑战者的回应是计算得失的结果。② 抗议作为新创造的政治资源其实涉及了各种诱因（inducement），对抗议对象挑战者通常使用负面诱因，使前者感受不让步所要承受的损失③，对旁观公众挑战者使用正面诱因，促使他们关切并且进一步涉入冲突，达成间接对被挑战者施压的作用。

在现阶段，国内有一些研究者在其研究和论述中涉及了政治机会结构的概念，④ 然而利用政治机会结构的理论视角进行社会运动的具体分析并不多见。这和西方学者在 20 世纪八九十年代基于这一理论视角而发表

---

① 赵鼎新：《社会与政治运动讲义》，社会科学文献出版社 2006 年版，第 196 页。

② James Q. Wilson, "The Strategy of Protest: Problems of Negro Civic Action", *Journal of Conflict Resolution*, Vol. 5, No. 3, 1961.

③ Ibid. .

④ 冯仕政：《西方社会运动研究：现状与范式》，《国外社会科学》2003 年第 5 期；冯仕政：《典型：一个政治社会学的研究》，《学海》2003 年第 3 期；刘能：《怨恨解释、动员结构和理性选择——有关中国都市地区集体行动发生可能性的分析》，《开放时代》2004 年第 4 期；石发勇：《关系网络与当代中国基层社会运动——以一个街区环保运动个案为例》，《学海》2003 年第 3 期；张磊：《业主维权运动：产生原因及动员机制——对北京市几个小区个案的考查》，《社会学研究》2005 年第 6 期；刘春荣：《中国城市社区选举的想象：从功能阐释到过程分析》，《社会》2005 年第 1 期；魏伟：《政治经济学视角下的中国城市研究：资本扩张、空间分化和都市运动》，《社会》2007 年第 2 期；张扬：《社会运动研究的国家——社会关系视角》，《学海》2007 年第 5 期；施芸卿：《机会空间的营造——以 B 市被拆迁居民集团行政诉讼为例》，《社会学研究》2007 年第 2 期。

的大量研究作品形成了巨大反差。① 事实上，许多研究者以国家和社会关系的视角为切入点进行分析，已经涉及这个视角的基本命题。笔者认为，之所以国内学者对政治机会结构理论较少涉及，可能有两个原因：一是机会结构概念的模糊性。国家政体的开放性或封闭性，在不同国家体制之间的比较是相对容易的，然而在同一国家体制下，开放或封闭的判断就变得不易识别了。二是机会结构的概念中把"机会"这个概念主观化了。赵鼎新认为，任何把社会结构彻底主观化的理论（比如社会资本、文化资本等各种资本理论）都可能存在类似的问题，即理论变得不能证伪，把这种理论推到极端，整个社会学就会变成一种"机会学"或"资本学"。② 然而刘能认为，政治机会结构是解释中国都市地区集体运动之发生的最有力的一个自变量，因为它代表了促进或阻碍社会运动或集体行动的所有外部政治环境因素。③ 在研究中许多学者都持同一看法。那么如何操作化"政治机会结构理论"这个概念，将其运用于中国现实的研

---

① Anne N. Constain, Andrew S. McFarland eds., *Social Movements and American Political Institutions*, Lanham, MD.: Bowman and Littlefield, 1998; Dacvid Meyer, Suzanne Staggenborg, "Movement, Countermovements, and the Structure of Political Opportunity", *American Journal of Sociology*, Vol. 101, No. 6, 1996; Craig J. Jenkins, Klandermans Bert, *The Politics of Social Protest*, Minneapolis: University of Minnesota Press, 1995; Herbert Kitschelt, "Political Opportunity Structures and Political Protest: Anti Nuclear Movements in Four Democracies", *British Journal of Political Science*, Vol. 16, No. 16, 1986; McAdam, Doug, *Political Process and the Development of Black Insurgency: 1930 - 1970*, Chicago: University of Chicago Press, 1982; Meyer, Dacvid and Sideney Tarrow, *The Social Movement Society: Contentious Politics for a New Century. Lanham*, Md: Rowman and Littlefied, 1998; Rucht, Dieter, "Campaigns, Skirmishes, and Battles: Anti-Nuclear Movements in the USA, France, and West Germany", *Industrial Crisis Quarterly*, Vol. 4, No. 3, 1990; Tarrow, Sidney, "Making Social Science Work across Space and Time: A Critical Reflection on Robert Putnam's Making Democracy Work", *American Political Science Review*, Vol. 90, No. 2, 1996.

② 赵鼎新：《社会与政治运动讲义》，社会科学文献出版社 2006 年版。

③ 刘能：《怨恨解释、动员结构和理性选择——有关中国都市地区集体行动发生可能性的分析》，《开放时代》2004 年第 4 期。

究，成为一个重要的问题。

西方学者对于政治机会结构理论的分析和研究，众说纷纭，笔者认为可以梳理出以下几个基本共识：

1. 政治机会结构的产生，来自国家（为政者）与社会（民众）的互动之中。

2. 机会结构中几个固有的概念是：国家、精英、运动（组织成员）、规则（有形或无形的）、支持（给予资源）或压制（剥夺资源）。

3. 政治机会结构的结构性，体现在不同利益群体获得或失去资源的宏观政治规则之中。

4. 机会结构的机会性体现于不同利益群体在识别了这种结构性后，通过运用不同行动策略，以获得行动的成功。

5. 政治机会结构变化的过程，同时也是一个社会运动中的组织获得体制承认或否定的过程，其同样也是展现一个社会运动得到或失去政治合法性的过程。

然而我们不难注意到，西方政治机会结构的研究背景，是一种以国家多党竞争政治为平台的，不同利益群体通过互动和博弈形成一系列的制度性产出，从而影响社会运动和集体行动的效果和进程。而我国的社会组织，仍是一种从上至下的组织体系，因此，本书提出了在这种从上至下的组织体系中，应区别于西方政治机会结构中"平面化"的互动，注重"层次化"的视角，社会组织的机会结构产生于"上位需求"的满足，从而带来了一个社会组织的发展。

（二）组织制度层面

制度理论分析了社会影响和社会习惯对组织行为的影响。从制度学派的观点来看，组织运行在一个由准则、价值观和各种规范组成的社会框架之中，这种社会框架决定着哪些组织行为是合适的和可以接受的。组织选择并非如新古典主义理论所强调的只受制于技术、信息和收入，它还受制于社会因素，如准则、习惯和惯例等，对社会约束的遵守决定了组织的成功和生存。按制度学派的观点，资源决策的制度背景在个人、企业以及企业外部的层次上，都深刻地影响了资源的选择和可持续的竞争优势。这里的制度背景即是指规则、准则和围绕着组织活动的信念。

在个人层次上，管理者的准则、习惯以及对传统的审慎的认同影响着管理者的决策。在组织层次上的组织文化、共享的价值观念和政治程序，在组织外部的政府压力、组织联盟和社会制约等也可能深刻影响着组织的目标抉择和战略决策。①

高丙中提出了社会组织合法性的四种基本类型：社会合法性、法律合法性、政治合法性、行政合法性。社会合法性表示社会组织由于符合传统文化、社会习惯等组成的民间规范而具有的合法性。法律合法性表示社会组织由于满足了法律规则而获得的合法性。政治合法性表示社会组织由于符合国家的思想价值体系而被承认享有的合法性。行政合法性表示社会组织由于遵守行政部门（国家机关或具有一定行政功能的单位）及其代理人确立的规章程序而拥有的合法性。②

田凯运用新制度主义的分析工具，对中国的慈善组织提出了"组织外形化"的理论逻辑。他认为，组织外形化包含了以下几个特点：第一，组织外形化是组织面对制度环境的压力时采用的生存策略，是法人行动者理性选择的结果。第二，组织外形化是组织对制度环境遵从的结果。第三，组织外形化是制度环境非协调约束的结果。第四，组织的外形化常常在以下几种情况下发生：（1）该组织的真实目标或活动内容是不具有合法性的，或者是法律所禁止的，或者是社会规范或公众所不能接受、不能认同的；（2）该组织的真正运行方式和实现目标的手段是不具有合法性的，或者是法律所禁止的，或者是社会规范或公众所不能接受、不能认同的。第五，组织外形化与权力和控制问题是紧密相关的。第六，组织外形化的程度是组织所期望采取的组织形式的合法性程度、制度环境的协调性程度以及制度环境的监控强度的函数。③

他进而分析了中国慈善组织这种多为半官半民性质的团体的产生和运作逻辑。他认为，慈善组织是在制度环境急剧变迁给政府造成社会治

---

① 侯小伏：《打开另一扇门——中国社团组织的现状与发展》，群众出版社 2005 年版。

② 高丙中：《社会团体的合法性问题》，《中国社会科学》2000 年第 2 期。

③ 田凯：《非协调约束与组织运作》，商务印书馆 2004 年版，第 276—278 页。

理危机的背景下产生的，其产生是以政府形式利用慈善资源受到制度环境合法性约束的结果，而慈善组织的外形化是政府的资源获得需求和社会控制需求相矛盾、冲突的结果。从田凯的分析可以看到，其将组织所面对的制度环境和组织的行动策略结合，比较准确地把握当代中国半官半民组织的行动逻辑。然而，本章的疑问在于，组织的外形化保持了组织的合法性，但对于中国市民社会发展为何又存在着困境呢？同时组织外形化只从组织满足外部合法性的角度分析了非营利组织的存在，那么组织的内部合法性又出现了怎样的变化呢？

　　张紧跟等认为制约草根社会组织生存与发展的关键在于其所处的制度环境，以及其所能获取的社会资源，前者决定了草根社会组织的可能生存空间，后者则是草根社会组织的生命之源。就制度环境而言，只要草根社会组织不对政权产生威胁，都将使其具有生存空间。对于草根社会组织而言，其一方面扮演的是与政府合作的角色，另一方面则是透过与政府部门间的关系以寻求资源动员。在正式制度失效时，业联会通过与政府签订隐性契约获得后者的非正式认同，非正式制度平台依赖于隐性契约，契约的力量在于彼此间的承诺：政府承诺默许业联会的存在，业联会承诺在行为合法的范围内维护权益、配合政府。这种非正式政治行动策略根源于业主维权领域的特殊性：第一，创立至今整个组织的运转费用绝大部分由维权骨干提供。第二，维权骨干是合纵连横策略的倡导者，主张以专业性和草根性等资本吸引政府，与官员建立良好关系。第三，维权骨干凭借良好的素质和人际交往能力，身体力行地实践这一套理念，在对外联络方面起着不可替代的作用。①

三　文化的视角

（一）阿尔蒙德和维伯：公民文化

阿尔蒙德的公民文化概念深受古希腊思想家的影响，公民文化理论

---

　　①　张紧跟、庄文嘉：《非正式政治：一个草根 NGO 的行动策略——以广州业主委员会联谊会筹备委员会为例》，《社会学研究》2008 年第 2 期。

所要探讨的核心议题是：为什么有的民主体制比其他民主体制更有效，什么样的政治文化更有利于民主政治体制的稳定。其基本假设是政治偏好和认知倾向决定人们的政治行为，进而影响政治结构的稳定和变化。很明显，阿尔蒙德所选择的理论途径是从政治文化入手，通过辨别和分析不同国家政治文化模式的差异，来发现和归纳出稳定有效的民主体制所需要的政治文化模式。该研究所选择的国家既有第二次世界大战后民主运行比较稳定和有效的英国和美国，也有深受动荡困扰的民主德国、意大利和墨西哥。其研究方法是通过对五国公民政治态度和价值的抽样问卷和访谈来获取第一手资料，以此分析政治态度和价值与民主体制的关系。这种在微观政治学的个体政治态度和价值的分析与宏观政治学的民主政治稳定理论之间寻找某种因果联系的研究计划，在当时既充满想象力，同时也是极具挑战和风险的。

从研究思路上来看，公民文化理论的逻辑起点是对政治文化作出严格的界定，这是采用科学定量方法研究政治文化的必要条件。这种界定也通过层层辨析和分解的方式，建构了一系列可以通过问卷设计进行抽样调查和统计分析的政治文化指标。阿尔蒙德从文化视角探讨了人们的政治行为和社会政治生活，即政治系统内的个人和社会利益群体对于该系统的态度取向。根据一个国家的人口在政治态度、政治取向等诸方面不同的频率分布，可以区分出三种基本的政治文化类型：村民政治文化、臣民政治文化、参与者文化。

村民政治文化表现为：在这种社会里没有专业化的政治角色，首领、酋长、萨满教巫师是混合的政治—经济—宗教的角色，而且对这些社会成员来说，他们这些角色的政治取向没有从他们的宗教和社会的取向中分离出来。村民的取向也含有相对缺乏由政治系统推动的变化期待的意义，村民并不从政治系统那里期待任何东西……在这种政体中，中央政府的专业化机构几乎不可能接触市民、村民和部落成员的意识。① 臣民政治文化在其表现形式上为：臣民意识到专业化政府的权威，并在情感上

---

① ［美］加布里埃尔·A. 阿尔蒙德、西德尼·维伯：《公民文化》，徐湘林等译，华夏出版社 1989 年版，第 20—21 页。

取向于权威,对其感到骄傲或不喜欢;臣民评价政府为合法的或者不合法,但是这种评价只针对行政执行或地方官僚,并不涉及最高决策者或君主。因此,这种关系是一种消极的关系。纯粹的臣民取向,它很可能存在于没有权威分化和竞争的传统社会中。在已发展为民主制度的政治系统中,臣民取向很可能是情感的和规范的,而不是认知的。① 而参与者政治文化是社会成员"往往公开地取向于作为一个整体的系统以及政治的和行政的结构和过程(换言之,取向于政治系统的输入和输出两方面)的一种文化"。参与者政体的单个成员,对政治对象的各个层次都可以持赞成的或不赞成的态度。②

　　这三种政治文化类型,在逻辑上是政治文化的理想类型,而现实中所有的政治文化都是混合的。按照阿尔蒙德等人的界定,所谓"公民文化"是由这三种类型的政治文化交汇而成的。"在这种文化中,许多个人在政治中是积极的,但也有许多人充当较消极的臣民角色,更重要的是,甚至在扮演积极的公民角色的那些人当中,也没有排除臣民角色和村民角色。参与者角色是对臣民角色和村民角色的叠加。"③

　　因此,公民文化"既不是传统文化也不是现代文化,而是传统文化和现代文化的结合,它是一种建立在沟通和说服基础之上的多元文化,它是一致性和多样性共存的文化,它是允许变革,但必须有节制地进行的文化"。④ 对其进一步剖析,可以看出:首先,它包含着所谓的"理性—积极"模式,即公民对政治活动是积极参与的,而且这种参与又是理性的。其次,这种参与是全面的,即涉及政治活动的全过程。再次,在公民文化中,参与者政治取向与臣民和村民政治取向是结合在一起的。最后,这些取向之间的关系是协调的,传统的、较为保守的态度或取向

---

① 〔美〕加布里埃尔·A. 阿尔蒙德、西德尼·维伯:《公民文化》,徐湘林等译,华夏出版社1989年版,第21—22页。

② 同上。

③ 同上书,第23页。

④ 同上书,第8页。

与政治参与的积极性等相融合，产生出一种相对平衡的政治文化。阿尔蒙德和维伯将政治取向设定为四种：整体体系（system as general subject）、投入（input objects）、产出（output object）、自我参与（self as active participant）。参与者政治文化是以上四者皆具备，臣民政治文化仅具整体体系及产出取向，但是欠缺投入及自我参与取向，村民政治文化则是四种取向皆缺。

　　从中我们可以概括出公民文化的特质：第一，公民具有较强的政治参与意识，关注政治系统的输入与输出，尤其是输入功能取向；第二，公民具有较强的政治认同感和效能感；第三，公民政治活动的频率较高，但这种活动的主要特征是在高度理性基础上的高度参与。

　　罗纳德·英格里哈特关于20世纪70年代末西方后工业化民主国家大众政治态度和价值变化的延续调查研究，[①] 拉塞尔·达尔顿等对工业民主国家经济发展与民主基础转型关系的延续调查研究，[②] 以及罗伯特·普特南《使民主运转起来》对意大利不同地区文化与民主运行绩效关系的长期跟踪调查研究，都可以说是《公民文化》这棵老树枝干上长出的新枝和硕果。

（二）罗纳德·英格哈特：后物质主义与现代价值观

　　英格哈特（Ronald Inglehart）在1988年以《政治文化的复兴》为题

---

① Ronald Inglehart, *Culture Shift in Advanced Industrial Society*, Princeton, NJ: Princeton University Press, 1990; Ronald Inglehart, *Modernization and Post-Modernization: Cultural, Economic and Political Change in 43 Societies*, Princeton, NJ: Princeton University Press, 1997. Ronald Inglehart, "The Silent Revolution in Europe: Intergenerational Change in Post-industrial Societies", *American Political Science Review*, Vol. 65, No. 4, 1971; Ronald Inglehart, "Values, Objective Needs, and Subjective Satisfaction among Western Publics", *Comparative Political Studies*, Vol. 9, No. 4, 1977.

② Dalton R. J., "Cognitive Mobilization and Partisan Dealignment in Advanced Industrial Democracies", *Journal of Politics*, Vol. 46, No. 1, 1984; Dalton R. J., *Challenging the Political Order*, Polity Press, 1990; Dalton R. J., "Communists and Democrats: Democratic Attitudes in the Two Germanies", *British Journal of Political Science*, Vol. 24, No. 4, 1994.

发表文章，提出"现在是矫正社会分析中的偏向的时候了"①。他所说的"偏向"是指自 20 世纪 60 年代末以来，以经济变量为基础的理性选择理论成为占主导地位的分析模式，将文化因素贬低到与实际不符的程度。在英格哈特看来，无论在西方国家还是在非西方国家，文化因素在政治生活中都已经日益显示出不可忽视的重要性。面对这种政治现实，理性选择理论已经陷入窘境，人们在政治分析中必须重视政治文化变量的作用。英格哈特发现，人际信任和相关的文化倾向与经济发展和稳定民主之间有着紧密联系。然而他强调文化是一个变量，而不是一个常量，尽管文化的特征往往变化缓慢，但它们可能并且确实在变化。

因此，英格哈特本人设计了全球范围内的世界价值观调查（WVS）。其设计世界价值观调查的目的是要全面评估从宗教到政治，以至于经济和社会生活等人类关注的所有主要领域。通过该调查，他提出了价值观地图的两个主轴：（1）传统/世俗理性价值观；（2）生存/自我表达价值观。他使用 10 个指标因素生成了这两个主轴的二维图，并且这个二维图能够解释 70% 以上的跨国差异。

传统/世俗理性价值观这一轴反映了宗教重要性在不同社会之间的差异，其他方面的定位很大程度上与这个轴密切相关。接近传统轴端点的社会强调传统家庭观念以及父母与子女关系中服从权威的重要性，反对离婚、堕胎、安乐死和自杀。这种社会有着高度的民族自豪感和强烈的民族主义观。而拥有世俗理性观念的社会则在所有这些主题上有着相反的表现。

价值观地图的第二个主轴与工业社会向后工业社会的转变相联系，这种转变造成了生存价值观和自我表达价值观的两极分化。发达社会中某时期积累起来的大量财富意味着人均收入增加，生存成为理所当然的事情。因此，优先考虑的问题从关注经济和物质安全问题，更多地转向了个人的幸福感、自我表达以及生活质量等。英格哈特及贝克认为大多数工业社会从传统价值观转向世俗理性价值观方向。但是现代化不是直

---

① Ronald Inglehart, "The Renaissance of Political Culture", *American Political Science Review*, Vol. 82, No. 4, 1988.

线，当一个社会完成工业化并转变成为知识型社会时，它会朝一个新的方向前进：从生存价值观转向更加注重自我表达的价值观。

这个新出现的方向中的一个构成要素是唯物主义和反唯物主义价值观的两极分化，它反映了文化的转变是与"视生存为理所当然"的那代人同时出现的。自我表达价值观"更关注环境保护、对多元文化的宽容、对经济和政治生活的积极参与"，同时这些价值观对边缘人群所持态度的两极分化也比较明显，包括外国人、同性恋、两性平等方面。从生存价值观到自我表达价值观同样体现在子女教育价值观的转变，从重视努力工作到注重创造力和包容。这种转变还伴随着个人幸福感的上升，这有益于形成一种宽容、互信和政治缓和的氛围。最后，自我表达价值观列位高的社会，也倾向于把人与人之间的信任列于最高，这产生了一种信任和宽容的文化。在这种文化中人们更看重个人自由和自我表达，也有着积极的政治取向。这些政治文化的转变也被认为对民主发展至关重要。

通过英格哈特对传统型文化向现代型文化的转型分析，我们了解到对于前者而言，生存性伦理是其社会文化的主要特征，而后者则是追求一种自我表达性伦理的社会。因此，这对于思考公众参与问题具有重要启示。对于西方大多数社会而言，处于后一种社会转型的阶段，公众参与的文化内涵是个性自由和主体解放。而对于大部分的发展中国家而言，则处于前一种转型的阶段。因此，基于西方社会的公众参与理论，很可能在一定程度无法解释处于生存性伦理阶段的发展中国家。立足发展中国家的现实和文化背景，需要我们对公众参与的文化背景和其所依赖的社会经济条件进行具体问题具体分析。

（三）普特南：公共精神

普特南（Robert D. Putnam）在《使民主运转起来》一书中，检视了阿尔蒙德等人的"公民文化"研究。不过他选择的是"公共精神"一词（civic-ness），并采取四项指标以衡量意大利不同地区的"公共性"，亦即：

1. 读报率。报纸在意大利是涵盖社区事务最广泛的媒体，读报是公民对社区事务是否感兴趣的重要标志，而且各地区的差异颇大。

2. 社会组织的活跃程度。在意大利，体育运动俱乐部是最普遍的社会组织，其参与比例可被视为公众参与的重要指标。

3. 居民投票的投票率。由于意大利法律规定所有公民必须在选举时参与投票，因此投票率并非"公共精神"的可靠指标。而关系到重大公共政策（如离婚合法化、反恐怖主义、核能等），且无投票强制性规定的公民投票，则被视较为纯粹的指标。

4. "特别支持票"指数。在 20 世纪 90 年代初期以前，意大利的全国性选举采用完全比例代表制，所有选民均对政党投票，再依各党得票比例分配议席。但除此之外，选民也已在选票中表达对某位候选人的特别支持。在"恩从关系"（patron – client relationship）盛行的地区，这种"特别支持票"十分普遍，此投票率被视为检测个人化、宗派化与恩从关系的可靠指标。

普特南发现公共精神强弱与地方社会组织活动之间存在很强的相关性。在公共精神强的地区，人们通过阅读报纸了解社区公共事务，并且热衷参与这种公共事务，且不受恩从关系的影响。人们之间相互信任，遵守法律，他们信任政府，也能够通过政治上的协商，与其他社会组织进行合作。在这种地区中，普通民众和地方治理者之间保持了平等的合作关系，社会组织的结构关系也往往是横向的，而不是纵向的。

普特南同时研究发现，意大利南北地区有显著的不同。12—16 世纪，意大利北部实行共和制的城市，大众参与公共政策，城市共和国的行政领导依据一定程序由选举产生，他们承认自己的管理或统治有着合法的界限，从而形成"公民文化"；而在南方，包括等级制度、庇护附庸制度等形成的社会秩序都是垂直的，形成了"臣民文化"。由于两种不同的文化基础，北方的经济发展明显比南方高，20 世纪 80 年代中期，北方人均收入比南方高出80％。南方的不幸并非止于经济落后，在国家或政府缺乏效率，不能公正地执法和履行合同的条件下，腐败、黑手党就会作为现代庇护制度发挥作用。南方的政治参与的动机是个人化的依赖、恩从关系或私人的贪欲，而非集体的公共目标。南方的民众对社会、文化的公众活动也参与甚少，私人的目的往往取代了公共的目标，腐败更被视为常态。

综合前文的探讨，我们认为公众参与存在三个层次的理论视角。第

一，公民的理性视角，该视角从微观层面对公众参与的行为和动机进行
分析，主要研究了通过参与行为，公民在行动中如何对其所需付出的成
本和能够获得收益之间进行平衡，从而实现参与行为的利益最大化。这
也是当代公共选择学派的主要立足点。第二，从公众参与的社会资本视
角。这种视角属于中观层面，是在组织网络和资源交换的基础上对公众
参与网络进行的分析。这种分析视角关注公众参与的社团属性和互动特
征，既分析了网络内部的资源交换过程，同时也对这种交换的社会效应
进行阐释。第三，从宏观的角度，对公众参与和国家制度、社会文化结
构的关系进行讨论。制度分析者关注公众参与或社会组织和国家之间的
内在关系，以及国家的制度设计对社会组织产生的形塑作用。文化分析
者则强调了在社会变迁过程中，传统文化结构和现代化文化的交互影响
下，公众参与可能会产生何种变化。本书认为，在对公众参与的分析中，
这三种视角是互相交织的，视角上的差异只是反映了研究对象的不同，
其内在的逻辑并不相互冲突。因此，本书将立足社会资本和网络理论的
中观视角，同时结合理性、制度和文化等视角的理论观点对当代中国的
公众参与问题展开研究。

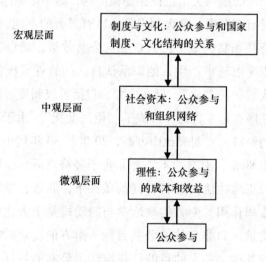

图 2.1　公众参与理论视角的三个层次

第三章　研究架构与设计

第一节　研究架构:理解当代中国公众
参与的三个出发点

一　市场经济与公众参与

改革开放 40 年来,中国的经济发展取得了举世瞩目的成就,人民的
收入水平和教育程度也逐步提高,这一切有赖于国家各项事业的改革和
市场经济的发展,因此许多学者认为在中国将出现公众参与逐渐繁荣的
社会状态。国内一些学者也乐观地提出市场经济作为公众参与的发展基
础,不断地创造着公众参与发展的良好空间。[①] 在计划经济时代,单位体
制对整体社会结构产生了决定性的影响。在城市居民的生活中,单位常
常是主导因素,居民都是同一个单位的同事,个人自主空间往往有限。
因为计划经济不仅是对物质产品的计划生产,也是对人的生活的计划安
排。而当市场经济建构起来以后,产品和人都无法按照一定的模式被安

---

① 方朝晖:《对 90 年代市民社会研究的一个反思》,《天津社会科学》1999 年
第 5 期;高兆明:《市民社会的建立与家族精神的破灭——兼论"市民社会"研究进
路》,《学海》1999 年第 3 期;储建国:《市场经济、市民社会和民主政治》,《武汉
大学学报》(哲学社会科学版) 1999 年第 1 期;田忠:《经济市场化背景下的当代中
国市民社会》,《理论与改革》第 2 期;俞可平:《中国市民社会:概念、分类与制度
环境》,《中国社会科学》2006 年第 1 期;张喜红:《社会团体与当代中国民主政治发
展》,《长白学刊》2007 年第 3 期。

排了，人在市场中活动，需要自己选择，没有人能够代劳。要选择就要
求自主能力，有了这种能力，人们就不需要同时也难以接受被动的安排。
人在市场中形成的自主性，必然会带到生活的各个层面，当社会越来越
充分地从国家垂直体制中分化出来时，个人将拥有越来越多的自由时间、
自由空间和自主支配的资源。当社会内部进一步分化时，人们的兴趣、
利益、地位也在分化，于是"人以群分"的结社就越来越普遍。① 在西方
学者的研究中，也同样重视经济发展与公众参与的因果关系。柯提斯等
在对 15 个国家的社会组织参与情况进行比较后发现，美国较之其他西方
国家，有较高的社会组织参与程度，但是当只考虑工作性社会组织时，各
国间的参与水平差别并不明显。对此，他们从市场和机会结构的角度进行
了解释，认为可能是美国比加拿大或其他国家有更富裕的环境和更广泛存
在的志愿性社团，而这也代表了美国人拥有更多的时间和参与机会。②

　　然而普特南在《让民主运转起来》一书中，发现了一个有趣的现象：
经济发展与公众参与是非协调性发展的。他通过提供意大利各地在 19 世
纪的有关资料，证明了经济发展与公民传统之间的负相关。但是从 19 世
纪 80 年代到 20 世纪 70 年代，经济结构变得和公众参与模式越来越一致
了。而到了 20 世纪 70 年代，经济的现代性与公民共同体的相关性已经变
得非常紧密。普特南由此认为，只有在公民传统确立以后，富裕才会增
强其公共精神，而贫穷则会遏制它。③

二　社会组织制度与公众参与的机会结构

　　正确处理好改革、发展、稳定三者关系这一议题，最早在党的十四

---

① 高丙中：《社团合作与中国市民社会的有机团结》，《中国社会科学》2006 年
第 3 期。

② Curtis J. E., Grabb E. G. and Baer D. E., "Voluntary Association Membership in
Fifteen Countries: A Comparative Analysis", *American Sociological Review*, Vol. 57, No. 2,
1992.

③ ［美］罗伯特·普特南：《使民主运转起来》，王列、赖海榕译，江西人民出
版社 2001 年版。

届五中全会上提出。改革、发展、稳定的关系是辩证统一的，改革是发展的动力，是实现长期稳定的基础；发展是改革的目的，是稳定最可靠的保证；稳定则是改革、发展的前提条件，也是发展的重要要求。处理改革发展稳定的关系，要根据客观情况的不断变化而有所侧重，这在中共中央十五届代表大会上被进一步确立了，"在社会主义初级阶段，正确处理改革、发展同稳定的关系，保持稳定的政治环境和社会秩序，具有极端重要的意义。没有稳定，什么事也干不成。必须坚持党的领导和人民民主专政，坚持物质文明和精神文明两手抓、两手都要硬的方针，排除一切破坏稳定的因素，反对资产阶级自由化，警惕国际国内敌对势力的渗透、颠覆和分裂活动。必须把改革的力度、发展的速度和社会可以承受的程度统一起来，在社会政治稳定中推进改革、发展，在改革、发展中实现社会政治稳定"①。在后来的十六大、十七大报告中，改革、发展与稳定的内在关系的论述也反复被体现，事实上在看待社会组织的发展问题时，我国政府基本以这个原则为主要标准。

　　我国现行的社会组织登记许可制度，其基本制度框架在20世纪50年代开始形成，1989年和1998年两次修订颁布的相关法规，强化和完成了以门槛限制为核心的准入制度。这种制度的体制背景是计划经济，其基本假设或逻辑是：社会组织只有经过严格的制度嵌入才能成为合乎体制要求的组织形式，使之成为联系党和群众的桥梁，并将它们纳入党政控制体系和服务体系，从而在计划经济条件下，一方面发挥控制与管理社会的辅助职能，另一方面发挥社会协调与服务的补充作用。随着计划经济的解体和社会主义市场经济的发展，社会组织越来越多地出现在生活的各个方面，成为公众进行社会参与的基本组织形式，这时候继续沿用计划经济条件下的登记许可制度则造成了在实际操作层面上的困难。

　　在这种体制下，社会组织的登记许可面临双重门槛：在获得登记管理机关的批准之前首先必须得到业务主管单位的许可，这种双重门槛一

---

① 江泽民：《高举邓小平理论伟大旗帜，把建设有中国特色社会主义事业全面推向二十一世纪》，1997年9月，人民网：http://cpc.people.com.cn/GB/64162/64168/64568/65445/4526285.html。

方面强化了登记许可制度的门槛限制，另一方面又规避了政府某一部门在行政许可方面应承担的责任，使得任何社会组织不仅难于通过登记注册成为合法合规的组织，也很难将不予登记的理由归咎于任何一个政府部门。同时，"由于难以从制度上对业务主管单位的职能加以确定和问责，加之政治上存在一定风险，使得大多数政府职能部门不愿成为民间组织的业务主管单位"①。

从以上的分析可以看出，一个社会组织政治合法身份的获得，至少应满足两个基本政治规则：其一是符合稳定的大前提，国家的制度规则反复强调了这一点，这对社会组织目标和行动的政治合法性起到了重要的形塑作用；其二是符合发展与改革的需要，也就是社会组织的目标和行动也要配合国家经济、政治和社会发展。值得注意的是，后者必须在第一个前提得到满足的情况下才得以实现。因此，社会组织领导者在第一个前提得到满足时，就可能获得发展机会，发挥组织的创新式思维，寻求满足发展与改革上的合法性。

三　公众参与的文化变量：从特殊主义到普遍主义

特殊主义与普遍主义的概念最早由韦伯提出，后来被社会学集大成者帕森斯纳入其理论框架中，我们可以从帕森斯的模式变量分析看到对这组概念的详细阐释。模式变量是帕森斯用来区分行动者在互动过程中进行主观选择的类型学工具，在对社会系统的分析中，它又充当了描述社会关系、区分社会结构的类型学工具。模式变量的五对范畴是：普遍性与特殊性、扩散性与专一性、情感性与中立性、先赋性与自获性、私利性与公益性。

（一）普遍性与特殊性。这组变量涉及互动过程中特定行动标准的适用范围，而区分这对范畴的决定性因素是行动者在互动过程中所遵循的规范性标准是否受团体界限的影响。如果选择了普遍性，意味着行动者

---

① 贾西津：《第三次改革——中国非营利部门战略研究》，清华大学出版社2005年版，第13页。

在同其他任何人的互动中都遵循同样的规范性标准，而选择特殊性则意味着行动者因人而异地改变自己的行动标准。

（二）扩散性与专一性。这组变量涉及互动双方权利义务关系的宽窄和清晰程度。如果相互之间的义务是狭窄的并被明确限定，就意味着选择了专一性，其特征是提出要求的一方有证明这项要求的义务。相反，如果双方全部投入到互动关系之中，相互给予或取得的满足是广泛的和不受限定的，那么这类互动选择了扩散性一端，其特征是被要求一方有义务解释这一要求无法满足的理由。

（三）情感性与中立性。这组变量要解决的是互动关系中是否包含着感情因素。如果双方在互动中投入或获得了感情，则关系处于情感性一边。相反，如果互动双方以理智相对待，避免在相互关系中掺进感情因素，则关系处于中立性一边。

（四）先赋性与自获性。这组变量涉及行动者之间作为相互对待基础的识别标准的性质。先赋性的标准着眼于对方是“谁”，即对方的先天品质及其身份背景，而自获性标准主要根据对方“做什么”，即以对方的表现和成就来识别和评价对方。

（五）私利性与公益性。这组变量涉及互动中优先考虑的是哪一方的利益。私利性意味着将自身利益置于优先地位，而公益性则是将对方或整个集体的利益放在优先地位。

任何一种制度化的社会关系都是上述五组变量的某种组合，但这并不意味着行动者在特定的情景状况下，处理具体的人际关系时可以临时或随意地作出选择。帕森斯认为，特定的社会关系所包含的模式变量组合是既成的和稳定的，它是由社会文化中价值规范预先规定好的。模式变量的某种组合不是在个体行动者偶然地随意抉择基础上建立起来的，而是社会文化系统中价值规范的制度化结晶。行动者在进入某种社会关系时，不仅不能随意改变这种关系结构，而且必须预先通过社会化过程将价值规范内化在它的人格系统中，即了解各种角色关系中社会文化对五组变量所作的抉择，以便根据具体情景随时调整自己的主观取向。只有符合规范取向的行动，才能保持互动关系的平衡，使互动过程得以持续进行，使行动者顺利达到目标。由此可见，模式变量是规范取向在互动系统中的具体表现。

　　五种抉择的组合构成了所有可能的社会关系。这五对变量是相互独立的，因此，任意五种抉择的自由组合都可以构成某种独特的关系类型。帕森斯认为，模式变量也为文化层次和人格层次上的分析和比较提供了分类学依据。在文化层次上，可以用模式变量对不同社会的价值取向作出分析，为跨文化比较提供了基础，而在人格层次上，它可以用来区分不同的需求倾向，从而推动对各种人格类型的研究。

　　从当代中国的现实出发，本书认为中国现代化的文化转变过程，也是特殊主义向普遍主义文化的转型过程。帕森斯关于文化系统的论述阐释了对行动主体的文化取向而言，模式变量之间的联系是非随机性的。这种联系对于社会资本的构建影响是重要的，因为社会资本本身就包含了一种文化价值观。任何社会关系网络中的规范和价值，都要受到宏观文化结构的影响。由此，本书试图分析在中国文化价值取向的转型过程中，公众参与构建社会资本的路径将可能产生怎样的变化。

第二节　研究思路:公众参与与社会资本构建的转型背景

一　普特南社会资本理论的缺陷

　　普特南基于意大利的经验研究提出了社会资本理论，学术界对这一理论既有赞许，也存在许多批评。其中有两个方面的批评，对我们的分析具有重要的启示意义。

（一）公众参与和社会资本的批评

　　对普特南研究的批评，首先集中在他对公众参与网络和社会资本概念之间关系的阐述上。普特南在集体层次上讨论了社会资本，其内在命题为:现代社会的一个表现形式为存在丰富的横向公众参与网络，而社会资本则是公众参与网络本身，从理论的逻辑上来看，现代社会就是以存在丰富社会资本为特征的社会。马得勇指出,这一理论缺陷引起了一些学者的批判,他们认为社会资本理论不过是"新瓶装旧酒",了无新意。①

但也有学者认为,从概念的分析策略上,社会资本的提法有重要意义。燕继荣总结这些分析后认为,社会资本的概念在使用上具有以下几个好处:第一,社会资本的概念更具学术内涵和价值中立的立场;第二,社会资本含义更为精确且具可操作化特点;第三,社会资本概念更为保守,并不那么激进。因此,"虽然社会资本仍然是一个规范概念,只不过它更适合政治光谱中某一边的观点"②。

此外,也有研究认为传统社会理论所强调的社群生活和社会资本中所强调的信任、互惠并不是一个层面上的事物,例如公众参与可能会有助于普遍信任的生成,但并非任何时候都是如此。在一个社会中,只有那些为自身利益而发声的公众参与越活跃,这个社会的信任与合作才越容易形成,这个社会的社会经济效率和政府治理水平就会越高。③ 对此,林南做了一个比较好的总结,他认为普特南使用了错误的因变量。例如在对美国社会资本上升还是下降的分析上,研究结果主要取决于如何定义和测量。如果使用多重概念——如成员身份、规范和信任——来测量,就存在"将同一事物的多个方面(网络、信任和规范都是对社会资本的测量)混淆为因果命题的危险(例如,网络促进了信任或者信任促进了网络的发展)"④。

(二)公众参与网络类型与社会资本的批评

还有一些批评则集中在普特南关于美国社会资本下降的判断上。迈

---

① 马得勇:《社会资本:对若干理论争议的批判分析》,《政治学研究》2008 年第 5 期。

② 燕继荣:《投资社会资本》,北京大学出版社 2006 年版。

③ 马得勇:《社会资本:对若干理论争议的批判分析》,《政治学研究》2008 年第 5 期。

④ [美] 林南:《社会资本——关于社会结构与行动的理论》,张磊译,上海人民出版社 2006 年版,第 210 页。

克尔·舒德森指出，普特南对是否存在公共精神衰弱问题作了不合适的判断。他认为普特南的文章"遗漏了若干重要的相反证据。如果我们能够更好地测量公众参与度，那么他所说的衰弱就不会有那么惊人，也就不会使人那么迷惑了。假如我们更仔细地审视公众参与的历史以及各代人之间的不同，我们就会抛弃公民性衰弱的说法。而且如果我们更仔细地研究一下电视和晚近的历史，我们也就不会怪罪电视造成公众参与的衰弱了"①。锡德·斯考波尔认为，普特南使用的"消失"这个词太重，她进而指出，美国的社会组织正在多样化，许多组织在一定范围内发生裂殖，因而个人参与团体的程度便可能大大算少了。例如许多父亲和母亲退出了慈善互助俱乐部和妇女俱乐部后，不是"仅仅转向保龄球"，而是转向以孩子为中心的同其他家长的交往。② 理查德·M. 瓦莱利则批评普特南把问题搞颠倒了，实际上不是美国人抛弃了什么，而是美国人被抛弃了，在他看来，美国公众参与意识减弱的原因是美国各类社会组织的行为发生了变化，因而普特南的对比是没有意义的。③

本书认为，之所以存在众多研究批评了普特南的社会资本理论，其最重要的原因是普特南在分析中往往将社会资本和公众参与视为同一事物，然而实际上社会资本是公众参与的结果，而不是公众参与本身。正如普特南自己所阐释的那样，公众参与网络能够产生社会的互惠规范、信任和合作等要素，从而推动经济的增长，这些社会要素才是社会资本，而公众参与网络则只是社会资本的"孵化器"。如果只因公众参与网络出现问题就得出社会资本下降的论断，当其他学者通过细分公众参与的形式和类型进行分析时，自然未必能够得到相同的结果。因此，如果普特南将分析的对象确定为参与网络产生的那些能够推进社会整合的要素，那么其研究则更能获得自洽性。

① ［美］迈克尔·舒德森：《如果公民生活没有死亡会怎样》，载李惠斌、杨雪冬主编《社会资本与社会发展》，社会科学文献出版社 2000 年版，第 177 页。

② ［美］锡德·斯考波尔：《自上而下的拆散》，载李惠斌、杨雪冬主编《社会资本与社会发展》，社会科学文献出版社 2000 年版，第 189—199 页。

③ ［美］理查德·瓦莱利：《电视迷的民主》，载李惠斌、杨雪冬主编《社会资本与社会发展》，社会科学文献出版社 2000 年版，第 185—187 页。

二 本书的研究思路

综合以上的批评和分析，立足于普特南所阐释的公众参与和社会资本理论的内在关系，如图3.1所示，本书认为对当代中国的公众参与和社会资本构建关系而言，可以从以下几个方面进行考察。

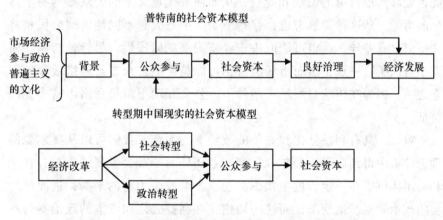

图3.1 转型中国背景下公众参与和社会资本发展模型

（一）公众参与和社会资本的区别

正如上述学者所强调的，公众参与网络是社会资本的原因，而不是社会资本本身，因此我们不能将公众参与网络等同于社会资本。本书试图对社会资本作一个研究性的界定：社会资本是在公众参与网络基础之上，由网络成员的互动和合作产生的利于社会整合的社会产品。这种社会产品，可以存在于两个层次：一是微观层面上，其生成于社会网络中资源交换和重新配置的过程，体现为网络的互惠行为和网络成员之间的信任与合作。二是宏观层面上，由于参与网络的互惠与合作形成了良好的公众文化，从而产生了超越特殊组织利益而存在的社会信任。这样的界定就将社会资本和公众参与的概念区分开来，有利于我们思考在当代中国转型背景之下，公众参与和社会资本构建之间的内在关系。

（二）普特南公众参与理论的背景性

从普特南研究的社会背景来看，其是基于西方社会的经验研究，本书认为这里存在三种基本的社会背景。

第一，市场经济体制。根据现有研究，学者们强调了市场经济的兴起、资本主义生产方式和生活方式的推广是现代公众参与及其理论产生的基石。在市场经济的条件下，个体能够获得自由活动的空间，社会资源也能够实现自由的流动和配置，从而使现代意义上的公众参与有了产生的可能。从这种背景考虑，普特南研究中意大利不同地区间公民精神之所以具有差异，这很可能取决于经济发展的阶段性。尽管普特南在研究中否认了这一点，然而市场经济仍可能是影响公众参与网络效果的因素之一，因为在传统自然经济条件下，公众互动很难呈现出丰富多元的特征。

第二，具有利益分化和竞争的政治参与系统。我们可以从奥尔森的理论分析中得到启示。奥尔森强调利益团体对于社会发展的影响，在于利益团体可以在一定程度上操纵公意、影响政治力量的平衡，进而使社会的政治规则产生变革，而这一切建立在利益分化和竞争的政治参与基础之上。在这种游戏规则中，利益团体必然成为不同集团需要争取和拉拢的对象，其组织效能也就可能处于相对较高的水平。在普特南的分析中这种政治背景同样重要，公众参与之所以能够产生善治的效果，也是立足于更大政治系统中的组织争取地方性利益团体的支持，使得社会组织能够有更多空间对地方性公众议题进行讨论和协商，进而改善地方治理绩效。

第三，内生于市场经济中的普遍主义、现代型的文化结构。正如帕森斯对现代化变迁中模式变量之间转换所作的阐释，经济现代化发端于发达国家，因此这些国家在文化上的变迁也更加"后物质主义"。在这些社会的文化实践中，公众对社会规制和法律的遵守、人际交往的去亲缘化等现代公众特征更为突出，这也是普特南的分析所依赖的重要文化背景。

（三）当代中国公众参与的转型性

立足于中国现实，本书提出需要考虑三个层面上的转型对公众参与及社会资本构建可能产生的影响。

1. 市场转型。中国自改革开放以来经济快速增长，人们生活水平不断提高，其中的主要原因是计划经济向市场经济的转变。在这一转变中，生产力实现了巨大的飞跃，生产方式也产生了深刻的变化，同时在社会生活领域，公众参与也逐渐活跃。因此，我们力图在分析架构中把握以下几个问题：市场经济和公众参与之间存在联系吗？市场经济对公众参与的影响程度如何？其作用的路径有哪些？同时在这种路径下，又对公众参与网络生产社会资本的效果产生了怎样的影响？

2. 制度转型。在市场转型的背景下，从历史唯物主义的角度来看，社会的管理制度也伴随着经济结构发生着微妙的转变。如果说中国市场经济的转型是跨越式的改革，那么制度改革则表现为渐进式的变化，也就是学术界所分析制度的"增量民主"的变化。一方面，从国家的政治改革来看，市场转型带来了公众参与需求，国家需要通过一些社会组织制度上的变革来满足这种社会需求；另一方面，从政治和社会稳定性的角度看，如果社会组织没有一定的约束，突破了特定的政治框架的话，又可能会对社会的稳定基础产生威胁。在这种内在矛盾下，也就产生了特定的社会组织管理制度以及"行政吸纳社会"的管理方式。那么在这种制度转型背景中，对于普特南式的公众参与而言，其参与网络的结构和效能上又有怎样的变化呢？这是本书要考虑的第二个转型特性。

3. 文化转型。第三种转型是从传统文化到现代文化的一种转型。社会变迁理论认为，在经济转型的带动下，文化的变迁表现得最为缓慢。然而公众参与网络的效能发挥，依赖于现代特色的文化塑造，在普特南的研究中，也特别强调了这种现代文化的建构意义。但是对中国社会来说，这种传统则仅仅从近代社会才开始形成，在较长的历史时期中，我们的文化取向呈现特殊主义的、关系性的特点。因此从路径依赖的视角出发，这种文化转型是否影响了公众参与行为？这种影响是否使公众参与的社会资本构建效果也发生了变化？这些也是本书所要考虑的最具内生性的转型问题。

第三节　数据资料与研究方法

一　研究数据简介

在研究中，本书将主要利用中国社会综合调查（CGSS）、世界价值观调查（WVS）以及笔者在 2011—2012 年针对互联网用户进行的抽样调查等数据进行定量分析。笔者在此对这些数据的基本情况进行简略的介绍。

（一）中国社会综合调查数据[①]

1. CGSS2003

2003 年度的调查是中国综合社会调查项目的第一期，由中国人民大学社会学系和香港科技大学调查研究中心共同主持，该调查只包括城镇，共涉及 125 个县级单位，559 个居委会，5900 名被访者，收回有效数据 5894 条。该年度调查除了包括被访者个人和家庭基本情况以外，学术研究主题包括社会分层、社会流动和社会网络，具体分为以下几个方面：

（1）住户成员部分。该部分收集被访者所在户的基本情况的数据，包括所有居住在该户中的家庭成员和其他居住在该户中的人，访问的内容主要涉及被调查居民户中每一位住户成员的年龄、性别、户口性质、职业身份、就业状况、民族等。

（2）个人基本情况。该部分主要为了解被访者本人的一些情况，包括他/她的婚姻状况、受教育程度、职业类型、工作单位和个人收入等。

（3）户口变动。该部分主要为了解被访者及其家庭主要成员的户口

[①]　CGSS 数据由中国综合社会调查项目组提供，在此对中国人民大学社会学系与香港科技大学调查研究中心表示感谢，样本与调查的具体情况参见"中国综合社会调查"网站：http：//www.chinagss.org/index.php。

迁移情况，包括同一区域内和异地迁移情况。

（4）家庭情况。该部分主要了解被访者家庭的基本情况，包括父母和配偶的受教育情况、政治面目、职业类型、工作单位、住房、家庭收入和家庭生活等方面。

（5）社会交往。该部分主要了解被访者的社会关系网络。

（6）教育经历。该部分集中了解被访者接受教育的情况和经历，包括正规教育和在职培训两个方面。

（7）职业经历。该部分主要了解被访者本人从第一份工作开始至今的职业经历。

（8）目前职业。该部分了解被访者本人目前的职业状况，特别是获得目前职业的方式。

（9）评价与认同。该部分了解被访者对于社会上其他人或群体的看法。

（10）态度和行为。该部分通过一些社会上受到关注的或热点的问题，了解被访者本人的看法。

2. CGSS2005

CGSS2005 是第一次同时覆盖城市和农村的 CGSS 调查，除了一份针对普通居民的问卷以外，还有一份在进行调查的农村地区的所有村庄的村长的调查问卷。问卷的主要模块有：

（1）住户成员情况。

（2）个人基本情况。

（3）家庭情况。

（4）心理健康。

（5）经济态度与行为评价。

（6）社区生活与治理。

（7）农村治理。

（二）世界价值观调查数据

"世界价值观调查"是由美国学者英格哈特主持，聚集世界上社会科学领域内众多优秀学者共同进行的一项跨国调查。该项目的主要研究内容包括人们的基本价值观、生活态度、政治倾向、一般社会伦理、道德观念，以及有关文化和社会发展的相关态度等。① 为了能够将各个国家的数据进行对比和推论，"世界价值观调查"采取统一的概率抽样方法、使用同一份问卷、利用面访的方式采集数据。所采集的有效数据可以基本上推论参与国的符合被调查资格的人口。到目前为止，世界价值观调查已经进行了五波调查：1981—1982 年第一波、1990—1991 年第二波、1995—1998 年第三波、2000—2002 年第四波以及 2005—2007 年第五波，中国在 1990 年、1995 年、2001 年、2007 年参加过该项调查。如表 3.1 所示，本书主要使用了该调查在三个年度的中国样本进行了分析。

表3.1　　　　　　　　　世界价值观中中国数据简介

本书使用数据年份	有效样本数	调查简介
1995	1500	使用随机抽样方法，覆盖了68%的全国居民
2001	1000	根据多阶段、概率与人口规模成正比的抽样方法，在全国共抽取了 1385 个 18—65 岁的城乡居民进行了访问，分布在全国 24 个省市自治区、40 个县区的范围内，最终完成有效样本 1000 个
2007	1991	使用了 GPS/GIS 辅助区域调查技术，在全国共抽取了 2534 个 18—70 岁的城乡居民进行了访问调查，分布在全国 24 个省市自治区、90 个县区的范围内，最终完成有效样本 1991 个，应答率为 78.6%

---

① 世界价值观调查数据由英格哈特教授向全球用户提供，在此表示感谢。具体调查数据及信息参见世界价值观项目组网站：http：//margaux. grandvinum. se/ SebTest/wvs/download_ data_ files。

表 3.2　相互控制的配额抽样

性别	年龄	职业类别			
		管理阶层	专业技术人员	蓝领工人	个体户、自由职业者、白领阶层
男性 55.5%	29岁以下 13.9%	2.0%	0.0%	4.0%	7.9%
	30—39岁 20.8%	5.9%	7.9%	1.0%	5.9%
	40岁以上 20.8%	5.0%	7.9%	0.0%	7.9%
女性 44.5%	29岁以下 10.9%	1.5%	0.0%	3.0%	6.4%
	30—39岁 16.8%	5.0%	6.0%	1.0%	5.0%
	40岁以上 16.8%	4.0%	6.4%	0.0%	6.4%

（三）互联网用户网络参与调查

本书也使用了自行设计的互联网调查问卷，考察了网络时代背景下公众参与的一些新特点和趋势。笔者在 2011 年、2012 年 7—9 月对十个城市在职网民进行抽样调查，调查使用了相互控制的配额抽样方法（具体见表 3.2）。2011 年调查了福建龙岩、山东临沂、湖北宜昌、河南郑州、广西南宁，2012 年调查了天津河西区、浙江温州、安徽宁国、陕西安康和云南丽江。2011 年每个城市发放问卷 250 份，回收 1158 份，应答率为 92.7%，2012 年除天津河西区发放 250 份外，其余每个城市发放210 份，共回收 1034 份，应答率为 94.9%。

二　研究方法

在本书的研究中，主要采取针对全国性的大样本数据的定量分析方法探讨了相关的问题和假设。定量分析不同于个案研究，它可以比较好地避免由于样本异质性造成的分析偏误。当然，定量研究也存在对变量之间的作用过程容易忽视的问题，在本书中主要依靠理论的逻辑推演和文献的归纳综合加以完善。

在统计方法的选择上，本书使用的方法主要包含以下几种。当因变量为连续变量时，主要采用多元回归分析的方法，例如对于公众参与的深度、公众参与网络中的互助程度和信任程度等；当因变量为类别变量时，主要依靠二分变项逻辑斯蒂克回归的方法进行统计分析，例如对世界价值观调查数据中的是否参与社团、参与何种社团等变量的分析；当因变量为计数型变量时，则采用泊松回归的方法，例如对公众参与广度的分析（参与了几种类型的社团）。同时当存在宏观层次的变量时，本书采用了多层次分析模型进行研究。在后文中，笔者将对各类统计方法的运用进行解释，在此不再赘述。此外，在对信任的分析中，由于不同信任之间的联系性，本书也使用了路径回归分析的方法，以探求不同信任之间的"净效应"。

在模型的选择上，本书主要包含嵌套模型和非嵌套模型两种。对于嵌套型模式，主要使用 R^2 准则方法，在保持样本一致性的基础上，对模型的优劣进行评价，以阐释不同自变量对因变量的影响。对存在竞争性假设的统计，主要依靠非嵌套模型和嵌套模型的结合进行分析，采用最大似然准则和最小赤池准则（AIC）进行模型拟和的优劣判别。

第四章　强市场中的"弱参与"：
市场转型中的公众参与

　　在社会科学研究中，公众参与一直被视为现代社会发展的标志之一，因而在国内外学术界引起了不同程度的关注。近半个世纪以来，社会科学学者注意到不同国家和地区的人们的公众参与水平具有差异，而其背后的原因则有各种各样的解释。① 在当代中国，许多学者提出市场社会的发展使人们的个体自主能力得到提高，尤其是收入水平和教育程度的提高，同时也带来更多参与路径等自主空间的释放，从而有助于更多公众参与行为的出现。然而也有学者认为，市场的发展对公众参与也存在某种抑制性，例如机会主义的出现、合作传统的遗失、社会信任的降低等。因此，本章将讨论的问题是，市场发展是促进还是抑制了公众参与的发展，其中又有哪些可能性因素对这种促进或抑制产生了影响。此外本章也将对当代中国各个地区间的公众参与进行比较分析，进而阐释宏观层面的市场发展是怎样对个体的公众参与差异造成影响的。

---

① Almond, Gabriel and Sidney, Verba, *The Civic Culture*, Princeton, NJ: Princeton University Press, 1963; Putnam, R. D. R. Leonardi and R. Y. Nanetti, *Making Democracy Work: Civic Traditions in Modern Italy*. Princeton, NJ: Princeton University Press, 1993; Wuthnow, Robert, "*Tocquenvill's Question Reconsidered: Voluntarism and Public Discourse in Advanced Industrial Societies*", pp. 288 – 308 in "*Between States and Markets: The Voluntary Sector in Comparative Perspective*", edited by R. Wuthnow. Princeton, NJ: Princeton University Press, 1991; Schofer E, Fourcade-Gourinchas M, "The Structural Contexts of Civic Engagement: Voluntary Association Membership in Comparative Perspective", *American Sociological Review*, Vol. 66, No. 6, 2001.

第一节 市场转型与公众参与

一 市场化背景下的公众参与发展

改革开放 40 年来，中国的经济发展取得了举世瞩目的成就，人民的收入水平和教育程度也逐步提高，这一切有赖于国家各项事业的改革和市场经济的发展，因此许多学者认为在中国将出现公众参与逐渐繁荣的社会状态。

根据国际上的相关研究，富裕的社会中会有更多公众参与行为。[1] 从社会现代化发展特点上来看，中国社会的市场经济发展和公众参与行为的发育之间也应该存在一定的因果关系。一些国内学者乐观提出市场经济作为现代社会的基础，不断地创造着公众参与发展的良好空间。高兆明认为市场经济造就出普遍的具有独立利益地位的利益主体，它促进了社会的开放与流动，在此意义上，公众参与就是在市场经济基础上产生的。[2] 储建国提出市场经济的发展为公众参与准备了若干基本要素，这些要素包括：第一，市场经济造就了公众参与的主体；第二，市场经济拓展了公众参与的活动空间；第三，市场经济塑造了公众参与的文化土壤；第四，市场经济营造着公众的自治机制。[3] 田忠研究了经济市场化背景下

---

[1] Gellner, Ernest, *Contions of Liberty: Civil Society and Its Rivals*, New York: Allen Lane/Penguin Press, 1994; Bellah, Robert N., Richard Madsen, William M. Sullivan, Ann Swidler, and Steven M. Tpiton, *The Good Society*, NewYork: Knopf, 1991; Bellah, Robert N., William M. Sullivan, "Democratic Culture or Authoritarian Capitalism?" *Society*, Vol. 18, No. 6, 1981.

[2] 高兆明：《公民社会的建立与家族精神的破灭——兼论"市民社会"研究进路》，《学海》1999 年第 3 期。

[3] 储建国：《市场经济、公民社会和民主政治》，《武汉大学学报》（哲学社会科学版）1999 年第 1 期。

的当代中国公众参与的特质，他认为公众参与型社会的核心内容是经济活动的市场化，市场经济和公众参与是一枚硬币的两面，是不可分割的。因此，市场经济是公众参与行为产生、存在的经济基础和必要条件，参与型社会是市场的载体和空间。① 方朝晖对 20 世纪 90 年代国家和社会关系的研究进行了反思，他认为这些研究之所以成为当时国内学术界的重要热点，是因为市场经济的发展将有可能导致未来中国公众参与空间逐步扩大，这个空间不仅独立于任何可能的制度作用而存在，而且终将会反过来以特定社会阶层的力量推动现实政治及社会结构的改革。② 张喜红分析了社会组织与当代中国民主政治发展的关系，她提出社会主义市场经济体制的建立与发展为社会组织的兴起奠定了坚实的基础，社会主义市场经济促使社会组织功能逐步分化，也会促进利益主体多元化，在市场化背景下，"为了更好地维护和满足自身的利益要求，具有共同利益基础的分散的个人和群体就需要组织起来，建立相应的社会组织"③。

俞可平等学者提出，社会主义市场经济体制的产生和发展必然导致社会主义公众参与行为的发展，他们认为党的十一届三中全会后的许多改革正促使着这种社会形态的发展。他们列举了一些事实来支持这一观点：体制外经济的比重已逾六成；政府权力下放和政府职能转变；私人利益得到承认和鼓励，产权概念开始明确；私人生活非政治化。④

另外，在社会资本理论的研究中，美国学者普特南的工作得到了社会科学界的广泛关注。普特南（Robert D. Putnam）提出，"与物质资本和人力资本相比，社会资本指的是社会组织的特征，例如信任、规范和网络，他们能够通过推动协调和行动来提高社会效率，社会资本提高了投

---

① 田忠：《经济市场化背景下的当代中国公民社会》，《理论与改革》2001 年第 2 期。

② 方朝晖：《对 90 年代公民社会研究的一个反思》，《天津社会科学》1999 年第 5 期。

③ 张喜红：《社会团体与当代中国民主政治发展》，《长白学刊》2007 年第 3 期。

④ 朱士群：《中国公民社会研究评述》，《社会学研究》1995 年第 6 期。

资与物质资本和人力资本的收益"①。社会资本的存量就是一个社区中人们参与社团活动的水平，指标包括读报、参与志愿组织以及投票等，"邻里组织、合唱队、合作社、体育俱乐部、大众性政党等都属于密切的横向互动，这些网络是社会资本的基本组成部分"。通过这种社会参与，个人与社会连接起来，由此产生的社会资本是现代社会得以成型和运作的基础。

　　因此在普特南的研究中，公众参与网络被认为是推动人民之间合作的关键机制，并且提供了培养信任的框架。他同时分析了公众参与网络对社会发展带来的好处：首先，在一个共同体中，此类网络越密，其成员就越有可能进行为了共同利益的合作；其次，公众参与网络增加了人们在任何单独交易中进行欺骗的潜在成本，培育了强大的互惠规范，促进了交往，促进了有关个人品行信息的流通，还体现了以往合作的成功，可以把这种成功作为一种具有文化内涵的模板，未来的合作就可以在此之上进行；最后，密集但彼此分离的垂直网络维持了每一个集团内部的合作，而公众参与网络则跨越了社会的分层，滋养了更广阔的合作。因此，普特南提出"如果说横向的公众参与网络有助于参与者解决集体行动困境，那么，一个组织的建构越具有横向性，它就越能够在更广泛的共同体内促进制度的成功"②。事实上，许多学者在公众参与的研究中都展现了与普特南相一致的结论：公众参与是现代社会治理的善治基础。③

---

　　①　Putnam, R. D. R. Leonardi and R. Y. Nanetti, *Making Democracy Work: Civic Traditions in Modern Italy*, Princeton, NJ: Princeton University Press, 1993.

　　②　Ibid., pp. 203 - 204, 206.

　　③　Berry, Jeffrey M, *The Interest Group Society*, New York: Addison Wesley Longman, 1997; Gamwell, Franklin I, *Beyond Preference: Liberal Theories of Independent Association*, Chicago: University of Chicago Press, 1984; Green, David G, *Reinventing Civil Society*, London: Institute of Economic Affairs Health and Welfare Unit, 1993; Hirst, P. Q., *Associative Democracy: New Forms of Economic and Social Governance*, Amherst, MA: University of Massachusetts Press, 1994; Portes, Alejandro, "Social Capital: Its origins and Applications in Modern Sociology", *Annual Review of Sociology*, Vol. 24, No. 1, 1998; Smith, M. J, "Pluralism, Reform Pluralism, and Neopluralism: The Role of Pressure Groups in Policy-Making", *Political Studies*, Vol. 38, No. 2, 1990; Tester, Keith, *Civil Society*, London: Routledge, 1992.

二　争议：市场经济推进了公众参与吗？

　　然而也有学者提出批评的意见，例如陶传进认为虽然市场经济有助于消除专制集权的控制，为社会成员自由的社会活动创造空间，但是它却无法提供社会价值的产生空间，也不能培育出公众参与中所需的合作精神与公共责任感。相反"市场的内在运作机制所具有的恰恰是对它们的损害作用和对社会成员原子化与机会主义倾向的诱发"①。因此市场经济与公众参与发展的关系成为一个在理论与实践中需要反复辨析的焦点。

　　但是争议双方在市场经济给予社会成员自主空间这个判断上的看法是一致的，两者都认同市场经济的发展将给予人们自由参与社会生活的空间。市场经济是一种基于平等契约关系上的经济，这首先要求参与的行动主体拥有人身上的自由权利和能力，相应地，只有在个人能够自由行使他们的天赋权利时，各种类型的公众参与行为才能得以发展。为公众参与提供机会的是市场而不是国家，因为在个人满足自然欲望的能力受到限制时只能通过商品交换来超越。② 因此，市场经济的发展是使人们物质利益关系活跃起来的重要社会机制之一。当我们考虑更大的中国经济转型背景时，这种个体自主能力的解放也蕴含中国社会结构转变的特征。在计划经济时代，单位体制对整体社会结构产生了决定性的影响。在城市居民的生活中，单位常常是主导的因素，居民都是同一个单位的同事，个人自主空间往往有限，因为计划经济不仅是对物质产品的计划生产，也是对人生活的计划安排。而市场经济建构起来以后，产品和人都无法按照一定的模式被安排，"人在市场中活动，需要社会成员自己选择，没有人能够代劳，选择空间的拓展带来了人们自主能力的提高，有

---

　　① 陶传进：《市场经济与市民社会的关系：一种批判的视角》，《社会学研究》2003 年第 1 期。

　　② ［英］托马斯·潘恩：《人权论》，载迈克尔·基梅尔等《社会与政治原理》，北京大学出版社 2005 年版。

了这种自主能力，那么人们对一种既定的安排模式就难于接受了"①。人在市场中形成自主性，必然会带到生活的各个层面。当社会越来越充分地从国家垂直体制中分化出来的时候，个人拥有越来越多的自由时间、自由空间和自主支配的资源；当社会内部进一步分化的时候，人们的兴趣、利益、地位也都在分化，于是就有越来越普遍的"人以群分"的组织化参与。② 因此我们可以得出一个学者们都认同的假设：在当代中国，随着市场经济的发展，个人自主能力得到了提高，个人自主空间得到了释放，从而促进了公众参与。

而双方争议的分歧点则在于市场经济的发展是否带来了人们相互关系的融合。事实上从齐美尔等古典社会学家的讨论开始，就引发了一种关于"商品与市场经济发展对人们之间相互关系的影响"的反思。齐美尔认为货币经济和主导精神在本质上是相互联系的，它们在对待人和事物时都采用实用主义态度，而且在这种态度中，形式公正经常与不为他人着想的冷漠结合在一起。货币借助"多少钱"抹平了所有物质之间的不同，货币以它那无色彩性和中立性而变成了所有价值的共同单位。因此，它不可避免地挖空了事物的核心、个性、特殊价值和不可比性。这种社会冷漠的结果是，"我们甚至经常不能清晰地知道多年来一直是我们邻居的那些人"③。而相关学者也引用了奥尔森的利益集团研究，阐释了市场经济与公众参与之间的矛盾。著名的经济学家奥尔森提出了集体行动的困境，并通过对复杂世界的观察，他认为之前大家所公认的"由具有共同利益的个人形成的集团，均有进一步扩大集团利益的倾向"的观点是错误的。事实则是集团利益的共同性将导致"搭便车"现象，理性的经济人都不会为集团的共同利益采取行动。而后他对集团进行了细分，分为相容性集团和排他性集团，并提出相容性集团较之排他性集团更有

---

① 费孝通：《对上海社区建设的一点思考——在"组织与体制：上海社区发展理论研讨会"上的讲话》，《社会学研究》2002 年第 4 期。

② 高丙中：《社团合作与中国市民社会的有机团结》，《中国社会科学》2006 年第 3 期。

③ ［德］格奥尔格·齐美尔：《大都市和精神生活》，载《阅读城市：作为一种生活方式的都市生活》，郭子林译，生活·读书·新知三联书店 2007 年版，第 21—25 页。

可能实现集体共同利益的观点。由此陶传进认为，市场经济的发展，虽然带来了人们自主能力的提高，但是同时也带来了人们自利心理的增强，最终将损害人们之间的相互信任和合作，破坏了合作性社会建设所需要的基础。因此，市场经济和公众参与之间的关系，成为学术界争论的一件"悬案"。

第二节　经验研究与发现

一　数据与测量

（一）研究设计

基于以上的理论讨论和研究思路，本章提出以下研究假设：

研究假设1（自主能力增强）：个体的自主能力对公众参与发展具有正向影响；

研究假设2（自主空间释放）：市场经济发展程度越高，公众自主空间释放对公众参与发展的推动的效应越强；

研究假设3（合作精神衰弱）：当控制了公众自主空间释放效应的影响后，市场经济发展对公众参与发展具有负向影响。

操作化：

1. 在这里，将个体自主能力的概念操作化为两个方面的指标：教育和收入。

2. 自主空间的释放，这一概念实际上表达了个人的资源动员空间在增强，例如参与活动的路径多样化、参与活动的可能性增强。这就意味着，同样教育程度和收入的公众，在市场化程度越高的地区，其参与的程度要高于市场化程度较低的地区。这里通过将市场化与教育和收入的交互项来分析这一变量的作用。

3. 本章将"市场经济发展"的概念通过市场化程度指数来进行具体

的量化。

因此，可以得到以下三个待模型验证的操作性假设。

基于假设 1 可得：

操作性假设 1：教育程度越高的社会成员，其公众参与程度越高。

操作性假设 2：收入水平越高的社会成员，其公众参与程度越高。

基于假设 2 可得：

操作性假设 3：市场经济发展程度高的地区与低的地区相比，如果相同教育程度和收入水平的社会成员的公众参与程度越高，那么市场化与教育及收入的交互项则为正数；反之，则为负数。

基于假设 3 可得：

操作性假设 4：当控制了市场经济发展带来的社会成员自主空间释放效应后，市场经济发展程度对公众参与程度具有负向影响。

（二）统计模型与使用数据

本章的研究使用了多层次模型的统计方法，其具体的计算公式如下：

个体层次

$$Y_{ij} = \beta_{0j} + \beta_{1j}X_{1ij} + \beta_{2j}X_{2ij} + \cdots + \beta_{kij}X_{kij} + r_{ij}$$

在分析中，个体层次的主要变量 X_{kij} 为性别、年龄、受教育年限、收入、婚姻、职业、政治面貌、社区类型。β_{kij} 为各自变量的回归系数，r_{ij} 为方程残差。

省份层次

$$\beta_{0j} = \gamma_{00} + \gamma_{01}W_{1j} + u_{0j}$$
$$\beta_{1j} = \gamma_{10} + \gamma_{11}W_{1j} + u_{1j}$$

在二水平的省级层次，主要的变量 W_{mj} 为市场化程度，其对于因变量的影响主要在两个层次上，一是截距层次上，即 β_{0j} 方程所示，γ_{01}、u_{0j} 为截距层次上变量的回归系数与残差；二是在斜率层次上，即 β_{1j} 方程所示，γ_{11}、u_{1j} 为斜率层次上变量的回归系数与残差，它们分别反映了二层次变量市场化程度对因变量的直接结构效应（二层次变量对因变量的直接影响）和间接结构效应（由于二层次变量的作用，使得个体层次变量对因变量的影响程度具有结构性差异），由此我们可以得到如图 4.1 所示的模型计量路径。

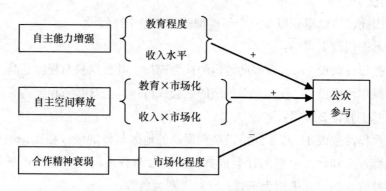

图4.1 市场经济与公众参与模型的计量路径

本章主要使用了 CGSS2005 年数据中的居民问卷进行研究，数据样本 10376 个。全国城乡居民生活综合调查是一项具有连续性的中国基本社会状况调查项目，主要目的是了解改革开放 20 多年来，中国城市居民的就业、教育、社会关系、生活方式和生活环境等方面的状况。①

（三）测量变量

1. 因变量

因变量公众参与因子主要通过对几个问题进行因子分析后得到。问卷中具体的问题为：在业余时间里，您有没有在以下方面参加由您工作单位以外的社团组织（如俱乐部沙龙、培训班、志愿团体等）安排/进行的活动呢？问题选项为量表测量，在这里我们将"从不""一年几次""一月一次""一周一次""一周几次"，赋值为 0 到 4 后进行因子分析，得到了以下的公众参与因子。不同于西方学者主要是以个体隶属于志愿团体的成员关系（Membership）作为公众参与的衡量，我们主要是衡量个体公众参与的频率，前者意在反映公众参与的广度，而我们则重点关注公众参与的深度。

① CGSS2005 数据由中国综合社会调查项目组提供，在此对中国人民大学社会学系与香港科技大学调查研究中心表示感谢，样本与调查的具体情况参见"中国综合社会调查"网站：http://www.chinagss.org/index.php。

表4.1 公众参与因子

项目（活动参与频率）	因子负荷值 （Factor Loadings）	共同度 （Communality）
健身/体育活动	0.503	0.710
娱乐/文艺活动	0.547	0.739
同学/同乡/同行联谊活动	0.545	0.738
宗教信仰活动	0.029	0.169
有助于增进培养/教育子女能力的活动	0.364	0.603
有助于提高个人技能/技术的活动	0.592	0.769
公益/义务活动	0.539	0.734
特征值（Eigenvalue）	3.118	
累积方差（Cumulative Variances）	44.539%	

2. 自变量

（1）个体层次变量

有研究发现公众参与受到一些个体变量的影响，如参与教会、宗教信仰、教育、收入水平、性别和婚姻状态、居住的社区类型等因素。[1] 性别上，女性比男性更加倾向于加入性别隔离的群体，同时具有更高的社会组织忠诚度，从而提高了其公众参与的水平；[2] 年龄上，在公众参与的

[1] Curtis, James, "Voluntary Association Joining: A Cross-National Comparative Note", *American Sociological Review*, Vol. 36, No. 5, 1971; Greeley, Andrew, "The Other Civic America: Religion and Social Capital", *The American Prospect*, Vol. 8, 1997; Knoke, David and Randall Thompson, "Voluntary Association Membership Trends and the Family Life Cycle", *Social Force*, Vol. 56, No. 1, 1997; Scott, John C, "Membership and Participation in Voluntary Associations", *American Sociological Review*, Vol. 22, No. 3, 1957.

[2] Pamela A. Popielarz, "Voluntary Association: A Multilevel Analysis of Gender Segregation in Voluntary Organizations", *Gender and Society*, Vol. 13, No. 2, 1999; Paxton, Pamela, "Is Social Capital Declining in the United States? A Multiple Indicator Assessment", *American Journal of Sociology*, Vol. 105, No. 1, 1999.

研究中，其结论则是中老年人的参与程度最广泛；[1] 就业状态上，洛托罗和约翰研究发现更长的稳定工作状态将使个人拥有更高的公众参与关系。[2] 因此，如表4.2所示，本章中个体层次的变量主要包括类别变量中的性别、婚姻状况、职业状态、政治面貌、居住社区类型，以及连续变量中的年龄、年龄平方（以探寻年龄变量的非线性效用）、受教育年限、收入对数，其中除了受教育年限与收入对数作为我们所要探寻的假设变量外，其他个体层次的变量作为控制变量进入本章的统计模型。

表4.2　　　　　　　　　　个体层次变量基本描述统计

类别变量			类别变量		
	样本数	有效百分比（%）		样本数	有效百分比（%）
性别			居住社区类型		
男性	5463	52.6	城市	6098	58.8
女性	4919	47.4	农村	4274	41.2
婚姻状况					
无配偶	1599	15.4			
有配偶	8771	84.6	连续变量		
职业状态				平均值	标准差
非在职	2452	23.6	年龄	44.7011	14.79441
在职/在学	7920	76.4	年龄平方	2217.0434	1417.41983
政治面貌			受教育年限	8.050622	4.517366

① Curtis, Stephen J, "Age Differences in Voluntary Association Membership", *Social Force*, Vol. 55, 1976; Curtis, James and Grabb, Edward & Baer Dougalas, "Voluntary Association Membership in Fifteen Countries: A Comparative Analysis", *American Sociological Review*, Vol. 57, No. 2, 1992.

② Rotolo, Thomas and John Wilson, "Work Histories and Voluntary Association Memberships", *Sociological Forum*, Vol. 18, No. 4, 2003.

续表

类别变量	样本数	有效百分比（%）	类别变量	样本数	有效百分比（%）
非党员	9252	89.2	收入	741.2038	1280.40741
党员	1120	10.8	收入对数	5.4976	2.22638

（2）省份层次变量——市场化

本章的研究中选用了市场化指数来反映各地区之间市场经济发展水平的差异。如表4.3所示，这里的市场化指数主要来自樊纲等所著的《中国市场化指数——各地区市场化相对进程2006年报告》，该报告主要对2005年各省份的市场发育状况进行了评估，其中指数的构造主要通过五个方面的内容形成，分别为政府与市场的关系、非国有经济的发展、产品市场的发育、要素市场的发育、市场中介组织和法律制度环境。① 也有学者使用其他经济成分的职工人数占全体职工人数（包括国有经济、集体经济、城镇集体经济和其他经济）的比例作为市场化的指标，② 其指标与樊纲等所建立的指标相关系数为0.858。③

表4.3　　　　　　　　　2005年各省市场化程度指数

省份	市场化指数	省份	市场化指数
甘肃省	4.44	湖南省	6.55
贵州省	4.57	安徽省	6.56
陕西省	4.8	湖北省	6.65
新疆维吾尔自治区	5.02	四川省	6.86

---

① 樊刚、王小鲁、朱恒鹏：《中国市场化指数——各地区市场化相对进程2006年报告》，经济科学出版社2006年版。

② 事实上，本章也使用了该项指标作为二层变量市场化的测度，纳入于统计模型之中，发现使用哪个指标为衡量并不影响本章结论。

③ 郝大海、李路路：《区域差异改革中的国家垄断与收入不平等——基于2003年全国综合社会调查资料》，《中国社会科学》2006年第2期。

续表

省份	市场化指数	省份	市场化指数
山西省	5.26	重庆市	7.23
黑龙江省	5.26	辽宁省	7.84
云南省	5.51	山东省	8.21
内蒙古自治区	5.52	天津市	8.34
海南省	5.54	北京市	8.62
广西壮族自治区	5.82	福建省	8.62
吉林省	5.89	江苏省	9.07
河南省	6.2	浙江省	9.9
江西省	6.22	广东省	10.06
河北省	6.41	上海市	10.41

二 研究发现

(一) 公众参与的地区差异

各省之间的市场经济发展水平存在差异，这是否意味着不同地区之间的公众参与发展水平就会不一样呢？表4.4的两个方程模型反映了公众参与水平的地区差异。第一个模型是以公众参与为因变量、省份作为自变量的一般线性回归模型，① 其中以北京作为参照组，我们看到公众参与水平高于北京的省份有上海、广东、甘肃。在这个模型中，只使用单一自变量——省份，其预测公众参与的解释力达到了7.61%，这意味着在考虑公众参与的问题时，不能忽视地区的结构性差异。而第二个模型则是以公众参与为因变量，省份以及相关控制变量作为自变量的方程模型，统计结果显示以北京作为参照组时，公众参与水平高于北京的地区有内蒙古、上海、浙江、福建、湖南、广东、海南、陕西以及甘肃。

---

① 单一自变量为类别变量的一般线性回归方程，即为自变量与因变量的方差分析。

表 4.4　　　　　　　　公众参与的地区间比较（GLM　N = 10372）

公众参与				公众参与（包含控制变量）			
省份	β	省份	β	省份	β	省份	β
天津	- 0.041	河南	- 0.637***	天津	- 0.062	河南	- 0.150***
河北	- 0.402***	湖北	- 0.413***	河北	0.042	湖北	0.038
山西	- 0.473***	湖南	- 0.034	山西	- 0.051	湖南	0.291***
内蒙古	- 0.179**	广东	0.023	内蒙古	0.231***	广东	0.317***
辽宁	- 0.511***	广西	- 0.364***	辽宁	- 0.154**	广西	0.031
吉林	- 0.479***	海南	- 0.060	吉林	- 0.129*	海南	0.218**
黑龙江	- 0.551***	重庆	- 0.769***	黑龙江	- 0.255***	重庆	- 0.324***
上海	0.184***	四川	- 0.739***	上海	0.131**	四川	- 0.163***
江苏	- 0.478***	贵州	- 0.499***	江苏	- 0.093*	贵州	- 0.045
浙江	- 0.278***	云南	- 0.379***	浙江	0.213***	云南	0.035
安徽	- 0.522***	陕西	- 0.028	安徽	- 0.140**	陕西	0.293***
福建	- 0.037	甘肃	0.254***	福建	0.274***	甘肃	0.617***
江西	- 0.827***	新疆	- 0.154	江西	- 0.267***	新疆	0.003
山东	- 0.476***			山东	- 0.106*		
Adj-R²	7.61%			26.52%			

注：北京为参照组；* $P < 0.1$；** $P < 0.05$；*** $P < 0.01$（双尾检定）。

通过上面两个模型的结果，我们可以发现一个有趣的现象：在公众参与水平高于北京的省份中，既有市场化程度高于北京的福建、广东、浙江，同时也有市场化程度低于北京的内蒙古、湖南、海南、陕西、甘肃，这意味着市场经济发展水平与公众参与程度可能是非线性关系。在图4.2中，通过对各省公众参与水平与市场化程度进行线性和非线性拟合分析，结果显示各省公众参与的平均水平与市场化程度的确不是线性的关系，而是二次函数的非线性的关系，其表现为开口向上的正U形曲线，即随着市场化程度的推进，人们的公众参与水平是一个先下降后上升的过程。

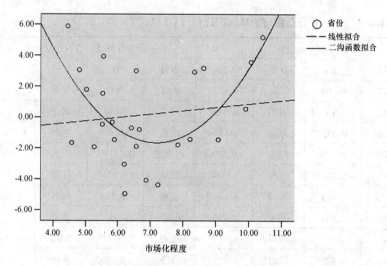

图4.2　各省社会组织参与水平与市场化程度的拟合曲线

线性拟合：$R^2 = 0.016$，$F = 0.339$，$Sig. = 0.534$，$df_1 = 1$，$df_2 = 24$，

$$Y = -1.326 + 0.220X$$

非线性拟合：$R^2 = 0.358$，$F = 6.418$，$Sig. = 0.006$，$df_1 = 2$，$df_2 = 23$，

$$Y = 29.497 - 8.671X + 0.604X^2$$

　　在图4.3中，笔者将各省份的每万人社团数量与各省份的公众平均参与水平进行了比较分析。[1] 研究发现，两者同样不是一个同步发展的过程，如果将每万人社团数量看作是宏观结构，而作为人们微观表现的公众参与上，却没有相应的表现。从结果上来看，随着市场经济的发展，市场化程度越高的省份，人均拥有社团的数量越多。这种群体层次分析结果与个体层次公众参与的分析结果完全不同。那么是什么力量造成了这种差异呢？因此，研究需要在统计模型中考虑宏观变量对微观行动的可能影响。

----

　　① 关于各省社团数量分布情况，来自国家民间管理局网站：http://www. chinanpo. gov. cn/web/index. do。这里我们根据各省人口状况，根据公式：各省每万人社团数量＝（各省社团数量/各省人口数量）×10000 得到，这样就得到了一个各省份之间可以相互比较的数量指标。

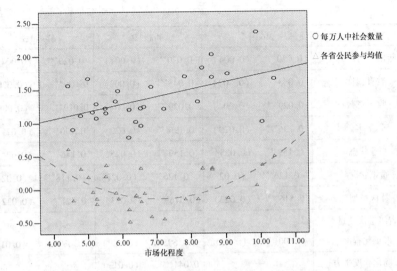

图 4.3　各省社团数量与公众参与水平的比较

（二）影响公众参与的因素分析

表4.5 显示了影响居民公众参与水平的不同层次变量的作用。在三个模型中，个体层次变量均对居民公众参与程度有显著影响。在性别上，女性较之于男性，拥有更高的公众参与水平；研究结果同时显示了年龄对于公众参与的影响呈现出开口向上的正 U 形曲线，这说明随着年龄的增长，居民的公众参与水平是一个先下降后上升的过程；政治面貌上，党员比非党员的公众参与水平更高；在职的比非在职的社会成员拥有更高的参与；而婚姻状况中，无配偶的比有配偶的居民拥有更高的公众参与水平；同时也看到，城市居民要比农村居民具有更高的公众参与程度。

表4.5　　　　　**影响居民公众参与程度因素的多层次模型**
（Multilevel Statistical Model　N＝9931）

个体层次变量	Model 1		Model 2		Model 3	
	β	S.E	β	S.E	β	S.E
性别[a]	−0.036[!]	(0.018)	−0.036[*]	(0.018)	−0.029[!]	(0.018)
年龄	−0.023[***]	(0.004)	−0.023[***]	(0.004)	−0.024[***]	(0.004)

续表

	Model 1		Model 2		Model 3	
年龄平方/100	0.020***	(0.004)	0.020***	(0.004)	0.020***	(0.004)
教育程度	0.043***	(0.002)	0.043***	(0.002)	0.039**	(0.020)
收入对数	0.029***	(0.004)	0.029***	(0.004)	0.019**	(0.008)
政治面貌[b]	0.196***	(0.029)	0.196***	(0.029)	0.190***	(0.029)
职业状态[c]	0.159***	(0.025)	0.159***	(0.025)	0.146***	(0.024)
婚姻状况[d]	-0.126***	(0.027)	-0.126***	(0.027)	-0.118***	(0.027)
社区类型[e]	0.516***	(0.023)	0.516***	(0.023)	0.521***	(0.022)
省级层次变量 市场化程度	-0.001	(0.025)	-0.605**	(0.189)	-0.037*	(0.016)
市场化程度平方	—		0.041**	(0.013)	—	
交互项 市场化×教育程度	—		—		0.006***	(0.001)
市场化×收入对数	—		—		0.004***	(0.001)
截距	-0.362!	(0.192)	1.735**	(0.672)	0.958**	(0.378)
模型拟合度（BIC/df）	25598/13		25605/14		25481/14	

注：参照组：[a]女性；[b]非党员；[c]非在职；[d]无配偶；[e]农村！P<0.10；* P<0.05；** P<0.01；*** P<0.001（双尾检定）。

本章主要关注的变量是收入、教育程度以及省级层次变量市场化程度。对于收入和教育，三个模型呈现出了相同的结果，那就是收入和教育程度越高，则居民的公众参与水平越高，本章的研究假设 1 和操作性假设 1、操作性假设 2 得到了支持。柯提斯等学者在研究不同国家公众参与水平时也得到了相同的结论，他们对此的解释是教育程度和收入水平越高，意味着个体拥有更多的机会和时间参与到社会组织活动中。①

① Curtis, James and Grabb, Edward and Baer Dougalas, "Voluntary Association Membership in Fifteen Countries: A Comparative Analysis", *American Sociological Review*, Vol. 57, No. 2, 1992.

英格哈特则认为社会越工业化，个体教育水平和财富收入越多，越强调"超物质"价值的生活心态、容忍度和信任，从而产生了更多的公众参与。①

而市场化程度这一省际层次变量的影响，在三个模型里呈现出不同的结果。在模型 1 中，市场化程度对于居民的公众参与不具有线性影响，这与前文将不同省份之间的公众参与水平进行比较得出的结论相一致。在模型 2 中，研究在宏观层次变量中加入了市场化的平方项，来探寻其对公众参与的非线性效应。结果也同样印证了前文的研究发现，即市场经济发展对公众参与水平的提高是一个非线性的影响过程，其表现为一个开口向上的正 U 形曲线。最后，基于假设 2 和操作性假设 3，研究在方程中加入了市场化程度与收入、教育的交互项，以验证市场化程度对收入和教育的调节作用。模型 3 支持了本章的假设，可以看到交互项的影响为正，这表明市场化程度的提高，带来了人们自主空间的释放，从而对公众参与程度产生了正向影响。然而在控制了个体自主空间释放这个变量后，在模型 3 中，市场化程度对公众参与程度变成了负向影响，基于此，本章的研究假设 2 和操作性假设 3 也得到了支持。

本章还利用世界价值观调查的三个年度中国数据，就教育和收入对公众参与问题的影响作进一步的分析。如表 4.6 和表 4.7 所示，研究将 1995 年和 2007 年中涉及公众参与深度和广度的问题进行因子分析，得到了休闲型参与和专业型参与两个因子。② 从表 4.8 的结果看，教育的影响作用是稳定的，在 1995—2007 年的 13 年的数据跨度中，其对公众参与的深度和广度一直都是积极的影响。收入的作用则呈现出逐渐增强的效果，在 2007 年的数据中，收入水平无论是在参与的深度上还是广度上，都对

---

① Inglehart, Ronald & Wayne Baker, "Modernization, Cultural Change and the Persistence of Traditional Values", *American Sociological Review*, Vol. 65, No. 1, 2000.

② 公众参与深度表示了公众参与社会组织的积极性程度，而广度表达了公众参与社会组织的数量。

公众参与产生了积极的作用。因此个体能力的提高的确对公众参与具有积极影响。

表4.6　　　　　　1995 年公众参与深度因子分析（旋转后）

项目（社会组织参与程度）	因子负荷值（Factor Loadings）	
	休闲型参与	专业型参与
体育或娱乐组织	0.5758	0.1806
艺术音乐或教育组织	0.5798	0.2244
环境组织	0.3312	0.4577
专业协会（学会）	0.1909	0.4184
慈善公益组织	0.2658	0.4725
特征值（Eigenvalue）	1.596	1.536
方差贡献率（Variances%）	31.921	30.717
累积方差贡献率（Cumulative Variances%）	62.638	

表4.7　　　　　　2007 年公众参与深度因子分析（旋转后）

项目（社会组织参与程度）	因子负荷值（Factor Loadings）	
	专业型参与	休闲型参与
运动/娱乐组织	0.3824	0.5905
教育/艺术/音乐/文化组织	0.3922	0.5799
环境/生态保护组织	0.7296	0.3872
专业协会	0.6834	0.3031
人权或慈善组织	0.7917	0.2765
消费者组织	0.6170	0.2955
特征值（Eigenvalue）	2.690	1.742
方差贡献率（Variances%）	44.838	29.032
累积方差贡献率（Cumulative Variances%）	73.870	

表4.8 参与深度和参与广度的影响因素

（OLS 最小二乘估计/Poisson regression 泊松回归）

自变量	参与的深度								参与的广度					
	1995 年数据				2007 年数据				1995 年数据			2007 年数据		
	休闲型参与		专业型参与		休闲型参与		专业型参与		β	S.E	EXP(B)	β	S.E	EXP(B)
	β	S.E	β	S.E	β	S.E	β	S.E						
性别a	-0.001	(0.036)	0.052	(0.033)	-0.060	(0.037)	0.009	(0.046)	-0.048	(0.009)	1.049	-0.114	(0.085)	0.891
年龄	-0.012	(0.008)	0.001	(0.007)	-0.024*	(0.009)	-0.029*	(0.012)	-0.028!	(0.017)	0.972	-0.011	(0.021)	0.989
年龄平方/100	0.012	(0.010)	0.002	(0.009)	0.023*	(0.010)	0.025*	(0.013)	0.027	(0.020)	1.000	-0.003	(0.024)	1.000
教育程度	0.095***	(0.012)	0.069***	(0.011)	0.057***	(0.008)	0.031***	(0.009)	0.295***	(0.026)	1.343	0.139***	(0.018)	1.148
收入水平	-0.004	(0.010)	-0.012	(0.009)	0.052***	(0.010)	0.057***	(0.012)	-0.026	(0.019)	0.974	0.178***	(0.022)	1.195
职业状态c	-0.004	(0.061)	-0.038	(0.054)	-0.009	(0.049)	-0.083	(0.060)	-0.234*	(0.100)	0.791	-0.263**	(0.110)	0.734
婚姻状况d	-0.106!	(0.054)	-0.046	(0.049)	-0.165!	(0.054)	-0.119!	(0.066)	-0.128	(0.125)	0.879	-0.309***	(0.110)	0.769
截距	-0.004	(0.169)	-0.217	(0.152)	0.338!	(0.204)	0.540*	(0.249)	-0.760*	(0.329)		-0.863*	(0.436)	
Adj-R²	5.96%		2.8%		12.46%		6.72%		—			—		
Pesudo-R²	—		—		—		—		6.27%			11.00%		

注：参照组：a女性；b非党员；c非在职；d无配偶 !P<0.10；*P<0.05；**P<0.01；***P<0.001（双尾检定）。

　　为了更好地展现这一结论，图4.4以五个省份的变量拟合情况为例进行了分析。在图4.4中，广东、上海、北京的拟合线具有较高的斜率，而甘肃、陕西则具有较高的截距，这表明在公众参与的水平上，甘肃、陕西的公众参与水平具有较高的"基准"（以 X＝0 时为基准）水平，然而这两个省份的教育和收入在公众参与的"贡献率"（斜率）上比其他三省更低，这使得随着市场经济的不断推进，未来可能的结果是广东、上海、北京的公众参与水平将逐渐高于甘肃与陕西。因此，这就意味着，在讨论市场经济发展的影响时，我们不但要看到不同市场状态下人们自主能力的提高对公众参与发展的"贡献率"，同时也要注意到发展的"基准"差异。

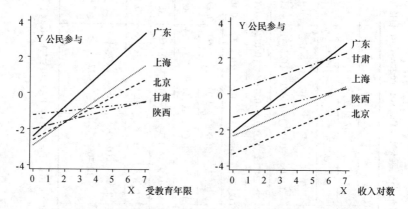

图4.4　以五个省份为例的教育程度和收入水平对公众参与影响的拟合

第三节　进一步的探讨："原子化"的个人参与

一　市场经济与公众参与网络内部社会资本的生成

　　在前文的分析中，研究的假设1和假设2得到了经验支持，也就是说，市场经济发展的确存在对公众参与的抑制效应。然而问题的焦点在于：是因为市场经济发展使人们排斥集体性合作行为，从而导致了这种抑制效应吗？本章尝试以另一种公众参与的研究路径来解答上述困惑。在普特南的研究中，公众参与网络也是一种产生普遍信任与互惠等社会资本的行动机制。帕克斯通认为普特南的研究只关注于个体层次的普遍信任，而并无证据显示美国公民的制度信任和社团信任正在下降。[①] 也就是说公众参与和信任并不具有同一性，需要分开考察。

因此，我们需回归于社会资本的内在含义才能理解市场社会中的公众参与问题。正如林南对社会资本所定义的，"社会资本是行动者在行动中获取和使用的嵌入在社会网络中的资源"[②]。社会资本作为一个资本的概念，包含两层含义：一是要有行动者所嵌入的社会网络，二是资源是从该社会网络中获得的。因此林南指出了普特南意义上的社会资本的不足，"作为一个关系的财产，必须与集体财产和物品，如文化、规范和信任等分开来"[③]。刘林平和万向东认为社会网络是社会资源而不直接等同于社会资本，社会资本是动用了的、用来从事生产性的经济活动的社会网络或社会资源。[④] 本书赞同并借鉴他们的观点，认为可以将社会资本的分析层次从宏观意义上的普遍信任与公众互惠，回归到参与网络之中来，也就是考察公众参与网络的内部社会资本。在这个基础上，研究实际上可以将公众参与视为"形式性的社会资本"，而由参与网络所形成的信任、互惠才是一种"实质性的社会资本"。同时本书认为"实质性社会资本"比"形式性社会资本"更为重要，前者才是由具体网络所产生的行动者可获得的社会资源。

根据本章前文所论证的基本假设——市场经济发展正在弱化公众的合作精神，研究可以提出一种新的论证视角：如果合作精神正在弱化的话，那么公众参与将呈现出某种"原子化"的状态，例如社会成员的参

---

① Paxton, Pamela, "Is Social Capital Declining in the United States? A Multiple Indicator Assessment", *American Journal of Sociology*, Vol. 105, No. 1, 1999.

② ［美］林南：《社会资本——关于社会结构与行动的理论》，张磊译，上海人民出版社 2006 年版，第 24 页。

③ 同上书，第 25 页。

④ 刘林平、万向东：《企业的社会资本：概念反思和测量途径——兼评边燕杰、丘海雄的〈企业的社会资本及其功效〉》，《社会学研究》2006 年第 2 期。

与只是为了获得某种自我能力的增长（教育培训）和生活压力的舒缓（俱乐部、沙龙），而在参与活动之外，人们并没有产生更多的联系。如果市场经济发展程度越高将使这种"原子化"状态的参与越强，那么由公众参与网络生成"实质性社会资本"的能力也可能越趋于弱化。这样的研究路径包含两个好处：一是将普特南意义上的社会资本落到了具体的网络层面；二是合作精神是参与网络的内生变量，而由参与网络所生成的互惠和信任也容易受到合作精神这种价值观念影响，这种研究操作就避免了一些外部制度与社会环境等外生变量对研究路径的干扰。由此，研究形成了如图4.5所示的分析框架。本章将"实质性的社会资本"操作化为"参与网络中的成员互助"和"参与网络中的成员信任"，而公众参与网络是形成两者的行动机制，其可以表述为假设4：如果市场经济确实在弱化社会成员的合作精神，那么市场经济发展程度越高，公众参与网络（形式性社会资本）生成的成员互助和成员信任（实质性社会资本）的能力将越弱。

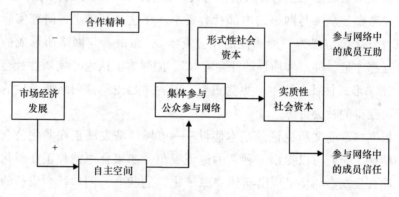

图4.5　从市场发展到社会资本生产的路径

表4.9和表4.10分别是对参与网络中成员各项活动外互助程度和信任程度的因子分析。问卷中的互助程度测量的具体问题为：您说您参加过_____（读出选项），那在这个活动之外您与其他参与者之间有没有互助行为呢？调查采用了里克特量表格式，研究中将"没有""偶尔有""有时有""较多""很多"各选项，赋值为0到4后进行因子分析，得

到了参与网络中成员互助因子。而问卷对信任程度测量的具体问题为：在不直接涉及金钱利益的一般社会交往/接触中，您觉得下列人士中可以信任的人多不多呢？在这里我们将"绝大多数不可信""多数不可信""可信者与不可信者各半""多数可信""绝大多数可信"，同样赋值为0到4后进行因子分析，得到了参与网络中成员信任因子。

表4.9　　　　参与网络中成员互助因子（主成分因子分析PCF）

项目（活动外互助频率）	因子负荷值（Factor Loadings）	共同度（Communality）
健身/体育活动	0.458	0.677
娱乐/文艺活动	0.530	0.728
同学/同乡/同行联谊活动	0.457	0.676
宗教信仰活动	0.209	0.457
有助于增进培养/教育子女能力的活动	0.495	0.703
有助于提高个人技能/技术的活动	0.503	0.710
公益/义务活动（如扶贫、社会救济、赈灾、扫盲、环保等）	0.409	0.640
特征值（Eigenvalue）	3.061	
累积方差（Cumulative Variances）	43.731%	

表4.10　　　　参与网络中成员信任因子（主成分因子分析PCF）

项目（对于活动成员的信任）	因子负荷值（Factor Loadings）	共同度（Communality）
一起参加文娱、健身、进修等业余活动的人士	0.857	0.265
一起参加宗教活动的人士	0.855	0.269
一起参加社会活动/公益活动的人士	0.861	0.259
特征值（Eigenvalue）	2.206	
累积方差（Cumulative Variances）	73.54%	

如表4.11所示，我们分析了影响参与网络中成员互助和信任程度的因素，模型1—模型3为参与网络中成员互助程度的影响因素统计模型。

表4.11　影响参与网络中成员互助与信任程度因素的多层次模型（GLM&HLM）

个体层次变量	组织内互助（参与网络中成员互助程度 N=9931）						组织内信任（参与网络中成员信任程度 N=4240）					
	Model 1		Model 2		Model 3		Model 4		Model 5		Model 6	
	β	S.E.	β	S.E.	β	S.E.	β	S.E.	β	S.E.	β	S.E.
性别[a]	-0.037**	(0.018)	-0.007	(0.009)	-0.008	(0.009)	0.028	(0.032)	0.028	(0.032)	0.030	(0.031)
年龄	-0.021***	(0.004)	-0.002	(0.002)	-0.002	(0.002)	0.001	(0.006)	0.002	(0.006)	0.002	(0.006)
年龄平方/100	0.019***	(0.004)	0.001	(0.002)	0.001	(0.002)	0.002	(0.007)	0.001	(0.007)	0.002	(0.006)
教育程度	0.043***	(0.002)	0.010***	(0.001)	0.010***	(0.001)	0.004	(0.005)	0.002	(0.005)	-0.002	(0.005)
收入对数	0.038***	(0.004)	0.011***	(0.002)	0.010***	(0.002)	0.027***	(0.008)	0.025**	(0.008)	0.012	(0.008)
政治面貌[b]	0.248***	(0.030)	0.067***	(0.015)	0.059***	(0.014)	0.119*	(0.053)	0.111*	(0.053)	0.122*	(0.052)
职业状态[c]	0.178***	(0.025)	0.044***	(0.012)	0.048***	(0.012)	-0.018	(0.044)	-0.023	(0.044)	-0.030	(0.043)
婚姻状况[d]	-0.086***	(0.027)	0.020	(0.013)	0.021!	(0.013)	0.019	(0.045)	0.022	(0.045)	0.029	(0.044)
社区类型[e]	0.519***	(0.023)	0.067***	(0.011)	0.072***	(0.011)	-0.004	(0.041)	-0.021	(0.042)	-0.042	(0.043)
公众参与			0.860***	(0.005)	1.017***	(0.079)	0.—		0.044**	(0.015)	0.288**	(0.103)
省级层次变量												
市场化程度					-0.002	(0.008)					0.064*	(0.027)

续表

个体层次变量	组织内互助（参与网络中成员互助程度 N=9931）						组织内信任（参与网络中成员信任程度 N=4240）					
	Model 1		Model 2		Model 3		Model 4		Model 5		Model 6	
	β	S.E	β	S.E	β	S.E	β	S.E	β	S.E	β	S.E
交互项												
市场化*公众参与	-0.460***	(0.090)			-0.018*	(0.011)					-0.031*	(0.014)
截距			-0.180!	(0.044)	-0.145***	(0.069)	-0.256	(0.157)	-0.252	(0.157)	-0.156	(0.162)
Adj-R²	23.89%		81.96%		—		0.63%		0.80%			
模型拟合度（BIC/df）	—		—		1169/16		—		—		12038/16	

注：参照组：[a]女性；[b]非党员；[c]非在职；[d]无配偶；[e]农村！$P<0.10$；* $P<0.05$；**$P<0.01$；***$P<0.001$（双尾检验）。

模型 1 和模型 2 使用了一般线性回归分析，可以看到，在个体层次上，公众参与程度对于参与网络中成员的互助具有正向影响，同时方程的解释能力由 23.89% 上升到了 81.96%，也就是说，公众参与的程度可以解释接近 60% 的参与网络中成员的互助行为。因此，在具体网络资源流动的层次上，普特南所强调的互惠这种"实质性的社会资本"同样得到了验证。而在模型 3 中，加入了市场化程度与公众参与程度的交互项，该变量反映了市场化对公众参与和参与网络中成员互助之间方程斜率影响的调节效应。如模型 3 所显示，这种调节效应的影响为负向，这表明了市场化程度越高的地区，公众参与程度对于网络中的互惠行为的正向产生能力愈趋于弱化。

模型 4—模型 6 反映了参与网络中成员信任程度的影响因素。模型 4 和模型 5 并不是较好的统计模型，方程中的大多数变量并不具有统计显著性，这说明了参与网络中成员的信任还受到其他未知变量的影响。从这一点来看，在当代中国，普特南意义上的信任生成，并不是一个简单地通过建立参与网络就可以产生，其背后还包含了更多其他因素的影响。不过，公众参与程度与参与网络中成员的信任程度具有正向关系。而模型 6 的统计结果是：市场化与公众参与的交互项对参与网络中成员信任程度同样呈负向关系，这再次表明了市场化程度越高的地区，公众参与网络对于网络中成员信任的产生能力愈趋于弱化。由此，研究假设 4 也得到了支持。

二　市场发展与公众参与网络外部社会资本的生成

根据前文分析，本章发现在市场化进程中，公众参与随着市场化进程的深入，其生成参与网络的互助和信任这类社团内部社会资本的能力在不断地降低。这表明了一个现实：随着市场经济的发展，人们合作精神在逐渐衰弱，参与的原子化状态在不断增强。那么这种合作精神的衰弱，是否同样会影响公众参与的外部社会资本的生成能力呢？

相关研究强调了社会资本的宏观层面，即研究普遍信任抑或社会信任的意义。这些研究认为普遍信任能够促进经济增长和社会发展，① 实现善治功能，② 防治腐败，③ 提高教育的功能，④ 增进个体健康，⑤ 减少犯罪，⑥ 促进社会福利。因此公众参与能否从促进社会组织内部的社会资本向组织外部的社会资本即普遍信任延伸，是一个更具社会意义的问题。

　　本章进而分析了公众参与对普遍信任的影响。研究利用对陌生人的

---

①　Knack & Keefer, "Does Social Capital Have an Economic Payoff？A Cross-Country Investigation", *Quarterly Journal of Economics*, Vol. 112, No. 4, 1997；Fukuyama, *Trust, the social virtues and the creation oi prosperity*, New York: The Free Press, 1995；Knack S, Zak P J, "Trust and Growth", *Economic Journal*, Vol. 111, No. 470, 2001；Beugelsdijk S, Groot H L F D, Schaik A B T M V, "Trust and economic growth: a robustness analysis", *Oxford Economic Papers*, Vol. 56, No. 1, 2004.

②　Porta L, Lopez-De-Silanes R, Shleifer F, et al., "Legal Determinants of External Capital", Vol. 52, 1997；Knack S, Keefer P, "Does Social Capital Have an Economic Payoff? A Cross-Country Investigation", *Quarterly Journal of Economics*, Vol. 112, No. 4, 1997.

③　Uslaner E, *The moral foundations of trust*, Cambridge: Cambridge University Press, 2002. Paldam, Martin, and Christian Bjornskov, *Corruption Trends and Social Capital*. In The New Institutional Economics of Corruption, ed. J G Lambsdorff, M Taube, and M Schramm. London: Routledge, 2004.

④　Putnam, R. D. 2000. *Bowling Alone: The Collapse and Revival of American Community*, Simon & Schuster, New York；Porta L, Lopez-De-Silanes R, Shleifer F, et al., "Legal Determinants of External Capital", Vol. 52, 1997.

⑤　Putnam, R. D. 2000. *Bowling Alone: The Collapse and Revival of American Community*, Simon & Schuster, New York.

⑥　Putnam, R. D. 2000. *Bowling Alone: The Collapse and Revival of American Community*, Simon & Schuster, New York；Fajnzylber P, Lederman D, Loayza N, "Inequality and Violent Crime", Social Science Electronic Publishing, Vol. 45, No. 1, 2002；Uslaner E, *The moral foundations of trust*, Cambridge: Cambridge University Press, 2002. Paldam, Martin, and Christian Bjornskov, *Corruption Trends and Social Capital*. In The New Institutional Economics of Corruption, ed. J G Lambsdorff, M Taube, and M Schramm. London: Routledge, 2004.

信任作为普遍信任的测量指标。如果说社会组织成员只是参与者认识和了解的人,对陌生人的信任才是真正意义上的社会信任。因为研究者强调公众参与能够增强人们的普遍信任,其理论逻辑在于通过组织生活,人们学会如何与他人相处,增强了群体之于个体的价值和意义。在这一过程中,参与者会将这种组织经验上升为可以信赖他人和群体的感知,从而形成普遍信任这样的社会资本。那么在市场化进程中,当公众参与网络的内部社会资本生成能力受到威胁时,其外部社会资本的生成能力也可能存在同样的问题。因此,本章提出:

研究假设5:如果市场经济确实弱化了社会成员的合作精神,那么市场经济发展程度越高,公众参与网络生成的内部社会资本(社会组织内信任)的能力将降低,其生成外部社会资本(普遍信任)的能力也将越弱。

如表4.12所示,研究分析了市场化进程中公众参与对普遍信任的影响。在模型1中,公众参与对于普遍信任的生成具有正向作用。模型2加入了市场化变量,结果显示,市场化程度虽然对普遍信任是正向的影响,但是结果并不显著,同时模型的解释力也没有得到提高。这里同样要考虑公众参与和市场经济交互影响的作用。因此,模型3加入了市场化和公众参与的交互项,分析结果也表明市场化和公众参与的交互项对普遍信任生成是负向的影响,同时市场化和公众参与对普遍信任都具有正向的作用。这意味着随着市场经济的推进,通过公众参与网络,其生成参与网络外部社会资本的能力也降低了。本章的研究假设5也得到了支持。

表4.12 影响居民普遍信任(陌生人信任)程度因素的多层次模型(Multilevel Statistical Model N = 9827)

个体层次变量	Model 1		Model 2		Model 3	
	β	S.E	β	S.E	β	S.E
性别[a]	-0.044*	0.020	-0.045*	0.020	-0.044*	0.020
年龄	-0.004	0.004	-0.004	0.004	-0.006	0.004
年龄平方/100	0.005	0.004	0.005	0.004	0.007	0.004

续表

个体层次变量	Model 1		Model 2		Model 3	
	β	S. E	β	S. E	β	S. E
教育程度	-0.001	0.003	-0.001	0.003	-0.001	0.003
收入对数	-0.015**	0.005	-0.015**	0.005	-0.015**	0.005
政治面貌ᵇ	-0.001	0.032	-0.001	0.032	-0.010	0.032
职业状态ᶜ	0.001	0.027	0.002	0.027	0.002	0.027
婚姻状况ᵈ	-0.001	0.029	-0.001	0.029	-0.001	0.029
社区类型ᵉ	-0.064*	0.026	-0.064*	0.026	-0.064*	0.026
公众参与	0.030**	0.011	0.030**	0.011	0.042**	0.011
省级层次变量 市场化程度			0.039	0.029	0.075**	0.029
交互项 市场化 * 公众参与					-0.047**	0.013
截距	1.994	0.109	1.730***	0.223	1.511***	0.225
模型拟合度 （BIC/df）	26649.72/13		26662.38/14		26558.16/16	

注：参照组：ᵃ女性；ᵇ非党员；ᶜ非在职；ᵈ无配偶；ᵉ农村 ! P<0.10；* P<0.05；**P<0.01；***P<0.001（双尾检定）。

第四节　本章结论与讨论：强市场中的"弱参与"

如图4.6所示，本章的研究结果表明，市场经济发展（市场化程度的提高）带来了人们自主空间的释放（斜率的提高），使得公众参与发展成为可能。然而当将这种自主能力控制了之后，从宏观的表现上看，公众参与在市场经济的发展中也出现了一种抑制效应（截距的降低）。本章通过理论探讨将这种抑制效应归结为合作精神、公共责任感的缺失，这一假设也在公众参与对于网络成员的互助和信任的影响中得到了支持（随着市场化程度的提高，公众参与和参与成员互惠信任的斜率降低）。同时研究进一步考察了公众参与对参与成员之外的社会资本构建能力的影响，发现随着市场化的进程，这种能力也相应降低了。因此本章认为，公众参与网络的塑造不仅仅依靠人们拥有更多可支配的空间、时间和更多参与路径，更重要的是，其也是合作精神和相互信任的建设过程。

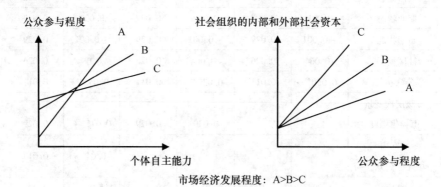

市场经济发展程度：A>B>C

图4.6   市场经济与公众参与发展的关系模式

综合以上分析，本章可以得到以下两个基本结论：

第一，市场经济本身对于公众参与的发展存在着两种结构性的效应。一方面，其提高了社会成员的资源动员空间，给予了社会成员参与社会活动的路径，丰富了社会成员的物质与精神生活。另一方面，从社会心理的角度出发，市场经济的运行逻辑对自利行为的刺激，也降低了人们的合作意愿与公共责任感。当我们把社会生活想象为一个愈趋于华丽的剧场时，每个参与者前来观看，然而嬉笑怒骂之后，却彼此没有留下联系就离开了。

第二，由于合作精神的缺失，由更高市场经济发展程度带来的参与行为并不意味着就是一种"强参与"，因为其构建"实质性社会资本"的能力在下降。在普特南的研究中，公众参与是促进社会资本的重要机制。他直接以公众参与为社会资本的测量指标，研究了美国社会资本的发展趋势，于是得出了美国社会资本正在"Declining"（下降）和"Disappearance"（消失）的结论。① 尽管他的这种论断引发了许多学者的批评和争论，而笔者认为内在于参与网络中的合作精神和公共责任感才是网络中互惠与信任的产生源泉，简单地出于兴趣和利益的参与，并不必然带来公众参与网络中"实质性社会资本"的增加。亚当·斯密在《道德情操论》开篇中写道："人，不管被认为是多么的自私，在他人性中显然还有一些原理，促使他关心他人的命运，使他人的幸福成为他的幸福必备的条件，尽管除了看到他人幸福他自己也觉得快乐之外，他从他人的幸福中得不到任何其他好处。属于这一类的原理，是怜悯或同情，是当我们看到他人的不幸，或当我们深刻怀想他人的不幸时，我们所感觉到的那种情绪。"对亚当·斯密来说，人的第一性是同情、怜悯之心，第二性才是自利之心。两者是完全可以相容的，同情、恻隐之心是自利之心的基础，在两者的自然作用之下，人类才会克制地追求自身的幸福。因此，亚当·斯密对于人性的第一个假设正是市场经济中公众参与发展的人性基础，在此基础上才能形成公众间的互惠和信任。

同时本章也认为存在以下两个方面的问题值得进一步深入探讨：

第一，公众参与中的合作精神为什么正在下降？如果说市场经济促进了人们的自利性，普特南研究中的意大利也是市场社会，其为什么不存在这个问题？

第二，如果当代中国社会的社会资本不是来源于普特南式的公众参与，那这种社会资本构建的影响因素又是哪些呢？

在当代中国，市场经济已经改变了社会生活的诸多领域。然而随着市场经济的深入，人们的公众参与行为却显示出一种"弱参与"的状况。因此，虽然当前政策领域强调公众参与的"量"的增加，但也需要反思，参与的"质"是否也得到了提高？当回归我们的现实生活时，正如有学者在社区研究中所分析的那样，社区生活中的参与是"自上而下建构"

---

① Putnam, R. D., "The prosperous community: social capital and public life", *The American Prospect*, Vol. 13, No. 13, 1993; Putnam, R. D., "Tuning In, Tuning Out: The Strange Disappearance of Social Capital in America", *Political Science and Politics*, Vol. 28, No. 4, 1995.

的参与和"表演性参与""参与越趋向于个体化"。① 因此，本书希望强
调的是，不仅仅市场经济发展中收入分配的问题需要我们去关注，更重
要的是，我们同样需要去努力构建那些融合于良好市场社会中的价值观
念和公众的行动理念。

① 杨敏：《作为国家治理单元的社区——对城市社区建设运动过程中居民社区
参与和社区认知的个案研究》，《社会学研究》2007 年第 4 期；阿兰纳·伯兰德、朱
健刚：《公众参与与社区公共空间的生产——对绿色社区建设的个案研究》，《社会学
研究》2007 年第 4 期；黎熙元、陈福平：《社区论辩：转型期中国城市社区的形态转
变》，《社会学研究》2008 年第 2 期。

第五章 组织制度的塑造力量：
两类组织与社会资本的创造

　　在上一章中，本书讨论了当代中国市场经济发展与公众参与效能之间的关系。根据研究，市场经济虽然带来了公众参与数量上的增长，然而由公众参与产生社会资本的能力却逐渐降低了。与西方社会的社团制度不同，中国社会组织的发展被相关研究称为"行政吸纳社会"。是否中国特殊的社会组织制度，正是造就中国公众参与独特性的内在原因之一。但是制度是如何影响公众参与的社会资本构建过程的呢？笔者在本章将通过三个方面的比较来分析政治转型过程中，制度作为外生变量对公众参与的影响。首先，从社会组织的传统理论出发，将组织区分为两种理论类型，比较两者在同一制度模式下的差异；其次，利用历时性的数据和资料，比较社会组织制度发展过程中两类组织的社会资本构建能力差异；最后，利用国际上各地区的比较数据，分析不同制度背景下相同类型参与组织的社会资本构建能力，同时也比较了不同国家地区中两类组织对公众参与的影响。这样就能够展现当代中国社会转型背景下，相关社会组织制度对公众参与的社会资本构建能力差异的塑造。通过这种差异的分析，有助于我们发现普特南式公众参与中合作精神不足的原因。

第一节   公众参与的两类组织结构

一   分歧：社会组织都是好的吗？

社会组织一定能促进社会发展吗？目前学术研究的认识里实际并无定论。相关研究存在两种基本观点：

第一种观点是以奥尔森的利益集团理论为代表的社会组织的"悲观论"。奥尔森认为，一个能够保障最大多数群体利益的社会，公共政策在制定时应该基于社会成员的广泛协商和参与。只有这样，才能使政策的公正性、合理性和妥当性得到保证。然而，现实中的任何一个国家又都不可能真正做到这一点。因为社会协商通常并不是大众个体之间的协商，而是社会组织之间，进一步讲是社会组织领导人之间的协商。①社会中的一些人群如消费者、纳税者、失业者以及贫民不可能组成任何团体，因为他们既不具备选择性刺激手段，又不是人数很少的个体集合，这样就让他们很可能被排除在社会协商之外。在此情况下，社会上有组织的团体就会不择手段地争取本身的利益。这些组织既然负担了争取有利于自己政策的大部分费用，就难免制定出一些忽视社会多数人的利益而偏重组织起来的这部分人利益的政策。由于社会上有一部分人被排除在协商之外，就没有理由设想这种协商的结果对全社会是公正的。不仅如此，这种由不同利益集团协商决策的社会将是低效率的，因为讨价还价既耗费金钱又浪费时间。因此，在奥尔森的分析中利益团体的局限性包括了行为逻辑和分利化倾向，进而引起政治决策的非广泛性并造成经济分配的非公平性后果。基于此，他认为社会的集团化将造成经济发展的滞后、体制的僵化以及共同体生活的衰弱等问题。

---

① 随付国：《奥尔森分利集团理论述评》，《东南大学学报》（哲学社会科学版）2006 年第 8 卷增刊。

第二种观点则是以普特南的公众参与理论为代表的社会组织的"乐观论"。公众参与的网络孕育了一般性交流的牢固准则，促进了社会信任的产生。这种网络有利于协调和交流、扩大声誉，因而也有利于解决集体行动的困境。当政治和经济谈判是在社会互动的密集网络中进行的时候，机会主义的动机就会减少。① 事实上可以从许多学者的分析概念中找到对公众参与的重视，例如"多元主义""大众社会""公民文化"等。② 这些概念的分析思路有一个共同的特征：有效且能获得民众最大支持的政府，是一个能够与民众合作与沟通的政府。在政治领域中，国家能够依靠自上而下的力量，给予公众参与以制度支持和资源供给，保障有效和持续的公众参与。同时在民众日常生活中，公众能够依靠组织化的参与，自下而上地反映民众需求和意见，改善政府的治理。基于此，一个拥有高度社会资本存量的社会里，经济发展、政府治理和人民生活就会进入良性运行的阶段。因此，在以上研究的基础上，普特南驳斥了奥尔森的社会组织危害社会发展的观点，他认为公众参与网络正是提高政府治理能力、改进制度绩效的重要社会基础。③

二　相容：起点的差异

根据以上论述，奥尔森和普特南对社会组织与社会发展的判断截然相反。然而莱克认为，奥尔森和普特南的分析也具有相容的一面。他认

---

① ［美］罗伯特·普特南：《繁荣的社群——社会资本与公共生活》，载于李惠斌、杨雪冬主编《社会资本与社会发展》，社会科学文献出版社 2000 年版，第 167 页。

② J. Habermas, "Towards a Communication-Concept of Rational Collective Will-Formation. A Thought-Experiment", *Ratio Juris*, Vol. 2, No. 2, 1989; C. Calhoun, "Nationalism and Ethnicity", *Annual Review of Sociology*, Vol. 19, No. 1, 1993; Almond, Gabriel and Sidney, Verba, *The Civic Culture*, Princeton, NJ: Princeton University Press, 1963.

③ ［美］罗伯特·普特南：《使民主运转起来》，王列、赖海榕译，江西人民出版社 2001 年版。

为奥尔森强调的社会组织，属于分配性的联合体（distributional coali-tions）。这类组织的分利化倾向以及组织利益的非兼容性，对社会经济发展和社会资本提高都是有害的。而普特南强调的则是运动俱乐部、青年组织、唱诗班等这些文化功能性的组织，并不具备分配性偏好（no distributive lobby）。因此两者的争议，并非绝对的对立。① 莱克仅是从社会组织的利益结构进行了分析，实际上普特南和奥尔森对社团可能存在的不同结构也有相关描述。

普特南在《使民主运转起来》一书中，将社会资本的构建网络分为横向和垂直的两种类型。横向网络是把具有相同地位和权力的行为者联系在一起，而垂直网络则将不平等的行为者结合到不对称的等级和依附关系之中。他认为垂直的网络，无论多么密集、对参与者多么重要，都无法维系社会信任和合作。信息的垂直流动常常不如水平流动可靠，其原因部分在于下属为了免受剥削而对信息有所保留。更重要的是，那些支撑互惠规范的惩罚手段，不太可能向上实施，即使实施了，也不太可能被接受。只有那些缺少与同伴合作、胆大而莽撞的下属，才会寻求惩罚上级。② 因此，庇护—附庸关系也包含有人际交换和互惠义务，但这种交换是垂直的，义务是不对称的，而且庇护制的垂直联系也破坏了横向组织之间的团结。成员之间既没有共同的利益去反对互相欺骗，也不惧怕互相疏远和隔离。同时，他们没有机会去建立普遍互惠的规范，也无共同合作的历史可资借鉴。因此，庇护—附庸的垂直关系的特性是依附性，在这种关系中，庇护者和附庸者都有可能出现投机行为。对于前者，这是剥削，对于后者则是逃避义务。③ 普特南在 2003 年《独自去打保龄球：美国社会资本的下降》一书中，则继续深化了这两种网络的社会资本理论。他认为社会资本分为团结型资本（bonding capital）和桥接型资

---

① Knack, Stephen, "Group, Growth and Trust: Cross-Country Evidence on the Olson and Putnam Hypotheses", *Public Choice*, Vol. 117, No. 3 – 4, 2003.

② ［美］罗伯特·普特南：《使民主运转起来》，王列、赖海榕译，江西人民出版社 2001 年版，第 204 页。

③ 同上。

本（bridging capital）两种类型。团结型资本是相对同质的群体内部联系与信任的加深，桥接型资本则是相对异质的群体之间联系的增加。相比之下，团结型资本通常具有较强的排他性，而桥接型资本则包容性较好；前者通常发生在小群体内部，而后者发生在小群体之间。

而奥尔森在《集体行动的逻辑》一书中也将集体利益区分为两种：相容性的（inclusive）和排他性的（exclusive），这两个概念的区别在于利益主体目标的本质。相容性利益指的是集体成员在追求这种利益时是相互包容的，并不排斥他人的利益，例如同行业公司在向政府寻求更低的税额以及其他优惠政策时，利益就是相容的正和博弈。后者指的是团体成员在追求这种利益时，排斥了其他集体成员的利益，如处于同行业中的公司在通过限制产出而追求更高的价格时就是排他的，即在既定市场份额的情况下，你我之间是此消彼长的生产关系，这时团体成员之间是一种零和博弈。因此，基于利益取向的不同，奥尔森把团体分为追求相容性利益目标的团体和追求排他性利益目标的团体，称为相容性团体和排他性团体。在奥尔森的分析中，相容性团体比排他性团体更可能实现集体的共同利益。①

奥尔森在《国家兴衰探源》一书中，进一步对排他性分利团体对社会发展的副作用进行了分析。② 广泛性组织（相容性团体）一般都倾向于促使其所在的社会更加繁荣昌盛，并力图在为其成员增加收入份额的同时，尽可能地减轻其额外负担。而只有当国民收入再分配中所产生的利益与由此引起的全社会损失相比更大时，他们才支持这种再分配行动。而分利团体（排他性团体）做决策比其中的个人与企业决策更迟缓，从而使议事及协商日程拥挤。其决策多半倾向于固定价格而不固定数量，使全社会延缓采用新技术以及在生产情况变化时阻碍重新分配资源，从而降低了经济增长率。当分利团体发展到足以取得成功的规模时，它必然采取排他性的政策，并力图使其成员限制在收入相近与贡献相近的范

---

① ［美］奥尔森：《集体行动的逻辑》，陈郁等译，格致出版社 2014 年版，第 90 页。

② ［美］奥尔森：《国家兴衰探源》，吕应中译，商务印书馆 1999 年版。

围之内。分利集团的扩大将增加法律的繁文缛节，强化政府的作用，造成协议的复杂性并改变社会演化的方向。

因此，在奥尔森和普特南各自理论的内在含义和类型学分析的角度上，两位学者的理论也有相互融合的一面。如图5.1所示，普特南所分析的团结型社会资本和桥接型社会资本，与奥尔森分析的排他性团体和相容性团体具有类型的对应性。例如奥尔森认为血缘性组织是排他性团体，而普特南的分析中则将家庭视为团结型社会资本的重要来源。因此在普特南的分析中，相容性团体产生的桥接型社会资本推动了社会发展，而排他性团体产生的团结型社会资本虽然能够使组织内成员获利，但对社会大众而言，却不会产生很多促进总体社会资本的作用。而奥尔森的分析正是强调了这一点，并进一步对不同国家的兴衰作出解释。无论是普特南还是奥尔森，都是以西方市场社会和特定政体为背景而展开分析并作出相关判断的。那么对社会主义市场经济发展背景的中国来说，这些结论具有相同的解释力吗？因此，本章试图在中国社会组织制度和政治系统背景下，对两类社会组织的社会资本构建效应展开分析。

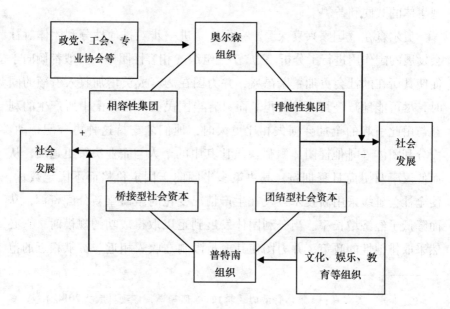

图5.1　两类组织与两种社会资本之间的内在联系

第二节　当代中国两类组织的特质

政治制度在塑造社会组织方面发挥了重要的作用。[①] 例如李普塞特对澳大利亚、加拿大、英国以及美国的政治制度和价值观系统进行了比较分析，他认为国家的政治制度对民主的价值系统会产生重要影响。他分析了城市、工业、民主模式和制度对各国政治结构的影响，提出美国是平等主义和民粹主义的，英国是顺从式和精英化的，而加拿大和澳大利亚则居于两者之间。在这一构成中，其中法律、公众参与和政党系统则是造成差异的主要力量。[②] 谢弗和马里恩在对不同国家之间的社团参与比较后发现，在国家之间，社团的数量和类型方面都存在着巨大的差异，其中有两个重要的原因解释了这种差异：（1）威权体制和自由体制的不同；（2）合作和非合作社会的不同。研究结果表明威权体制抑制了所有类型的社团参与活动，特别是"新"社会运动组织。而合作性则促进了成员关系，特别是对"旧"社会运动组织的影响。最后，他们提出了在西方社会中存在着社会组织的"盎格鲁—美国化"（Anglo-American）转

① Levy, Jonah, *Tocqueville's Revenge: State, Society and Economy in Contemporary France*, Cambridge, MA: Harvard University Press, 1999; Skocpol, Theda, "Unraveling from Above", *The American Prospect*, Vol. 25, 1996; Skocpol, Theda, "The Tocqueville Problem: Civic Engagement in American Democracy", *Social Science History*, Vol. 21, No. 4, 1997; Skocpol, Theda and Morris Fiorina (eds.), *Civic Engagement in American Democracy*, Washington, DC: Brookings Institute, 1999; Skocpol, Theda. Marshall Ganz, Ziad Munson, "A Nation of Organizers: The Institutional Origins of Civil Voluntarism in the United States", *American Political Science Review*, Vol. 94, No. 3, 2000; Tarrow, Sidney, "Making Social Science Work across Space and Time: A Critical Reflection on Robert Putnam's Making Democracy Work", *American Political Science Review*, Vol. 90, No. 2, 1996.

② Lipset, S. M., "The Value Patterns of Democracy: A Case Study in Comparative Analysis", *American Sociological Review*, Vol. 28, No. 4, 1963.

型的趋势。① 因此，只有注意到当代中国社会组织制度和民主政治背景的特殊性，我们才能更好地理解两类组织的发展特点。②

一　奥尔森组织（排他性团体）的特质

（一）政治组织的整合效应

奥罗姆认为，政党是介于国家与社会之间的组织，其既能整合与协调社会，同时也是运行国家权力、引导社会发展的力量，因而政党对平衡国家与社会关系、整合国家与社会的意志有直接作用。虽然现代政治生活是现代政党产生和发展的逻辑前提，但在现实中，尤其是在发展中国家，政党则往往是构建现代政治生活的核心力量。②

中国共产党是中国社会的领导核心。改革开放前，其通过强大的政治优势和高度集权的领导体制，将整个政府管理纳入自身的组织体系，形成党政一体的格局。同时通过遍布全社会的单位组织全面整合每个社会成员。孙立平将此现象总结为"总体性社会"，这种"社会"体现为：国家直接面对民众，对民众进行参与式动员；强有力的行政性整合取代血缘与契约性社会整合；民众对国家的组织依附性关系；纵式关系重于横式关系；等级社会与大多数现象；平民主义意识形态及对精英的本能反感；单向沟通渠道。③ 一些学者也在城市和农村社会的实证研究中分析了中国共产党的政治整合作用。④ 而改革开放40年以来，政治体制改革

① Schofer, Evan and Marion Fourcade, "The Structural Contexts of Civic Engagement: Voluntary Association Membership in Comparative Perspective", *American Sociological Review*, Vol. 66, No. 6, 2001.

② ［美］奥罗姆：《政治社会学导论》，张华青译，上海世纪出版集团2009年版，第7页。

③ 孙立平：《改革前后中国大陆国家、民间统治精英及民众间互动关系的演变》，《中国社会科学季刊》（香港）1994年第1期。

④ 张济顺：《上海里弄：基层政治动员与国家社会一体化走向（1950—1955）》，《中国社会科学》2004年第2期；徐勇：《"政党下乡"：现代国家对乡土的整合》，《学术月刊》2007年第8期。

表现为政党逐渐向国家和社会分权的过程。对于来自分权所催生的社会力量的挑战，政党则通过制度建设将其吸纳和规范，从而在一定的制度框架下重构政党、国家和社会的关系，[①] 有研究者将这一过程称为"行政吸纳社会"的过程。[②]

在我国政治生活中，国家的重大决策首先是执政党决策层内部民主协商的产物。[③] 其基本内涵的官方表述则是"共产党领导、多党派合作、共产党执政、多党派参政"。这种党派合作而非政党间竞争的形式，从实践上看，并不能简单地认为其与世界上其他社会中的多党制、一党制等制度相一致，其是"世界政党制度中一种独特的类型"。[④] 由执政党领导和决策，同时与其他党派咨询和协商的治理方式，实现了多党间合作而非对抗的政治整合。从中国社会希冀快速实现发展的现实特征出发，这种结构有利于保证决策的效率和社会的稳定。因此，中国政党间的政治整合也体现出以纵向联系为核心的吸纳模式。

从我国执政党的国家和社会治理方式上看，其从社会整体角度考虑主要利益目标，特别强调了在现代化进程中，保持决策权力的统一和协调。究其根本，在于当代中国的现代化进程属于后发外生型现代化，在这个过程中就必须依靠一个强有力的政府自上而下推动，因而必须以民主集中制来保证领导权力的相对集中。因此，中国执政党的利益目标与西方社会的政党截然不同。西方社会的竞争性政治体制中，政党间由于各自代表的利益集团差异，更加符合奥尔森的分析。而在中国的经济和社会发展中，政党这类奥尔森笔下的排他性组织具有相容性利益和相容

---

① 林尚立：《民间组织与政治改革》，载王名主编《中国民间组织30年——走向市民社会》，社会科学文献出版社2008年版，第266—267页。

② 康晓光：《转型时期的中国社团》，《中国社会科学季刊》（香港）1999年第28期。

③ 蔡永飞：《简析人民政协协商民主在我国协商民主中的地位和作用》，《天津市社会主义学院学报》2007年第3期。

④ 张献生：《我国多党合作中的政党关系》，《政治学研究》2006年第1期；张献生：《共产党领导的多党合作：世界政党制度中一种特殊的类型》，《政治学研究》2007年第2期。

性团体的特征。但是从普特南的理论出发，从参与的形式上看，无论是政党间的协商性政治还是政党对民间的吸纳作用，仍属于组织体系上的纵向联系或是自上而下的政治整合。

（二）需求与监管的结果——经济性社会组织的快速增长

改革开放后，社会组织数量大量增长。这种增长的背后是国家层面上对经济体制转型以及单位制解体后，如何处理新时期社会发展和整合问题的考虑。国家要面对以下两个方面的重要变革：第一，国企改革中大量国有企业或进行重组或面临破产，如何对进入体制外的社会成员进行管理成为一个重要的课题。在这种背景下，一些经济性社会组织（个协、行业协会）成为沟通国家、市场和社会的重要力量。第二，原有的单位制解体后，许多依托于单位的社会福利和保障进入了市场领域，除了以新生企业为主要依托外，许多社会服务性功能需要向一定的组织实现转移，从而满足社会成员的需求。从这些变化的影响上看社会组织建立的意义在于：政府在经济结构变化的过程中需要将日趋游离于组织外的社会成员重新纳入国家管理和控制系统中。因此有学者认为，中国的国家与社会关系是建立在国家权力对民众生活的渗透这一前提下，政府通过基层权力的有效组织将基层建设同政府治理目标结合，使社会组织同政府之间相互依靠，但基层的民众参与通过政府权力机构组织才能完成，它并非是完全自发的、自下而上的社会组织发展。[①]

而在西方，政府作为社会组织财政上的主要支持者，起的却只是管理和监督作用，社会组织无须在活动内容上过多受政府干预，而基层的民众参与也是自发地自下而上的。[②] 在中国，社会组织往往从建立之始就需要和官方保持良好的合作关系，这有助于其获得政治上的支持和经费及其他资源的获得。在这种发展逻辑的影响下，虽然一些社会组织表现出经

---

① Flower, John and Leonard, Pamela, *Community Values and State Cooptation*: *Civil Society in the Sichuan Countryside*, in Hann, Chris and Dunn, Elizabeth, ed., Civil Society, London: Routledge, 1996.

② 熊跃根：《转型经济国家中的"第三部门"发展：对中国现实的解释》，《社会学研究》2001 年第 1 期。

济能力已经逐渐脱离了政府的拨款，但是政府对其的认可和在这种认可之下通过自身努力以获取社会资源的能力，决定了社会组织的发展空间。

因此，当代中国社会组织与国家治理有关的功能主要有两个方面：参政议政和作为政府的助手。原来的政治性社会组织例如民主党派继续得到了充分的发展，原有的几大功能依然得到了保留，而改革开放以来新产生的部分社会组织也起到了参与治理的作用，例如行业协会与经委之间保持密切的联系，经常向经委等提供本社团成员的情况和意见。作为政府的助手，是改革前中国政治社会组织的重要政治功能，也是改革开放以来经济性、专业性社会组织的重要功能。因此，当代中国的社会组织在功能上有准行政机构的特色。[①]

康晓光和韩恒分析了国家对多种社会组织的活动的影响和作用，在经验资料的基础上提出了"分类控制"概念，"分类控制体系"是指国家政府对于不同的社会组织采取不同的管理方式。[②] 在研究中，他们提出了两个假设：第一，对于具有不同的挑战能力或组织集体行动能力的社会组织，政府将采取不同的控制手段；由于政府同时承担着提供公共物品的职能，如果不能较好地履行这种职能，其稳定性就会受到威胁，所以政府会根据社会组织所提供的公共物品的性质选择控制手段。第二，对于提供不同的公共物品的社会组织，政府将采取不同的控制手段。因此，他们选用了5个变量来描述政府对社会组织的管理手段。这5个变量分别是：政府对社会组织成立的态度、管理社会组织业务活动的政府部门的设置方式、政府对社会组织的治理结构的控制、政府对社会组织所需资源的控制以及政府对社会组织日常活动的控制。从总体上看，政府的倾向可以总结为对所提供的公共物品是政府所急需的组织，政府对其采取了鼓励和支持的策略。而对那些所提供公共物品并不是政府所急需的社会组织，政府对其或是采取控制策略限制其发展或是采取放任政策。

---

① 毛寿龙：《政治社会学：民主制度的政治社会基础》，吉林出版集团有限责任公司 2007 年版，第 254—255 页。

② 康晓光、韩恒：《分类控制：当前中国大陆国家与社会关系研究》，《开放时代》2008 年第 2 期。

因此，在这种新的国家和社会关系之中，实施什么样的控制策略和控制强度，取决于政府的利益需求以及被控制对象的挑战能力和社会功能。在这一体系中，国家允许公民享有有限的结社自由，允许某些类型的社会组织存在，但不允许它们完全独立于国家，更不允许它们挑战国家的权威。同时，国家也有意识地利用各种社会组织提供公共物品的能力，使其发挥"拾遗补阙"的作用。

一些对农村老年协会的研究，也证明了选择性的社会组织管理体系特点。有学者认为，地方政府对社会组织的选择性管理为老年协会自主性的获得提供了发展空间，而这是基于地方政府因某些社会组织在经济发展中的重要地位而对它们实行"防水养鱼"的政策，很可能的一个结果是地方政府对这些组织的控制意愿也随之提高。那些受到"眷顾"的社会组织，它们在某些方面的能力增强并不意味着它们自主性的提高，因为地方政府除了依经济利益大小对社会组织实行选择性"放权"的同时，还可能根据承担责任的大小而实行选择性忽略的管理策略。[1]

还有一些研究分析了中国改革开放过程中，政府官员为了追求地方利益最大化，对具有较大经济贡献实力组织的选择性"赋权"现象。这些研究认为中国经济发展带来了社会的巨大变革，与此同时，人们在资源自由流动过程中，要求能够自主参与经济建设和社会发展的意愿也越来越高。因此，地方政府在保持基层稳定和加快经济发展的内在要求下，也采取了相应的适应性机制，例如首先给予了经济性和专业性社会组织的发展空间，其次是改善了社会服务领域的第三部门的发展环境。[2]

---

① 邓燕华、阮横俯：《农村银色力量何以可能——以浙江老年协会为例》，《社会学研究》2008 年第 6 期。

② Nevitt, Christophere, "Private Business Associations in China: Evidence of Civil Society or Local State Power", *The China Journal*, Vol. 36, No. 36, 1996; Unger, Jonathan, "Bridges: Private Business, the Chinese Government and the Rise of New Associations", *The China Quarterly*, Vol. 147, No. 147, 1996; Dickson, Bruce J., "Cooptation and Corporatism in China: The Logic of Party Adaptation", *Political Science Quarterly*, Vol. 115, No. 4, 2001.

因此，在图5.2中我们可以看到，在当代中国各种类型社会组织的发展数量上，地方发展性、经济性、社会服务性等专业性社会组织的数量要远远高于文化功能性的社会组织。这种基于专业需求和分类监管的社会组织管理体系带来了不同社会组织的层次化和多元化发展。

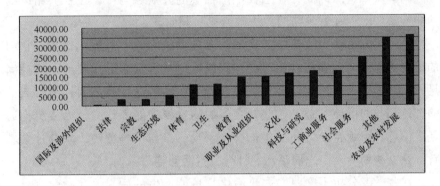

图5.2　2005年社会组织类型的分布情况

二　普特南组织（相容性团体）的特质

（一）组织参与的"去政治化"

从20世纪90年代开始，由于市场的进一步开放和企业作为独立经营者的重要性日益被确定，社会和国家开始形成新的利益结构关系。在政府主导话语系统内，社会稳定成为政治生活的重要行动目标。[1] 在当代中国社会的体制变革中，国家希望保持的政治稳定性和公众日益增长的参与需求之间就存在一系列微妙关系：一方面，市场经济发展推动了公众的参与需求和愿望，教育和收入水平的提高使得社会成员拥有了更多的"自由流动资源"，而经济结构的变化则带来了"自由活动的空间"；[2] 另一方面，改革、稳定和发展的关系是国家处理社会发展和发展中出现的

---

① 熊跃根：《转型经济国家中的"第三部门"发展：对中国现实的解释》，《社会学研究》2001年第1期。

② 孙立平：《改革前后中国大陆国家、民间统治精英及民众间互动关系的演变》，《中国社会科学季刊》（香港）1994年第1期。

矛盾冲突的基本理念。因此，对于政府来说，首先需要适当满足社会成员参与的愿望和配合市场化背景下经济发展的要求，从而巩固政府治理的合法性。这是经济性社团得以快速增长的内在原因。其次，国家也不愿意看到公众参与的失控性增长，进而在一定程度上削弱政府对社会的管制和国家稳定。因此，在当代中国社会的公众参与中，在社会组织的功能性塑造上存在着参与的"去政治化"倾向。

毛寿龙分析认为改革中产生的许多社会组织并不是政治性的，它们的重要功能实际上在非政治方面。例如，这些组织通过非政治的途径满足成员增加知识、扩大社会交往、取得新的发展途径等需要，维持成员的个体利益和群体利益。这些社会组织的重要功能表现为：为成员沟通经济信息、组织企业之间的生产合作活动、参与市场营销、举办社会教育、社会扶助活动、志愿活动、社会公益活动等。[①]

一些学者分析了这种"去政治化"可能产生的后果。在党政官员的语言中，社会组织"不进行政治活动"意味着它不给现存的政治规范和政治秩序制造麻烦，而在社会组织自己的思维方式中，"不搞政治"包括远离宏大议题、避免争议、不动员公众向政府施压和不抢政治风头等。[②]从参与的范围上看，除了一些有官方背景的组织外，社会组织参与的领域都是政治性不强的领域。由于这些领域的纯公益性质和政治敏锐性较低，加之与政府的基本理念是一致的，这些社会组织的参与也就得到了政府的认可。[③]

这种"去政治化"的结果就是社会组织的规模一直被限制在一定的范围内。这可能使组织的社会影响有限，同时也限制了组织行动理性化程度的提高。大型组织由于其内部多元化的制约、长远发展的需要以及组织规模，容易发挥社会影响，行动会逐渐理性化。而社会组织如果都

---

①　毛寿龙：《政治社会学：民主制度的政治社会基础》，吉林出版集团有限责任公司 2007 年版，第 254—255 页。

②　安蓉泉：《完善民主参与机制的实践与思考——基于杭州市的经验》，《中共浙江省委党校学报》2008 年第 1 期。

③　刘培峰：《扩展中的公民结社权》，载王名主编《中国民间组织 30 年——走向市民社会》，社会科学文献出版社 2008 年版，第 74 页。

属于小型组织，由于其自身影响较小、相对缺乏充分表达渠道，便企图通过哗众取宠来扩大社会影响，其行动和表达因困难而容易走向极端化。① 大量诸如此类的小组织出现，可能会推动社会总体的极端化，从而影响社会治理的理性化水平。

（二）合法性的困境

"合法性"概念在社会科学（社会学、政治学等）中的使用有广义和狭义之分。广义的合法性概念被用于讨论社会的秩序、规范或规范系统。② 狭义的合法性概念被用于理解国家的统治类型或政治秩序。③ 当韦伯和哈贝马斯论述统治的合法性的时候，他们都是在狭义地使用合法性概念。合法统治是合法秩序的多种形式之一，它包含着被统治者对统治者的承认。哈贝马斯认为，合法性意味着某种政治秩序被认可的价值以及事实上的被承认。④ 统治能够得到被统治者的承认，是因为统治得以建立的规则或基础是被统治者可以接受的乃至认可、同意的。从理论上说，统治因为具有合法性而得到承认，而在社会学研究中统治因为得到了承认，才具有合法性。这种合法性定义倾向于从下到上的承认。

事实上，从国家与社会二元结构的视角出发，社会组织的活动也存在着从上到下的过程，即国家政府对于社会组织的承认。高丙中提出了社会组织合法性的四种基本类型：社会合法性、法律合法性、政治合法性、行政合法性。社会合法性表示社团由于符合传统文化、社会习惯等

---

① 刘培峰：《扩展中的公民结社权》，载王名主编《中国民间组织30年——走向市民社会》，社会科学文献出版社2008年版，第74页。

② ［德］马克斯·韦伯：《经济、诸社会领域及权力》（韦伯文选第二卷），李强译，生活·读书·新知三联书店1998年版，第5—11页；［德］尤尔根·哈贝马斯：《合法化危机》，曹卫东译，上海人民出版社2000年版，第211页。

③ ［德］马克斯·韦伯：《新教伦理与资本主义精神》（全译本），于晓等译，生活·读书·新知三联书店1987年版，第241页；［德］尤尔根·哈贝马斯：《合法化危机》，曹卫东译，上海人民出版社2000年版，第184页。

④ ［德］尤尔根·哈贝马斯：《合法化危机》，曹卫东译，上海人民出版社2000年版，第184页。

组成的民间规范而具有的合法性。法律合法性表示由于社团满足了法律规则而获得的合法性。政治合法性表示社团由于符合国家的思想价值体系而被承认享有的合法性。行政合法性表示社团由于遵守行政部门（国家机关或具有一定行政功能的单位）及其代理人确立的规章程序而拥有的合法性。[①] 其中法律、政治、行政合法性都可以归纳为是国家对社会组织的承认而赋予的合法性。因此，为了呼应国家与社会二元结构的视角，我们可以将社会组织所具有的合法性分为政治合法性与社会合法性。[②]

在本书的研究中，可以对这两种合法性进行相关定义。其中政治合法性是国家政治系统对于社会组织的承认，表现为承认其存在、赋予其合法的身份、给予其一定的行政和经济资源。而社会合法性则是社会层面的个人或组织对于社会组织的承认，表现为认同其活动、参与其组织和提供一定的社会资源。在实践中，一个成熟而完备的社会组织应同时具有两种合法性身份。

在当代中国，社会组织主要由两种力量推动而成，分别是政府推动和民间推动。根据相关研究，存在一种现象：由政府推动产生的一些社会组织拥有官方承认的身份，同时获得政府提供的资源，却存在组织成员参与性、认同性不足的问题。[③] 而由社会推动的一些民间社会组织虽然受到相关管理体制的约束，无法获得一个制度内的合法身份，也无法得到足够的体制内资源，却又有较高的组织成员参与性。[④] 这种现象的产生则离不开特定社会组织管理体制的影响。

① 高丙中：《社会团体的合法性问题》，《中国社会科学》2000年第2期。

② 龚咏梅：《社团与政府关系——苏州个案研究》，社会科学文献出版社2007年版，第42—54页。

③ 熊跃根：《转型经济国家中的"第三部门"发展：对中国现实的解释》，《社会学研究》2001年第1期；李姿姿：《社会团体内部权力与交换关系研究——以北京市海淀区个体劳动者协会为个案》，《社会学研究》2004年第2期。

④ 孙志祥：《北京市民间组织个案研究》，《社会学研究》2001年第1期；张紧跟、庄文嘉：《非正式政治：一个草根NGO的行动策略——以广州业主委员会联谊会筹备委员会为例》，《社会学研究》2008年第2期。

从 1989 年开始，我国在民间组织管理上逐渐形成了登记管理机关和业务主管单位分别负责的双重管理体制，这种管理体制经过多次清理整顿和 1998 年相关法规的修订完善的进一步强化，成为目前我国社会组织登记管理的基本体制。社会组织的登记许可实际上面临双重门槛：在获得登记管理机关的批准之前必须首先得到业务主管单位的许可。这种双重门槛一方面强化了登记许可制度的门槛限制，另一方面又规避了政府某一部门在行政许可方面应承担的责任，使得相关社会组织不仅难于通过登记注册获得正式身份，而且也很难将不予登记的理由归咎于任何一个政府部门。因为"由于难以从制度上对业务主管单位的职能加以确定和问责，加之政治上存在一定风险，使得大多数政府职能部门不愿成为社会组织的业务主管单位"①。有学者对双重负责的管理体系中存在的问题进行了总结，具体表现为：1. 业务主管单位缺少管理人员和专项管理经费，管理精力和能力有限，多数业务主管单位日常管理和业务指导难以到位；2. 业务主管单位不能很好地履行管理职责；3. 大多数业务主管单位怕承担行政责任，不愿做业务主管单位；4. 登记管理机关与业务主管单位虽有责任分工，但相互对政策的理解和现实的把握不同，实际配合并不理想，在管理上存在缝隙，甚至出现相互扯皮推诿的现象。②

因此，在这种差异化的选择性管理和双重管理体制背景下，形成了官办社会组织蓬勃发展和部分社会组织游离于管理体系之外的共存现象。从图 5.3 中我们也可以看到当代中国社会组织参与的这种矛盾，即在各组织参与率和参与意愿的比较之中，存在着一种鸿沟。当把每个组织的公众参与率和参与意愿之间的差值进行排列（从左到右升序排列），差异值与参与意愿之间有着高度的相关。也就是说人们参与意愿越强的组织，恰恰是在实际生活中参与机会不足的组织。从组织类型上看，这些组织

---

① 贾西津：《第三次改革——中国非营利部门战略研究》，清华大学出版社 2005 年版，第 13 页。

② 李勇：《民间组织的专项改革与制度创新》，载王名主编《中国民间组织 30 年——走向市民社会》，社会科学文献出版社 2008 年版，第 125—126 页。

基本上可以归类为普特南型组织。这种普特南类型的组织，既然存在成员想参与但是参与不足的矛盾，那么其创造社会资本的能力会有何种表现呢？

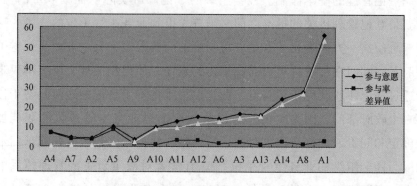

图5.3　公众参与的意愿和行动间差异

注：其中 A1 = 为老人、残疾人、贫困的人服务的社会福利组织；A8 = 环境、生态保护组织；A14 = 健康组织；A13 = 维和组织；A3 = 教育、艺术、音乐、文化组织；A6 = 地方上针对贫困、就业、住房、种族平等问题的组织；A12 = 妇女组织；A11 = 运动、娱乐组织；A10 = 青少年组织；A9 = 专业协会；A5 = 政治党派、团体；A2 = 宗教、教会组织；A7 = 第三世界发展、人权组织；A4 = 工会。

数据来源：世界价值观调查（WVS2001）。

第三节　数据与测量

一　数据与操作化

（一）自变量：两类组织的划分

本章使用世界价值观数据第三波（1995 年）、第四波（2000 年）和第五波（2007 年）的数据样本进行了研究。如表5.1 所示，在第三波中，共调查了七种类型的社会组织，其中包括：体育或娱乐组织；艺术音乐或教育组织；工会；政党（共产党、民主党派）；环境组织；专业协会

（学会）；慈善公益组织。第四波中，社会组织的类型被更加细分，共询问了被访者十三种类型的社会组织参与情况。第五波则与第三波的调查情况相似，询问了八种社团类型的参与情况，比第三波增加了一个消费者组织类型，包括：运动/娱乐组织；教育/艺术/音乐/文化组织；工会；政治党派/团体；环境/生态保护组织；专业协会；人权或慈善组织；消费者组织；宗教教会组织。

表5.1　　　　　　　　世界价值观数据（1995—2007）

调查年份	1995（第三波）	2000（第四波）	2007（第五波）
组织类型划分	体育或娱乐组织；艺术音乐或教育组织；工会；政党（共产党、民主党派）；环境组织；专业协会（学会）；慈善公益组织	为老人、残疾人、贫困的人服务的社会福利组织；环境、生态保护组织；健康组织；维和组织；教育、艺术、音乐、文化组织；地方上针对贫困、就业、住房、种族平等问题的组织；妇女组织；运动、娱乐组织；青少年组织；专业协会；政治党派、团体；宗教、教会组织；第三世界发展、人权组织；工会	运动/娱乐组织；教育/艺术/音乐/文化组织；工会；政治党派/团体；环境/生态保护组织；专业协会；人权或慈善组织；消费者组织；宗教教会组织

这三波数据的时间点也正符合中国社会组织发展的时间特点。中国社会组织的发展规律为：1940—1970年呈现出波纹式逐渐增长，1970—1980年停滞，1980年以后呈折线迅速增长。1980年以后的发展曲线存在三个低谷，分别是1984年、1990年和1996年，这与国家在制度上对社会组织的立法管理和清理整顿相对应。[①] 1996年以后，开始了对社会组织持续的清理整顿。1996年7月，中共中央政治局常委会专门研究了社会组织的问题。1996年之后注册登记的社会组织数量持

---

① 贾西津：《民间组织与政府的关系》，载王名主编《中国民间组织30年——走向市民社会》，社会科学文献出版社2008年版，第220页。

续下降，直到 2001 年才开始回升，至 2006 年才恢复到 1996 年的水平，整个低谷持续了十年，2007 年则恢复到了 1989 年初的水平。本章使用的三套数据时间点，正好处于整顿前期、整顿中期和恢复期。这样有助于更好地理解不同制度背景下社会组织功能发挥的差异和呈现出的现实效果。

莱克和基费利用世界观调查，从宏观层面考察了社会资本对经济绩效的影响。他们运用 29 个市场经济国家的调查资料，以信任、合作准则与协会为指标进行了分析，得出了几个重要结论：第一，信任与民间合作对经济绩效具有正相关关系，支持了普特南所强调的社会资本作用；第二，与普特南对意大利的研究结果相反，协会活动与经济绩效没有太多联系，暗示了奥尔森的"社会组织悲观论"具有一定的现实解释力；第三，信任与民间合作较强的国家中，正式制度能更有效地保护产权和契约权力，并且信任对贫穷的国家来说更为重要，因为这些国家的法制和金融部门更加脆弱。因此建立法制和发展正规信贷机构对那些低信任度的国家特别重要。①

莱克在后续研究中，进一步对奥尔森和普特南的不同观点进行了实证分析。他使用世界价值观调查的第三波和第四波数据，将政党、工会和专业或职业协会操作化为奥尔森团体，而将体育或娱乐组织、艺术音乐或教育组织界定为普特南团体。他通过各国的比较分析，发现奥尔森关于分配性联合体对经济表现具有重要影响的论断并没有得到支持，而普特南关于公众参与之于普遍信任影响的结论则得到了支持，但是对经济表现的积极影响同样缺乏证据。② 然而世界各国或地区的体制和文化各有特点，因此在本章的研究中，我们将立足于中国现实的基础上，来探讨两种组织类型在中国社会发展中功能发挥的差异。

在具体操作中，本章使用了与莱克在 2003 年研究中相同的操作化，

① Knack and Keefer, "Does Social Capital Have an Economic Payoff？A Cross-Country Investigatio", *Quarterly Journal of Economics*, Vol. 112, No. 4, 1997.

② Knack, Stephen, "Group, Growth and Trust：Cross-Country Evidence on the Olson and Putnam Hypotheses", *Public Choice*, Vol. 117, No. 3, 2003.

将政党和专业协会操作化为奥尔森组织。① 不同于莱克将体育或娱乐组织、艺术音乐或教育组织界定为普特南组织，针对中国的实际情况，本章将第四波数据中的普特南组织范围扩大，具体包括：体育或娱乐组织，艺术音乐或教育组织，为老人、残疾人、贫困的人服务的社会福利组织，地方上针对贫困、就业、住房、种族平等问题的组织，妇女组织，青少年组织。第三波和第五波数据则采用了与莱克相同的划分方式。

（二）因变量：社会信任

社会资本的研究存在两种基本取向。一种取向是关注于个体行动者如何利用自身社会网络中所嵌入的资源来实现个人目标，例如地位获得。② 而另一种取向则是立足于集体行动者，即参与社会组织是如何提高集体目标的，例如公众参与网络对社会发展的影响。③ 虽然这两种取向关

① 在本章的数据分析中，并没有在奥尔森组织中加入工会这种团体类型。其原因在于对于多数的城市居民而言，无论是在企业还是机关、事业单位工作，从现实出发都应是工会成员。而农村居民则多数不是工会成员。这样，是否工会成员的分析，就变成了城乡差异的分析，从而改变了本书的分析主旨。但是在后文对于世界区域比较分析时，在其他地区中的奥尔森组织中加入了工会这一团体类型。

② Burt, R. S., *Structural Holes: The Social Structure of Competition*, Cambridge: Harvard University Press, 1992; Burt, R. S., "The network structure of social capital", *Research in Organizational Behavior*, Vol. 22, No. 00, 2000; Erickson, B. H, "Culture, class, and connections", *American Journal of Sociology*, Vol. 102, No. 1, 1996; Flap, H. D., "Social capital in the reproduction of inequality, Comparative Sociology of Family", *Health and Education*, Vol. 20, No. 6, 1991.

③ Bebbington, A. and T. Perreault, "Social capital, development, and access to resources in highland Ecuador", *Economic Geography*, Vol. 75, No. 4, 1999; McClenaghan, P, "Social capital: exploring the theoretical foundations of community development education", *British Educational Research Journal*, Vol. 26, No. 5, 2000; Paxton, P., "Social capital and democracy: an interdependent relationship", *American Sociological Review*, Vol. 67, No. 2, 2002; Putnam, R. D., *Bowling Alone: The Collapse and Revival of American Community*, New York: Simon & Schuster, 2000; Schafft, K. A. & D. L. Brown, "Social Capital and Grassroots Development: The Case of Roma Self-Governance in Hungary", *Social Problems*, Vol. 47, No. 2, 2000.

注不同层次的社会资本构建效果，然而两者的共同点是都认为社会网络是社会资本的主要来源。因此，组织化的公众参与网络也构成了国家层次上社会资本塑造的基础。

本章使用了世界价值观数据中"社会信任"的调查项目测量了社会资本。具体项目表述为：一般来说，您认为大多数人是可以信任的，还是和人相处要越小心越好？相关学者利用该题对社会资本的国际差异进行了讨论。① 本章利用第三波、第四波和第五波数据进行了研究，图5.4显示了从1995年到2007年的12年间，中国社会信任的总体变化趋势。整体而言，三次测量的结果差异不大，有52%—55%的中国大陆居民认为对于大多数人是可以信任的，这说明了中国大陆的社会信任具有一定程度上的稳定性。

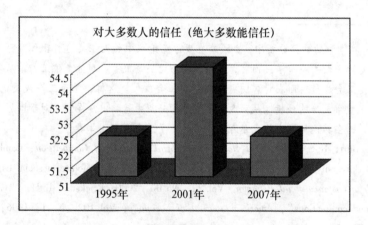

图5.4 社会信任状况的变化（%）

数据来源：世界价值观调查数据——中国（1995、2001、2007）。

从横向比较上看，本章对第五波数据中世界上多数国家与地区的社会信任状况进行了全景式比较。从图5.5可以看出社会信任的高低在世界各国或地区并非无章可循，其有以下几个特点：

---

① Inglehart, Ronald & Wayne Baker, "Modernization, Cultural Change and the Persistence of Traditional Values", *American Sociological Review*, Vol. 65, No. 1, 2000.

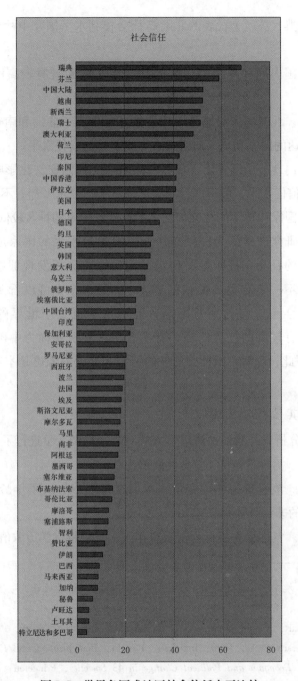

图5.5 世界各国或地区社会信任水平比较

数据来源：世界价值观调查数据（2005—2009）。

1. 以瑞典、芬兰为代表的北欧高社会福利水平国家中社会信任水平相对较高。

2. 以中国内地和越南为代表的社会主义国家具有较高的社会信任水平。

3. 欧洲、北美国家与地区的社会信任水平高于非洲和南美国家和地区，经济发达的国家和地区通常具有更高的社会信任水平。

4. 中国内地、中国香港、日本、韩国等受到儒家文化影响地区具有较高的社会信任水平，但中国台湾地区的社会信任水平却并不高。

5. 苏联国家和地区的社会信任水平在欧洲国家的排名较低。

以往的研究通常认为，较高社会组织参与水平的国家或地区也同时具有较高的社会信任水平，但与此同时也有分析发现那些有高参与率的国家并不一定有更高的信任感。[①] 从图 5.6 中可以看到，虽然中国大陆的社会组织参与率并不高，经济水平也处于世界的第二梯队中，但其却有较高的社会信任，有学者将这种现象称为中国的"信任之谜"。[②] 因此，理解中国社会信任的组织和制度来源也是本章的研究目的之一。

（三）其他控制变量

在具体分析中，我们通过以下方式对相关控制变量进行了操作：

1. 性别。男性取值为 1，女性取值为 0。

2. 年龄。该变量为连续变量，本书在模型中加入了年龄的平方项，以捕捉变量的非线性效用。

3. 教育。具体操作指标为受教育年限，其中将没学历取值为 0，小学

---

① ［美］埃里克·尤斯拉纳：《信任的道德基础》，张敦敏译，中国社会科学出版社 2006 年版，第 7 页。

② Inglehart, Ronald, *Culture Shift in Advanced Industrial Society*, Princeton, NJ: Princeton University Press, 1990; Inglehart, Ronald, *Modernization and Post-Modernization: Cultural, Economic and Political Change in 43 Societies*, Princeton, NJ: Princeton University Press, 1997; ［美］唐文方：《中国民意与市民社会》，胡赣栋、张东锋译，中山大学出版社 2008 年版，第 87—106 页。

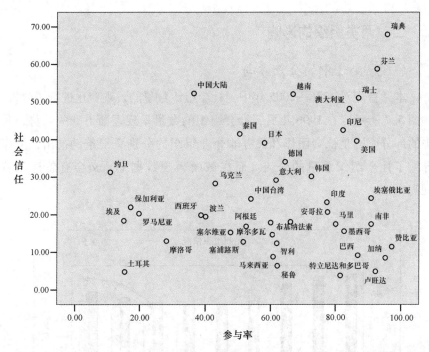

图5.6　各国或地区社会信任与参与率（%）的关系

取值为6，初中取值为9，高中（中专）取值为12，大学（大专）取值为16，硕士及以上取值为19，通过这种方式将定序变量转化为一个定距变量。

4. 收入。在世界价值观数据中，收入并不是一个连续变量，而是依据各国的情况，将被访者的收入划分为十个等级，并由被访者自我选择属于哪一个收入等级。本书将这十个等级赋值为1—10分，作为定距变量纳入模型。

5. 职业状况。本书对被访者的职业背景进行了重新赋值，将在职赋值为1，非在职的赋值为0。

6. 婚姻状况。具体操作为将"有配偶"取值为1，"无配偶（包括未婚、离异、丧偶）"取值为0。

二　两类组织的影响

（一）变迁中的公众参与

本章首先对 1996—2005 年中国社会组织数量的宏观变化进行了分析。如图 5.7 所示，在 1996 年后，社会组织的数量呈现逐渐下降的趋势，其中的部分原因是社会团体和民办非企业组织的分别登记条例推出，从而导致了社会组织总量的分流。而在截面微观数据上，又会有怎样的特征呢？

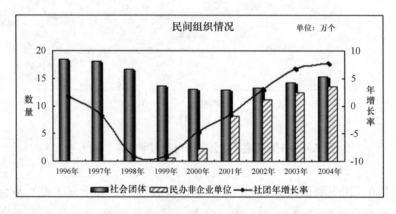

图 5.7　1996—2004 年社会组织发展状况

数据来源：国家民间组织管理局。

本书对三个年份世界价值观数据中各类型社会组织的参与率变化进行了比较。[①] 从图 5.8 可以看到，2001 年各类社会组织的参与率都最低，呈现出社会组织参与的发展低谷，这与前述制度改革史中社会组织受到

---

　　①　在三个年度的数据中，对社团类型的划分大致是一致的。其中 2001 年数据的类型划分最为详细，包括了 13 种社团的类型。1995 年和 2007 年数据则划分为了 7 种和 8 种。其中 1995 年数据不包括宗教团体的划分，2001 年数据不包括慈善（公益）组织。因此我们以 2007 年度数据的 8 种划分为基准制得上图。从本章分析的两种团体类型来看，以上细微的区别，并不影响主体的分析结论，特此说明。

政策影响而变化的时间点一致。因此，本书认为使用这三个年度的数据
进行分析，可以相对有效地观察制度对公众参与及其组织的影响。此外，
通过对 1995 年和 2001 年的数据比较表明，工会和政治党派的参与率在各
类型参与中都居于领先地位。其中细微的差异在于，1995 年工会的参与
率高于政治党派，而 2001 年数据中，政治党派则高于工会。我们推测其
原因在于：由于市场体制的不断推进和深入，大量企事业单位劳动者从
公有部门进入了私营领域，单位制逐渐解体的同时私营部门的工会体系
却尚未形成，使得大量的劳动者游离于工会组织之外，并且这一现象还
呈现扩大趋势。从专业协会的参与率上看，除 2001 年的参与率较低外，
1995 年和 2007 年的差异不大，基本保持了较为稳定的发展。在 2007 年
的数据中，出现了一种新的现象：体育或娱乐组织和艺术、音乐或教育
组织等普特南类型组织的参与率，超过了政治党派、工会、专业协会等
奥尔森类型组织的参与率。总体来看，奥尔森组织的参与保持稳定，而
普特南组织的参与程度则在不断增加。

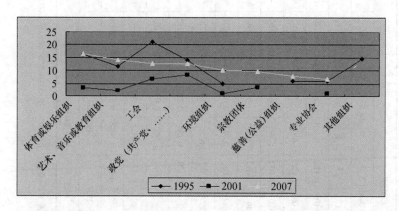

图 5.8　1995—2007 年各组织类型参与率的变化（1995—2007）
数据来源：世界价值观调查。

　　以上数据的表现是否说明了普特南意义上的横向公众参与已经逐渐
兴起了呢？这种横向参与团体是否正在创造着桥接型的社会资本呢？这
需要我们利用数据进行进一步的探究。

表5.2　两种团体对社会信任的影响：变迁的视角（1995—2007）

因变量\自变量	1995年 Model 1 β	Model 1 S.E	Model 2 β	Model 2 S.E	Model 3 β	Model 3 S.E	2001年 Model 4 β	Model 4 S.E	Model 5 β	Model 5 S.E	Model 6 β	Model 6 S.E	2007年 Model 7 β	Model 7 S.E	Model 8 β	Model 8 S.E	Model 9 β	Model 9 S.E
性别[a]	-0.110	0.113	-0.089	0.112	-0.104	0.113	-0.318**	0.149	-0.302**	0.148	-0.305**	0.149	0.048	0.119	0.042	0.118	0.030	0.120
年龄	-0.006	0.026	-0.003	0.026	-0.004	0.026	0.033	0.043	0.034	0.043	0.035	0.043	-0.053*	0.031	-0.068**	0.031	-0.060**	0.031
年龄平方/100	0.026	0.030	0.025	0.030	0.025	0.030	-0.033	0.052	-0.036	0.051	-0.036	0.052	0.069**	0.034	0.085**	0.034	0.076**	0.034
教育程度	0.112**	0.041	0.119***	0.040	0.108**	0.041	0.120**	0.047	0.111**	0.048	0.111**	0.048	0.056**	0.025	0.065**	0.024	0.057**	0.025
收入水平	0.011	0.030	0.012	0.030	0.012	0.030	0.043	0.037	0.039	0.037	0.039	0.037	0.034	0.031	0.040	0.032	0.042	0.032
职业状态[b]	0.629***	0.193	0.630***	0.193	0.632***	0.193	0.044	0.210	0.047	0.210	0.044	0.211	0.175	0.157	0.166	0.157	0.171	0.157
婚姻状况[c]	0.163	0.170	0.186	0.170	0.184	0.170	-0.104	0.192	-0.122	0.193	-0.121	0.193	0.220	0.174	0.220	0.175	0.217	0.175
奥尔森组织	0.203*	0.123	—	—	0.142**	0.030	0.350	0.253	—	—	0.064	0.320	0.198	0.166	—	—	0.374**	0.189
普特南组织	—	—	0.146**	0.078	0.117**	0.083	—	—	0.383**	0.190	0.353	0.240	—	—	-0.076	0.068	-0.135*	0.078
截距	-1.260**	0.533	-1.422**	0.531	-1.339**	0.537	-1.267	0.902	-1.289	0.903	-1.282	0.904	0.234	0.663	0.577	0.577	0.416	0.669
-2LL	1929.56		1927.7		1926.92		1095.92		1093.74		1093.72		1808.54		1809.48		1800.12	
有效样本量	1415		1415		1415		808		808		808		1323		1324		1320	

注：参照组：[a]女性；[b]非在职；[c]非配偶；! P<0.10；* P<0.05；**P<0.01；***P<0.001（双尾检定）。

（二）组织影响下的社会信任

本书比较分析了不同年份的两类组织对社会资本的影响，希冀通过社会变迁视野，重新审视普特南和奥尔森的分析结论在中国的适用性。

如表5.3所示，我们可以注意到个体特征变量的影响。首先，在各年度数据中，教育因素都对人们的社会信任产生了正向作用。受教育可能在两个方面对信任起作用，一方面，教育水平在一定程度上代表人力资本和财富水平，因此受教育的水平越高，被期望受信任的可能性越大，尤其对目前的中国人而言，人们对教育的期待比较高，对高教育水平的人的信任度要比低教育水平的人的信任度高；另一方面，教育影响社会参与程度，在教育尚不普遍的情况下，受过高等教育往往是个人参与各类社会活动的重要前提，教育变量在这里也可以看作是社会活动参与程度的一个替代。也有学者认为较高的受教育程度提高了居民的认知分析能力和风险控制能力，进而提高了其社会信任水平。[1] 其次，有研究认为有较高的收入水平的居民会增强其对不恰当的社会信任决策所造成损失的承受能力，提高了其社会信任水平。但是在本书中，并没有观察到收入对社会信任的显著影响，因此并不支持这种论断。此外，在性别、年龄、职业状态、婚姻情况的控制变量上，这些变量对社会信任的作用，在各年度都有差异，结果并不稳定。因此，除了教育因素，其他个人特征对社会信任的影响，需要未来展开更多的探讨。

本书更关注两类组织参与对人们社会信任的作用。首先，在1995年数据中，两类组织都对社会信任产生了正向作用。1995年后，国家进行了持续的社会组织制度改革和整顿，那么在微观数据上是否会有相应的表现呢？我们可以通过观察2001年数据的分析结果进行探索。在2001年数据中，只有普特南组织对社会信任产生了正向的影响。在综合模型中，两类组织的作用都不显著。我们推测可能是由于中国特殊的社会组织制度使两类组织的性质和特点发生了变化，从而使综合模型中两类组织的作用无法得到显著性差异的结果。而在2007年，数据的综

---

[1] 李涛、黄纯纯、何兴强、周开国：《什么影响了居民的社会信任水平？——来自广东省的经验证据》，《经济研究》2008年第1期。

表 5.3　两类组织对价值观与政治态度的影响：变迁的视角（1995—2007）

自变量 ＼ 因变量	1995年						2001年						2007年					
	群体价值观			政治热情			群体价值观			政治热情			群体价值观			政治热情		
	β_1	β_2	β_3	β_4	β_5	β_6	β_1	β_2	β_3	β_4	β_5	β_6	β_1	β_2	β_3	β_4	β_5	β_6
性别[a]	-0.085	-0.051	-0.087	0.520**	0.580**	0.526**	-0.643**	-0.603**	-0.643**	0.670**	0.708**	0.686**	-0.051	-0.046	-0.056	0.496**	0.557**	0.498**
年龄	-0.115**	-0.112**	-0.115**	0.016	0.027	0.018	0.007	0.004	0.007	-0.058	-0.059	-0.057	-0.036	-0.039	-0.035	0.021	0.007	0.021
年龄平方/100	0.120**	0.119**	0.120**	-0.014	-0.020	-0.016	-0.014	-0.009	-0.014	0.093	0.094	0.091	0.039	0.042	0.038	0.001	0.020	0.004
教育程度	-0.034	-0.004	-0.032	0.302**	0.343**	0.289**	-0.008	-0.005	-0.004	0.039	0.033	0.028	-0.017	-0.013	-0.017	0.018	0.035	0.018
收入水平	0.134**	0.135**	0.133**	0.070**	0.076**	0.071**	0.027	0.030	0.029	0.013	0.007	0.007	0.069**	0.071**	0.066**	-0.001	0.005	-0.001
职业状态[b]	-0.353	-0.362	-0.354	0.270	0.278	0.279	0.108	0.147	0.108	0.382**	0.403**	0.381**	-0.099	-0.095	-0.087	0.552**	0.535**	0.553**
婚姻状况[c]	0.463	0.457	0.459	-0.302*	-0.277*	-0.282*	0.134	0.136	0.140	-0.315**	-0.341**	-0.337**	0.296*	0.277*	0.294*	-0.112	-0.084	-0.099
奥尔森组织[d]	0.409*	—	0.425**	0.976**	—	0.884**	0.637**	—	0.746**	0.715**	—	0.383**	0.234*	—	0.205*	0.848**	—	0.824**
普特南组织	—	0.030	-0.058	—	0.517**	0.340**	—	0.179	-0.136	—	0.588**	0.422**	—	0.138	0.102	—	0.273**	0.063
-2LL	818	820	818	2584	2608	2576	764	766	762	3282	3314	3276	1916	1914	1912	5028	5036	5016
有效样本量		1279			1435			750			890			1254			1290	

注：β_1、β_2、β_3与β_4、β_5、β_6分别为对价值观、政治态度影响的方程系数，在此省略了标准差和截距项。版面限制，在此省略下标。参照组：女性[a]；非在职[b]；无配偶[c]；参与社团[d]。$^+$P<0.10；*P<0.05；**P<0.01（双尾检定）

合模型里，奥尔森组织对社会信任产生了正向作用，而参与普特南组织却会使人们的社会信任下降。这种差异极大的实证结果背后的理论逻辑是什么呢？

图5.9中对两种组织的详细分析，或许可以帮助我们找到问题的答案。在三个年度，社会组织的总体参与率呈现出先下降再上升的变化。普特南组织的参与基本保持了稳定的发展水平，尽管在2001年，社会组织的总体参与率处于低谷，但是只参与普特南团体的人数仍超过了半数，比1995年增长近5%。此外，在2007年数据中，其基本保持在五成以上的参与比例。对两类组织都有参与的公众比例变化或许更有助于我们理解这种变化。在2001年数据中，混合型（同时参与两类组织）参与的人群比例大大增加，而只参与奥尔森组织的人群比例急剧降低。正如相关研究所强调的那样，1995年后，国家通过"行政吸纳社会"的模式对社会组织加强了管理。大量社会组织在双重管理体制和选择性管理的影响下，或多或少都带有官办性质。因此，我们也能见到两类组织的参与越来越具有重叠性。

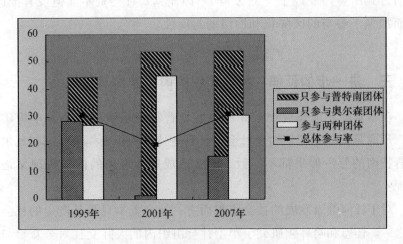

图5.9　两类团体的参与率变化情况

综合上述发现，可以从宏观制度上解释两类组织对社会信任影响的变化。首先，在1995年数据中，两类组织对社会信任都具有正向影响。这是在市场经济快速发展中，传统的政治整合能力、社会主义的组织文化和现代市场社会中人们逐渐产生的参与需求等因素的合力作用下，整体社会组织都对社会资本的构建起到了积极作用。在2001年数据中，只有普特南组织具有社会资本构建效果。通过对两类社会组织的细分后发现，造成这种结果的原因可能有两个：一是普特南组织数量的增长，带给公众更多参与该组织的机会；二是两类组织的边界在某种意义上被逐渐打破，公众参与的跨越性和混合性增强。而单纯参与奥尔森组织的人群比例下降，则可能解释了为何这种组织对社会资本构建没有显著影响。在2007年数据中，可以看到两类组织又出现了新的分化，这种分化表现在奥尔森组织的整合能力在不断增强，普特南组织参与反而弱化了社会信任。根据前文对社会组织的经济化、专业化和去政治化的特点以及对公众参与困境的讨论，随着时代背景的变迁，奥尔森组织具有了新的内涵和功能拓展。而对普特南组织来说，正如第四章中讨论的这类组织发展存在制度供给上的不足，公众参与呈现出"原子化"的特征，人们在普特南组织中的参与方式由参与变成了"只参与"。因而其对社会资本非但没有推进，反而加强了参与的区隔化和网络的封闭性。

三　进一步的延伸：社会组织的内在结构与效能

在本章的实证研究中，并没有发现普特南组织的社会资本构建效果，反而是奥尔森组织对于社会信任具有持续的积极作用。这与奥尔森和普特南的分析似乎都不一致，那么造成这种现象的内在机理又是什么呢？

对于任何健康发展的社会组织而言，社会资本只是其产生的社会产品之一。怀恩和哈林顿研究了小型社会组织内的人际交往对公众参与的影响，他们认为，小社会组织间的交往产生了公众参与，而作用机理则包括：首先，社会组织通过把个体组织到一起和动机刺激，鼓励个体参与社会公共事务；其次，社会组织为公众参与提供场所和支持；最后，公众参与反过来催生了更多的社会组织。① 因此在广义角度，本书提出，一个成熟的社会组织应有以下三种基本功能：

首先，任何一个社会组织的存在都是以维护社会组织内的群体利益为首要目标，由于利益不同，也将塑造不同的群体价值观念。从利益和理性的角度，之所以存在社会组织或社群，在于具有共同的利益的人群需要组织在一起达成集体行动。这种共同利益的实现也需要一定的组织规则，从而对组织成员进行约束，克服搭便车的困境，使所有成员为组织的共同利益而做出应有的贡献。无论是市场失灵说、政府失灵说，还是社会组织失灵说，都赞同这种社会组织的共同利益假设。因此，社会组织最重要的基本功能，正是实现组织成员的集体利益。根据此逻辑，奥尔森组织具有排他性，来源于更强调本群体内部的共同利益，从而产生对外群体利益的排斥，因此其创造的利益价值观可能更加狭隘，而非普遍主义的。同理，普特南组织的相容性和横向的跨组织性，则可能让组织成员的共同利益与其他组织的利益互相联系，意味着其创造的群体价值观念也更可能具有普遍性，更有利于促进社会整合。

其次，社会组织都存在特定的公共性议题。不同社会主体则借助社会组织平台，对公共性的议题进行分析和讨论，从而形成该议题的基本共识和问题的解决方案。一个成熟的社会组织，之所以能够促进社会发展和社会成员素质的提高，是因为通过公共的讨论平台，可以提高人们的政治效能感和政治热情。托克维尔在《论美国的民主》一书中也阐释了这种组织特点。根据其观察，美国存在各种类型的社会组织，例如政治团体、社会组织、烹调俱乐部以及妇女当中支持社会变革活动的组织，这些社会组织确保了民主社会的延续。因为所有这样的组织对其成员平等相待，所以这样的组织成为人们对当权者表达他们的见解和担忧的工具。人们对这种行使和表达自己见解自由的珍爱，几乎达到了同他们财富和物质享受的追求相同等的程度。现代社会建设的形成，也有赖于社

---

① Fine, Gary Alan, and B. Harrington, "Tiny Publics: Small Groups and Civil Society", *Sociological Theory*, Vol. 22, No. 3, 2004.

会组织中的公共议题讨论，从而形成了社会成员对制度运行的了解和政府行为的监督，从而促进民主与和谐社会的发展。正如泰勒所言，"一个民主政府在进行决策之前与各社团进行商讨，具有重要的意义。这不只是为了选定最受欢迎的政策，也是为了缓和那些受损者之间的摩擦，因为这些受损者至少会认为他们的意见曾被且将会再被政府听取"①。反之，如果社会组织本身缺乏一个公共性的议题，人们只是出于某种获得利益和服务的需求而参与某个社会组织，那么其对公共领域的形成是没有多大裨益的。

这种内在功能和社会组织的倡导理念是相一致的。所谓倡导，指的是社会组织影响公共政策和公共资源分配决策的过程。而这种行为对社会运行具有四个方面的意义：第一，政策倡导首先是一个表达机制，社会组织体现了民间各种不同的立场，通过多元利益主体的表达，使得政策过程体现各种社会力量的平衡。增强政策过程的公正性和合理性。第二，倡导性参与也是一个达成共识的过程。在政策执行之前的制度过程中，如果事先体现了公众的参与，在执行之中就可以得到人们更好的认可，使得公共政策具有更好的绩效。第三，政策参与也是社会监督的途径，它有利于实现政府自身的公正性。第四，公众的参与性本身就是社会教育、人民素质提高的过程。②

因此，托克维尔提出社会组织的重要性首先是其公共性。当人们参与社会组织时可以获得以下"公共性"的社会体验：发现并分享共同的利益、学习将这种共同利益描述为集体的公共利益、试图将这种集体利益反馈于公共辩论和公共决策之中。在这个过程中，组织成员提高了参与技能和对政治生活的参与度，加强了与其他组织成员的团结，并且拥有了普遍的政治效能感。③

---

① ［美］查尔斯·泰勒：《市民社会的模式》，载邓正来主编《国家与市民社会》，中央编译出版社2002年版，第45页。

② 贾西津：《中国公民参与案例与模式》，社会科学文献出版社2008年版，第213页。

③ Schlozman L. K., Verba S. and Brady H. E., *Civic Participation and the Equality Problem*, Civic Engagement in American Democracy, 1999, pp. 427–460.

最后，人们通过参与社会组织活动，促进了其跨越先赋性的社会交往，通过沟通和互动，扩大了个体社会网络，增强了社会信任。社会组织的这项功能是近年来学术界讨论公众参与和社会发展关系的热点。正如社会网络和社会资本理论所强调的，社会资本存量有赖于个体社会网络的规模和异质性。社会组织活动使人们超越年龄、性别、血缘、种族等先赋性要素而进行交往和互动，扩大了公众的社交网络，也提高了社会网络的异质性，从而实现了社会资本的增量。在组织层面上，人们在社会组织中进行着反复的沟通和互动，有助于增强信任感和责任感。在集体协商中，参与者能够不断证实彼此的可信性及尊重诺言的能力，由此建立相互间的信任。因此，公众参与社会组织活动既增加了个人的社会资本，更重要的是，也可能加强了社会群体间的信任与合作。

如图5.10所示，社会组织具有三种功能，也能够催生三种社会产品。个体为了实现特定群体利益参与社会组织，对公共议题进行了讨论和协商，也增进了社会交往。这三种功能之间相互协调，产生了三种社会产品：集体的价值观念、组织成员的政治热情、社会信任。在前文研究以及相关学者的讨论中，实际只分析了社会组织在社会信任层面的作用。为了能够更深入地探析当代中国社会组织的功能发挥，在本书中我们进一步分析了社会组织的不同类型社会功能。

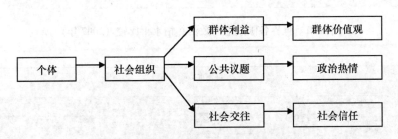

图5.10 社会组织的三种基本功能和产品

我们选取了群体价值观和政治热情两个角度进行分析。由于三个年度数据的相应问题有细微的差异，因此，在一些年份的数据上无法选取相同的题目进行测量。但是从测量问题的理论内涵上看，其具有内在一致性。在群体价值观的测量上，1995 年数据的测量题目为"您认为人性的前途是光明的还是暗淡的？"，而 2001 年和 2007 年数据中的具体问题为"您认为大多数人只要有机会就会利用您，还是会尽量公正地对待您？"。虽然题目不同，但都测量了受访者对外部群体的基本善恶态度。在政治热情的测量上，1995 年数据中的题目为"您同朋友聚会时，你们经常、偶尔还是从不讨论政治问题？"，2001 年和 2007 年数据的题器相同，具体的问题为"您对政治感兴趣吗？"，选项分别为"很感兴趣""有点感兴趣""不太感兴趣""一点也不感兴趣"。研究对相应选项进行了赋分，转换成了统一量纲。

从图 5.11 和图 5.12 可以看到，根据 2007 年的数据，无论是在政治热情还是对群体价值的积极评价上，中国大陆居民都具有较高的水平，这与社会信任的分析结果非常相似。那么中国的社会组织参与对这两种功能发挥起到了怎样的影响呢？

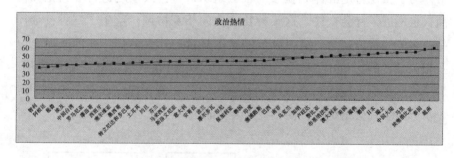

图 5.11　世界各国或地区政治热情水平比较（2007 年）

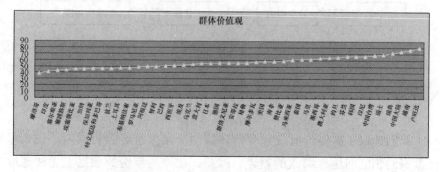

图 5.12　世界各国或地区群体价值观念水平比较（2007 年）

我们对不同年度数据中两类组织的影响进行了分析。如表 5.4 所示，可以看到个体特征变量的结果。在不同年度上，相关变量的稳定性并不高，因此本书只对作用相对稳定的变量进行阐释。实证结果显示：性别上，男性具有更高的政治热情；收入水平上，收入越高者越对人群和人性有着积极的评价；职业上，在职的人群比非在职的人群具有更高的政治热情；婚姻状况上，没有配偶的比有配偶的人群对政治有更大的兴趣。

我们可以进一步分析两类组织在年度截面数据中的表现。在政治热情上，两类组织对增进人们对政治的兴趣都起到了积极影响。在群体价值观层面上，我们认为从某种意义上说，社会信任也产生于社会成员对人性的预期和群体存在的理解。[1] 根据各年度数据的回归分析结果，参与奥尔森组织对群体价值观具有正向的积极作用。令人吃惊的是，人们参与这类组织，并没有出现奥尔森所提出的隔离、排斥等悲观结果，相反这类组织成员实际更加乐观、积极地看待社会和他人。相比之下，根据数据分析结果，参与普特南组织并没有让人们有更为积极的群体价值观。因此，当代中国的普特南型组织并没有完全发挥出社会资本理论所讨论的应有功能，而被视为纵向联系、排他性的组织却起到了社会整合作用。这潜在地表明，无论是奥尔森还是普特南的理论，抑或是其他学者对于该问题的讨论，都不能离开其所依赖的国家或地区所内生的制度环境和文化特征。

四 世界的比较：中国的"信任之谜"

通过对两类组织在中国社会的历时性比较，可以看到制度变革背景下组织效能发挥的差异。根据同一逻辑，在世界不同国家或地区，社会组织的功能发挥是否也具有不同表现？因此，研究进一步使用 2007 年世界价值观调查的各国家或地区样本进行了分析。如图 5.13 所示，不同国

---

① 李伟民、梁玉成：《特殊信任与普遍信任：中国人信任的结构与特征》，《社会学研究》2003 年第 3 期。

表5.4　世界各国或地区两类组织与组织产品的回归分析①

	信任		政治热情		群体价值观	
	O	P	O	P	O	P
意大利		+	+	+		
西班牙		+	+	+	+	
美国	+		+	+		+
日本	+	+	+	+		+
墨西哥	+		+	+		
南非		+	+	+		+
澳大利亚	+		+	+	+	
瑞典	+		+	+	+	+
阿根廷	+		+	+		
芬兰	+		+	+		
韩国	+		+	+	-	
波兰	+		+	+		+
瑞士	+		+	+		+

	信任		政治热情		群体价值观	
	O	P	O	P	O	P
乌克兰					+	+
秘鲁				+		
加纳				+	+	+
摩尔多瓦	+		+	+	+	
泰国			+	+		
印尼	+		+		+	+
越南	+		+	+	+	
塞尔维亚		+	+	+		+
埃及			+	+		
摩洛哥		-	+	+		
约旦			+	+	+	
塞浦路斯			+	+		
特立尼达和多巴哥	+		+	+	-	-

① 在此仅作为与中国的参考比较，作为辅证之用。本书强调各国具有不同的政治体制，对其他研究中将数据加总比较的方法并不认同。对于世界上其他地区社会组织作用的判断事实上更依赖于理论上的讨论。

续表

国家和地区	信任	政治热情	群体价值观
巴西	+	+	+
智利	+	+	+
印度	+	+	-
斯洛文尼亚	+	+	+
保加利亚	+	+	
罗马尼亚	+	+	+
中国大陆	+	+	+
中国台湾	-	+	+
土耳其	+	+	

国家和地区	信任	政治热情	群体价值观
安哥拉	+	+	+
马来西亚	+	+	-
布基纳法索	+		
埃塞俄比亚	+	+	+
马里	+	+	
卢旺达	+	+	-
赞比亚	-	+	
德国	+	+	+

注：O＝奥尔森组织，P＝普特南组织。由于各地区之间存在差异性，本书仅将各地区中性别、年龄、教育程度、收入水平作为控制变量加入了回归方程。正负号表示两种团体与社会信任、政治热情和群体价值观的回归系数方向，在此只列出了具有显著性系数的国家和地区，P＜0.1（双尾检定）。

家的分析结果虽有差异，但是这三种功能也呈现出特定的区域性和规律性。其中有两个较为明显的结果：

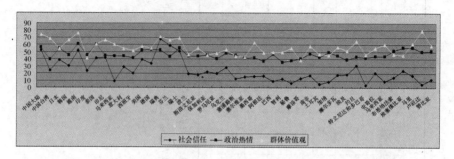

图5.13　世界各国或地区基于社会组织功能的社会产品水平比较

第一，中国大陆、越南在社会组织的三种功能上都具有较高的世界排名，同样具有较高水平的还包括北欧国家（瑞典、芬兰、瑞士等）。

第二，苏联东欧国家（波兰、斯洛文尼亚、保加利亚、罗马尼亚、乌克兰、塞浦路斯、塞尔维亚等）的各项水平处于较低的区间。有相关研究讨论了东欧后共产主义转型国家中社会组织的整合失效问题，如曼达克和吉尔林使用英国和罗马尼亚的两个城市调查数据后分析了共产主义国家的公众参与问题，他们的分析立足于以下三个问题：与成熟的民主社会相比，后共产主义国家是否具有不同的公众参与；当公众参与被抑制时，社会感知的质量是否遭到了破坏；是否存在公众参与和政治判断的切实形式之间的联系。他们发现，与西欧国家相比，中东欧居民更少谈论政治，公众参与也较低，人们对邻里也更加陌生，更少地与社区内成员相联系从而开展广泛的公共活动。他们也分析了这种现象的内在原因，这些原因包括居民广泛缺乏公民议题的社会实践，许多居民社区生活缺失，住房模式阻碍了社会沟通，地方媒体的缺乏以及广泛存在的种族紧张，等等。由此他们认为当"人们无法与他人相互作用时，无法发展出任何正确的公共物品，因此，他们也无能力以普遍的利益来看待政治，从而超越个人利益"①。因此，在考察公众参与所能发挥的功能和作用时，必须与国家或地区特殊的制度结构相联系，任何普适性的理论结论都可能带有经验上的缺陷。

我们进一步从三种产品的关联性上比较了不同国家或地区的差异。图5.14为三个变量的三维图，其中散点呈现出由右下到左上的线性发散分布状态，同时社会信任、政治热情与群体价值观三者也具有较高的相关性，国家或地区的分布情况也具有一定规律性。因此，这三个变量在某种程度上代表了特定国家或地区的主体性政治和社会文化，公众参与的功能发挥依赖于这种主体政治背景。只有理解了这种背景，我们才能更加准确地把握社会组织在特定的国家或地区内产生的社会影响。

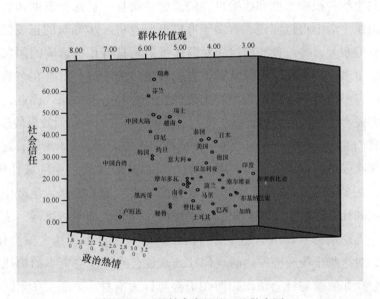

图5.14　三种社会产品的三维散点图

注：在相关分析中，社会信任与政治热情、社会信任与群体价值观、政治热情与群体价值观之间的相关系数分别为0.526、0.571、0.397。以上都通过了显著性检定（P<0.05，双尾检定）。

---

① Mondak, Jeffery and A. F. Gearing, "Civic Engagement in a Post-Communist State", *Political Psychology*, Vol. 19, No. 3, 1998.

为了比较这种影响的区域差异，本书对不同国家或地区中两类组织对社会整合的影响进行了分组回归分析。如表5.5所示，研究展示了世界范围内两类组织整合效果的图景。从纵向上看，在社会信任上，世界上的大多数国家和地区中的确存在普特南所论述的横向组织的整合作用，特别是在经济发达国家或地区，这种整合效果是明显的。但是在转型国家或地区，普特南组织对社会资本的构建能力却是微弱的，这也印证了本书的主张：必须结合国家或地区的社会制度和发展阶段来考虑社会资本理论的适用性问题。在政治热情上，奥尔森组织几乎在所有国家或地区都存在正向影响，与此同时，参与普特南组织对政治热情的影响在世界上大多数地区也都是积极的。这表明了人们通过公众参与表达了自身对公共生活的积极态度和改造世界的意愿，而且一旦这种态度和意愿在社会组织生活中得以实现，有助于形成更愿意进一步参与的正反馈。在群体价值观上，参与普特南组织对群体价值观具有积极影响的国家或地区数量更多，其中在欧美等发达国家的效果较为明显。但是在多数国家或地区，参与奥尔森组织也没有出现弱化社会整合的效果。因此，在本书中并没有出现强有力的证据支持奥尔森关于社会组织负面效果假设。

我们继而关注各个国家或地区间的横向比较。如表5.5所示，通过对各个国家或地区两类组织影响的比较，可以从中发现一些区域性规律：第一，在多数的成熟市场经济以及有长期结社传统的国家或地区中，两类组织的社会影响往往都是正面、积极的，例如在美国、德国、法国等国家，无论是奥尔森组织还是普特南组织的参与都形成社会整合作用。因此，对这些市场经济发达的现代社会来说，或许社会资本的构建并不在于公众如何参与社会组织，而在于参与行为本身。第二，在东欧后共产主义转型国家中，存在着一种可称为"去组织整合"的现象，即两类组织都没有影响。也就是说，无论是奥尔森组织还是普特南组织的参与，都无法肩负起社会整合的作用。本书认为，可能由于东欧国家的激进转型，使原有支持社会组织功能发挥的政治制度迅速瓦解，然而新的制度模式和结构却未完善，从而形成了社会组织的"整合真空"。第三，社会主义国家或地区，例如在中国大陆、越南，奥尔森组织的影响是主导性的，也是积极的，能够起到促进社会整合的作用。这种作用很可能正是

表5.5　世界各国或地区中两类组织与组织产品的回归分析①

	信任		政治热情		群体价值观	
	O	P	O	P	O	P
意大利	+	+	+	+		
西班牙	+	+	+	+	+	+
美国	+	+	+	+	+	+
日本	+	+	+	+	+	+
墨西哥	+	+	+	+	+	+
南非	+	+	+	+	+	+
澳大利亚	+	+	+	+	+	+
瑞典	+	+	+	+	+	+
阿根廷	+	+	+	+	+	+
芬兰	+	+	+	+	+	+
韩国	+	+	+	+	+	+
波兰	+	+	+	+	+	+
瑞士	+	+	+	+	+	+
巴西	+	+	+	+	+	+

	信任		政治热情		群体价值观	
	O	P	O	P	O	P
乌克兰			+			
秘鲁			+	+		+
加纳			+		+	+
摩尔多瓦	+		+	+	+	+
泰国			+	+	+	+
印尼	+		+	+		
越南	+			+	+	+
塞尔维亚		+	+	+	+	
埃及			+	+		
摩洛哥		—	+			
约旦			+	+		
塞浦路斯			+	+		
特立尼达和多巴哥	+		+	+	—	—
安哥拉	+	+	+	+	+	+

① 在此仅作为与中国大陆的参考比较，作为辅证之用。从本文强调各国具有不同的政治体制，对其他研究中将数据加总比较的方法并不认同。对于世界上其他地区社会组织作用的判断事实上更依赖于理论上的讨论。

续表

	信任	政治热情	群体价值观
智利	+	+	
印度	+	+	—
斯洛文尼亚	+	+	—
保加利亚	+	+	+
罗马尼亚	—	+	+
中国大陆	+	+	+
中国台湾	—	+	
土耳其	+	+	+
马来西亚	+	+	—
布基纳法索	+	+	
埃塞俄比亚	+	+	+
马里	+	+	+
卢旺达	+	+	—
赞比亚	—	+	
德国	+	+	+

注：O＝奥尔森组织，P＝普特南组织。由于各地区之间存在的差异性，本文仅将各地区中性别、年龄、教育程度、收入水平作为控制变量加入了回归方程。正负号表示两种团体与社会信任、政治热情和群体价值观的回归系数的回归方向，在此只列出了具有显著性系数的国家和地区，P＜0.1（双尾检定）

社会主义国家或地区的社会信任、政治热情以及群体价值观各项得分都居于世界前列的内在原因。第四，比较中国大陆与其他儒家文化圈内的国家或地区，发现中国大陆与越南的社会组织构建社会资本的效应更为接近，例如在中国台湾地区，奥尔森组织对社会整合起到的是消极的影响。

第四节　本章小结与讨论

综合以上的分析，通过对当代中国社会组织发展的历时性纵向比较和区域横向比较，我们都无法找到明显的证据支持奥尔森和普特南各自关于社会组织效应的理论假设。对此，笔者认为他们的分析基础是西方社会特定的市场经济、政治模式和公众参与系统，因此，我们相信社会组织功能的发挥有赖于其所嵌入的特定国家或地区中的主体性政治结构。总结以上发现，可以得到以下几个方面的结论和启示。

一　政治整合：主体的政治结构塑造了公众参与构建社会资本的效果

美国政治社会学家奥罗姆在《政治社会学导论》中提出"主体政治"（The body politic）的概念，虽然他没有对这个概念进行详细的解释，但从该书具体的篇章结构和相关阐述可以看出，主体政治就是一个国家的内在政治结构。这种结构可以表现为多样化的制度设置，但这种制度设置之间又是内在联系的，呈现出统一和协调的特征。不同制度设置之间的联系，反映出国家的政治文化特点。

因此，要考察当代中国社会组织的发展和公众参与问题，我们需要将社会组织或公众参与置于中国主体的政治整合模式中，以理解其社会资本的构建效果。我们的实证研究表明，纵向的社会联系也可以成为创造桥接型社会资本的力量。如图 5.15 所示，正如许多学者探讨的那样，中国社会的个体整合呈现出由个人到家庭，再到组织，最后落于国家的纵向联系之中。当社会的协商系统是由个人到国家的一系列纵向联系构成时，而且这种联系也是将个人整合到总体性社会的主要力量时，我们也就不难理解为何纵向联系也能够创造出横向联系的整合效果。

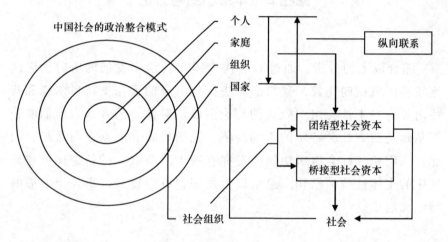

图 5.15　中国社会的政治整合模式

本章也探讨了政党及其相关组织的作用。正如一些学者所言，一个国家选择什么样的政党制度在根本上取决于这个国家和社会的历史与现实。政党组织在现代政治生活中的地位与作用，实际上并不完全取决于其本身的利益目标。政党组织的作用在很大程度上也根植于经济、社会与政治发展对政党的要求。所以从根本上讲，虽然政党是现代政治生活的重要支配力量，但是政党的前提与命运不是由政党自身决定的，而是由现代政治生活的实际变化与发展所决定的。[1] 唐文方分析认为，中国共

---

[1]　[美]奥罗姆：《政治社会学导论》，张华青译，上海世纪出版集团 2006 年版，第 8 页。

产党试图取消传统的经济社会观念和行为，取而代之社会主义制度下的公有制、中央计划经济和对财富的行政分配制度，目的是要削弱个人和家庭的利益，加强人们对集体利益的认同。传统的家族社会被社会主义制度下的新型社区取代，如人民公社、工作单位等，而这些组织的无处不在可能对人际信任有影响。① 事实表明，这种社会主义制度下诞生的组织文化，到市场化改革时期仍然延续了下来。稳定的工作、平等的收入和集体利益的优先权弱化了个人竞争，增强了和谐感。有学者认为社会主义组织文化中人际信任应该更高。② 因此，中国社会的奥尔森组织如政党、工会和由政府提倡的专业协会等，虽然其组织联系是纵向的，但是在特殊的社会主义政治文化下，其仍然能够构建社会资本，搭建组织与组织间的桥梁，发挥着社会整合的作用。

二　随着市场经济的日益发展，社会各主体间的利益关系愈趋于既相互依赖结合但又有利益冲突紧张，这就需要思考如何发挥社会组织的公共性功能

如果信任是一种价值，就应该在时间维度上是稳定的。③ 而信任的来源大都是基于乐观主义的世界观，而不是客观生活状况。乐观主义表现在很多方面，它有四个因素，前两个是核心：一是认为未来比过去好；二是相信可以控制自己的环境，使它越来越好。其他两个因素是：个人有幸福感以及社群有支持作用。④ 简而言之，公众参与之所以能促进信

① ［美］唐文方：《中国民意与市民社会》，胡赣栋、张东锋译，中山大学出版社 2008 年版，第 92 页。

② Whyte, M. K, W. L. *Parish*, *Urban Life in Contemporary China*, Chicago: University of Chicago Press, 1984; Bryant, Lee Ouyang, Songs of Battlefield, Ph. D. dissertation, University of Pittsburgh, 1999.

③ ［美］埃里克·尤斯拉纳：《信任的道德基础》，张敦敏译，中国社会科学出版社 2006 年版，第 71 页。

④ 同上书，第 98—103 页。

任，在于让参与者身处于相互理解的公共生活之中。

正如本书对当代中国社会组织背景的描述，公众参与一直存在着部分公众想参与公共事务，却无法得到参与渠道的困境，这种困境也影响了社会组织的功能发挥。通过对当代中国社会组织管理制度的分析，社会组织的经济性和专业性得到了鼓励，但也存在"去公共性"的倾向。对政府治理而言，这种倾向带有维护政治稳定的管理色彩，我们相信这种管理也是必要的。但是公众参与行动也不可避免地带有某种政策议题，同时公众也需要在这种政策议题的讨论中，学习公共讨论和参与的技能以及提高自身参与素养。如果单纯消除了公众参与的公共性和政治性，那么参与行为则容易向非理性、娱乐性和不可持续性方向发展。若公众参与多无法形成广泛的理性讨论和得到政策的有效反馈，那么也会影响到社会组织发挥更大范围的整合效果。因此这也就解释了在第四章中所分析的为何公众参与呈现"弱"参与或是"原子化"参与的现象。在法治不到位的情况下，作为现代公众参与之骨架的社会组织也很容易扭曲变形，就像有的学者所指出的那样，由它们支起的可能不是真正意义上的现代社会，而是一个"西西里式"的现代社会。①

因此，社会的现代化过程需要社会组织或公众参与能够为自身的公共议题进行讨论，从而带来整个社会的活力。社群主义认为，要实现政治上的善治，需要人们组织化的公共生活。当人们有讨论公共议题的意愿时，却缺少组织平台，那么其参与方式很可能会向无序化的方向发展。在近年来，群体性事件数量急剧上升，参与群体性事件的人数逐年增长，也可能是这种制度架构的后果之一。根据中国共产党政法委员会的报告，2003 年全国范围的"群体性事件"上升了 14.4%，增至 5.8 万起。② 根据 2005 年《社会蓝皮书》的统计数据，从 1993 年到 2003 年间，我国群体性事件数量已由 1 万起增加到 6 万起，参与人数也由约 73 万增加到约

---

① 王小章：《中古城市与近代公民权的起源：韦伯城市社会学的遗产》，《社会学研究》2007 年第 3 期。

② 乔治·吉尔博伊、埃里克·赫金博瑟姆、张一峰：《中国拉美化?》，《国外社会科学文摘》2005 年第 3 期。

307 万。① 据有关部门统计，2004 年全国因企业劳资纠纷引发的群体性事件 25171 起，占全国群体性事件 73879 起的 34%。2004 年因工资低和企业改制利益受损等原因引发的职工群体性事件占当年全国整个群体性事件总数的 20.92%。②

如图 5.16 所示，根据 2006 年中国社会综合调查（CGSS）结果，当社会成员遇到纠纷中的不公平现象时，求助于本地政府的愿望和行为都比较高，占到样本的 50% 以上，但求助于各类社会组织如社会团体和非政府组织的比例都低于 10%。同时根据世界价值观调查 2007 年中国样本的分析，如图 5.17 所示，对各级组织信任的分析结果也显示出对政府各级机构的信任要比社会组织、市场组织都更高。因此，当前的社会建设中社会组织的发展尚未成熟到可以起到消解社会冲突的作用。对大多数民众来说，国家的权威依然在社会生活中的利益冲突中起到主导性的调节作用。基于以上背景，如果单方面强调国家在社会建设中退出而更多依靠居民自治来化解社会矛盾，可能为时尚早。我们的市场发展和制度建设实际还未催生出能力足够的社会组织，对于社会成员来说，通过社会组织进行公共议题的讨论和实现社会协商，也还有漫长的道路要走。

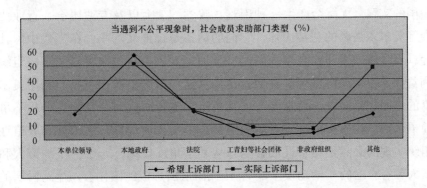

图 5.16　社会成员求助部门类型

数据来源：CGSS2005。

---

① 参见《社会蓝皮书》，社会科学文献出版社 2005 年版。

② 姜胜洪：《从舆情视角看企业劳资纠纷引发的群体性事件》，《理论界》2007 年第 3 期。

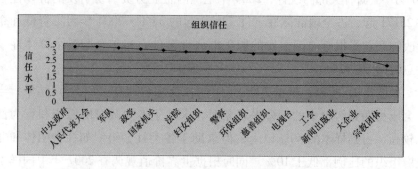

图5.17   社会成员对于不同组织类型的信任程度

数据来源：世界价值观调查数据（2007）。

三   奥尔森与普特南的社会组织理论的本土性

本书要强调的是奥尔森和普特南关于社会组织理论的本土性问题。在中国社会的转型过程中，什么是利益团体？哪些组织具有相容性利益的目标或排他性的目标？何为相容性团体和排他性团体？等等这些问题的答案实际并不清晰。因此，若简单套用西方理论和组织的分类来指导中国的实践，无疑会产生一种困难：政党、工会以及专业协会、行业协会等奥尔森强调的利益团体，它们的利益是排他性的吗？在当代中国社会，当整体国家和社会都强调经济发展、人民生活的改善时，这些组织利益都受益于经济发展和社会稳定。从这一角度上看，当我们利用奥尔森的集团理论对中国公众参与或社会组织进行研究时，其理论分析不可简单套用。在另一角度，当前中国社会中文化活动性、娱乐性和联谊性组织实现的必然是相容性利益吗？从某个角度设想，若社会中的穷人和富人各有自己的"活动俱乐部"，不同阶层所形成的团体会产生跨阶层的整合效应吗？抑或说这些娱乐团体会以整体社会的利益目标为己任吗？这同样需要我们进行深入反思。

本章的实证研究结果并不支持普特南理论中认为纵向联系的组织无法产生社会资本的观点。因为基于这种假设，我们无法回答为何以纵向联系为主体的公众参与，并没有因为横向联系的缺乏而使得社会资本"消失"。我们的分析并非想强调普特南理论逻辑的失效，而是通过经验证据表明利用西方理论对中国问题进行研究和阐释时，应坚持从中国实际情况出发，解读制度模式和公众参与行为之间的内在联系。当我们在运用西方的社会组织理论进行讨论时，都需要从中国社会的经济结构、政治制度乃至文化特征出发，考虑这些理论的本土化问题。

第六章　当代中国公众参与和社会资本的文化特质

——自己人与陌生人

在前两章中，本书分别讨论了市场经济发展、社会组织制度对以信任为核心的社会资本的影响。这些分析也表明，理解公众参与和社会组织功能发挥，离不开特定国家或地区的经济、政治和社会背景条件。那么从文化和关系模式角度看，当代中国的文化转型对社会资本构建又有着怎样的影响呢？

在学术界，对信任的概念界定实际上存在着争议。总体而言，信任包括相互性、移情性、互惠性、公民性、尊重、团结、容忍和友爱等要素。① 在本书第四章中，笔者发现随着市场经济的发展，由公众参与形成信任的能力的社会信任却降低了。同时研究也发现，公众参与对参与成员间的信任和社会信任只有很弱的解释力。而第五章中研究发现普特南

---

① Barber and Bernard, *The Logic and Limits of Trust*, Rutgers：University Press，1983；A. Baier，"Trust and Antitrust"，*Ethics*，Vol. 96，No. 2，1986；D. Gambetta，(ed.)，*Trust：Making and Breaking Social Relations*，Oxford：Oxford University Press，1988；R. Hardin，"Trusting person, trusting institutions"，*Strategy and Choice*，No. 185，1991；R. Hardin，"The Street-level Epistemology of Trust"，*Politics and Society*，No. 21，1993；R. Hardin，"Trust worthiness"，*Ethics*，No. 107，1996；B. A. Misztal，"*Trust in Modern Societies*"，Oxford：Blackwell，1996；A. B. Seligman，"*The Problem of Trust*"，Princeton：Princeton University Press，1997；V. Braithwaite, and M. Levi（eds），"*Trust and Governance*"，New York：Russell Sage Foundation，1998；M. E. Warren（ed.），"*Democracy and Trust*"，Cambridge：Cambridge University Press，1999.

式公众参与组织的功能不足,源于特定社会组织制度模式的限制,因此转型中国的社会资本构建更多依赖于纵向联系。这一结果从制度层面回答了第四章中为何普特南式公众参与对社会信任只有较弱的影响。

尽管缺乏制度性支持,但在现实生活中,仍然能够看到普特南式公众参与和社会组织的大量存在。如果非制度保障,那么普特南式公众参与组织的内部社会资本生成能力从何而来?同时普特南式公众参与既然具有一定的发展空间和行动力,为何市场化进程中其内外部社会资本的生成能力却降低了?在本章的分析中将对这两个问题进行讨论和回应。

第一节 内在命题:特殊信任的意义

一 自己人与陌生人

要深刻地理解当代中国的公众参与和社会资本的内在关系,也需要思考中国社会的人际交往模式。对公众参与而言,富含社会资本的社会组织就是一种成员资源能够高效流转的人际网络。因此,从中国社会人际关系发展和人际信任建立的模式入手,有助于考察公众参与网络中社会资本的生成基础。从这种视角出发,关于中国人际关系拓展方式的分析和研究可以给本书以文化上的启发。

杨宜音利用个案研究分析了"自己人"概念在中国社会信任建构过程中的重要意义。她认为中国人社会关系的确立首先是以"己"为中心,通过内外界限的划定从而实现人际关系的拓展。在这一过程中,首先处于第一位置的自己人是"自家人",这个自家人的划分是社会群体的原生性类型。因为对每一个人而言,亲属关系网络不依赖于我们自身努力就存在。更重要的是,"自己人"是一个比"自家人"更具弹性边界的概念。在特定社会情境下,"外人"可以通过一定的仪式行为,变成"自己人"，而"自己人"也可以变成"外人"。① 这种人际关系拓展模式也得到了家族企业发展和社会关系形成的相关研究的印证。② 因此，虽然中国社会存在着诸多类型的社会群体，但自己人和外人的划分是中国人信任差异的基本分型。

那么这种从"外人"到"自己人"转变的基础是什么呢？杨宜音提出了传统社会和都市社会两个路径，核心则在于个人性到情境性变化的同时，保持情感和义务关系内在基础的一致性。在传统社会中，交往会形成自己人和外人关系之间的相互转化，个人性是这种转化的基本立足点。在外人变为自己人的过程中，首先要回到原生性类型——自家人的基础之上，通过干亲、拜把子兄弟等仪式，实现"拟亲化"的过程。而当关系网络中的情感和义务关系发生断裂时，则会发生"去亲化"的现象。无论是"拟亲化"还是"去亲化"，这一切都是以"我"的情感和义务认知为核心的。因此在这种交往形式中，"外人变成自己人一般要有某种既有关系基础，同时还要有两人之间个人特性方面的相互认可和交往，由此形成亲密情感和义务感导致了信任"。而在现代城市，由于人口流动性增强，外人到自己人的转化则更加依赖于社会情境而不仅仅是个人特质，因为异质性的增强，使得人们不可能了解与自己交往的每一个个体。从杨宜音的分析中可以看到，虽然依赖的情境性增强了，但是情感和义务关系仍然是从陌生、表层交往到亲密、深层交往的基础。

因此，"自己人"和"外人"是中国人信任的基本类型。梁克进而提出，在个体的关系网中，不同关系类型与不同的信任程度相关联：亲人、同学、同事、战友、上下级等不同的关系，对中国人有着不同的意义。中国人信任度的强弱与对方同自己的关系远近几乎是同一走势，以当事

① 杨宜音：《"自己人"：信任建构过程的个案研究》，《社会学研究》1999年第2期。

② 张强：《自家人、自己人和外人——中国家族企业的用人模式》，《社会学研究》2003年第1期；翁玲玲：《从外人到自己人：通过仪式的转换意义》，《广西民族学院学报》（哲学社会科学版）2004年第6期。

人这一个"己"为中心，向周边扩散。这种远近亲疏格局引出了对"自己人"与"外人"基本界限的划定，两者的分野有时也被视为中国人付出信任的界限。[①]

因此，上述研究表明，中国人的社会关系依照从"自己人"到陌生人的路径而拓展。在具体的外推过程中，如果互动越密切则关系越强，那么也意味着存在关系的"内向化"的过程：当与陌生人发生接触时，中国人会对陌生人先进行关系类型的定位，明确其隶属于朋友、同事、同乡还是其他的关系类型，从而付出相应的信任。通过这种定位，社会成员发展出一系列互动原则，从而指导自己与他人的交往。梅西克和布鲁尔通过有关合作的实验发现，"某一圈内的成员往往用一些公认有利的概念，特别是像可信、诚实和合作概念，来理解其他圈内成员"[②]。同时，随着这种定位后的交往深入，又可能发生"拟亲缘化"的现象，即将"外人"纳入"自己人"的行列，从而构建较为亲密的社会关系。生活中，我们听到的"四海皆兄弟""大家都是一家人"等提法，都是对在社会交往中生成的亲密关系的拟亲化阐释。因此，亲属关系是中国社会一种最深层次的且具拓展性的社会关系。

二　差序性社会信任

如果情感和义务关系是信任建立的基础，那么这种关系又从何而来？差序格局的概念能够给予理论上的启发。在费孝通教授的《乡土中国》一书中，区分了团体格局和差序格局两种人际交往格局。他认为，西方社会的基本单位是团体。这种"团体是有一定界限的，谁是团体里的人，谁是团体外的人，不能模糊，一定得分清楚。在团体里的

---

① 梁克：《社会关系多样化实现的创造性空间——对信任问题的社会学思考》，《社会学研究》2002 年第 3 期。

② Messick David M. and Marilynn B. Brewer, "*Solving Social Dilemmas*", pp. 11 - 44 in "*Review of Personality and Social Psychology*" (Vol. 4) edited by L. Wheeler & P. Shaver. Beverly Hills, CA: Sage, 1983, pp. 27 - 28.

人是一伙，对于团体的关系是相同的，如果同一团体中有组别或等级的分别，那也是事先规定的"①。而在中国社会，差序格局是一个"以己为中心的，像石子一般投入水中，和别人所联系成的社会关系，不像团体中的分子一般，大家立在一个平面上，而是像水的波纹一般，一圈圈推出去，愈推愈远，也愈推愈薄"。卜长莉进而阐释了差序格局的现代内涵。中国传统社会所注重的人际关系，其含义不同于西方，它不是独立个体之间通过交往而建立的可选择关系，其逻辑起点，与其说是己，不如说是家庭、家族、亲缘关系和血缘关系，家族、血缘思维是己的思维定式。"以己为中心"的差序格局，实际上是以家族血缘关系为中心，在此基础上形成的人际关系具有排他性。在人际交往中，一般是关系越靠近家族血缘关系，就越容易被人们接纳，也越容易形成合作、亲密的人际关系，越是远离"己"的中心，就越容易被人们排斥，就会形成疏淡的人际关系。②

相关实证研究表明，改革开放以后，差序格局并未随着国家社会主义向市场社会主义的转型而消失。③ 例如，张文宏对北京城市居民社会网络中的差序格局进行了研究，他发现与自我关系越密切的人，越会较早进入自我的网络提名名单，与此相关的是，关系持续越长久和交往频率越高的人，越早成为自我的讨论网成员。同时，越早提到的网络成员，与自我讨论的问题更可能是混合性的，工具性内容随着提名的延后而增加，而情感性内容则随着提名的延后而减少。在提名的顺序上呈现出一种由亲到疏、由近及远的差序格局，而且在包含工具性、情感性和社交性等混合性功能的讨论网中也存在着大致相同的模式。因此，亲属关系

---

① 费孝通：《乡土中国·生育制度》，北京大学出版社 2007 年版，第 25 页。

② 卜长莉：《"差序格局"的理论诠释及现代内涵》，《社会学研究》2003 年第 1 期。

③ F. N. Pieke, "Bureaucracy, friends, and money: the growth of capital socialism in China", *Comparative Studies in Society & History*, Vol. 37, No. 3, 1995; Y. Bian, R. Breiger, J. Galaskiewicz, and D. Davis, "Occupation, class, and social networks in urban China", *Social Forces*, Vol. 83, No. 4, 2005; Y. Bian, "Guanxi and the Allocation of Urban Jobs in China", *China Quarterly*, Vol. 140, No. 140, 1994.

比非亲属关系更能体现亲密、熟悉和互信的一般化特征。①

　　基于这种差序格局的情感和义务关系定位方式就决定了社会交往的基本伦理。费孝通认为，"一个差序格局的社会是由无数私人关系搭成的网络，这种网络的每个结都附着一种道德要素，所有的价值标准也不能超脱于差序的人伦而存在"，"在这种社会中，一切普遍的标准并不发生作用，一定要问清了，对象是谁，和自己是什么关系之后，才能决定拿出什么标准来"。② 因此，作为文化要素存在的信任，当依附于关系模式而形成时，很可能也天然存在着远近亲疏的不同。

　　胡荣和李静雅分析了城市居民信任的结构及其影响因素。他们指出，城市居民的信任包括普遍信任、一般信任和特殊信任三个部分，而信任从高到低的分布则为：自己有血缘关系的亲属和密切交往的朋友的特殊信任圈子，对与自己有合作关系的单位领导、同事和邻居的一般信任圈子，对于包括生产商、网友、销售商及社会上大多数人的普遍信任圈子。这说明中国城市居民的信任结构同样存在着"差序格局"，特殊信任要远远高于普遍信任。③ 王毅杰和周现富也对城市居民信任的差序格局进行了研究。他们同样发现，亲属间信任、朋友间信任、熟人间信任和社会信任，随着关系强度的变化，表现出强弱高低的差序结构，也就是说，不同关系的交往对象之间存在着差序性的信任。④

　　根据上述分析，笔者认为在研究中国社会的信任问题时，关系的拓展路径和差序格局是无法忽略的文化基础。如图 6.1 所示，中国社会的信任是一种关系性信任，包含对深度交往对象的特殊信任、一般交往对象的人际信任以及本书所研究的社会组织参与者之间的社会组织信任。以往的社会信任研究中所测量的对"大多数人"的信任，在中国社会实际上应是定位在具体社会关系中的人而非抽象的人。

---

　　① 张文宏：《城市居民社会网络中的差序格局》，《江苏行政学院学报》2008 年第 1 期。

　　② 费孝通：《乡土中国·生育制度》，北京大学出版社 2007 年版，第 32 页。

　　③ 胡荣、李静雅：《城市居民信任的构成及影响因素》，《社会》2006 年第 26 期。

　　④ 王毅杰、周现富：《城市居民信任的差序格局》，《天府新论》2009 年第 2 期。

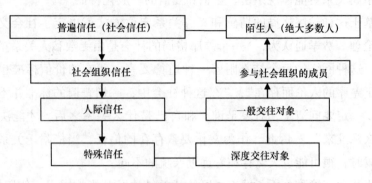

图6.1　社会资本构建的层次性——信任的类型

　　然而"只有当我们信任陌生人时，信任才能带来好处"①。笔者认为，在中国语境中，真正意义上的社会信任应是对陌生人的信任，因为从市场经济发展出发，陌生人包含着社会信用的内涵。只有在具有社会信用的市场中，人们才可能愿意将自己拥有的产品，通过一定的形式加以流转，从而形成活跃的市场。缺乏社会信用的市场，最终将导致市场的家族化和区域化。因此，信任作为社会关系现象，必须存在一种有约束力的规范规定信任必须被尊重，也必须存在任何被信任者都不得违反的社会规范。如果这种社会规范不被遵守，信任关系对于信任者将极度危险，并且必将会消失。② 在现代社会中，信任现象的所有社会学分析都要考虑的问题是"初始单位的有限最小范围以外的信任"以及"范围的有效扩展"。③ 也因此只有在大多数人愿意表示对陌生人有某种程度的信任时，普遍信任才可能成为社会的发动机。④ 如果社会特定群体只存在关系信任而缺乏普遍信任，那么其社会资本构建可能只能在低度水平上实现。例如赵延东对武汉市下岗职工的再就业过程进行了分析。他发现社会网络

---

　　① ［美］埃里克·尤斯拉纳：《信任的道德基础》，张敦敏译，中国社会科学出版社2006年版，第1页。

　　② ［美］马克·E. 沃伦：《民主与信任》，吴辉译，华夏出版社2004年版，第49页。

　　③ 同上书，第52页。

　　④ 同上书，第134页。

对下岗职工再就业行为十分重要，大多数人都利用自己的关系网络找到了工作，但矛盾的是，这种工作往往是"较差"的工作。这就产生了相应的问题：有工作重要还是好工作重要？此外，下岗职工的社会网络往往是狭窄的，多数网络成员都是亲属和朋友，这不利于他们获得更多的信息和资源，因而社会资本的使用不但没有给下岗职工带来"好处"，反而使他们的生活处境更加困窘。① 因此，与以往对社会信任的研究不同，本书尝试将陌生人信任作为普遍信任指标，以此考察其在当代中国的构建方式。

第二节　两个假设：市场转型过程中
不同信任之间的内在矛盾

一　韦伯的假设：特殊信任与普遍信任的内在矛盾

在信任研究中，不少国内学者对中国社会结构与信任之间关系进行了分析。② 许多研究者对韦伯（Max Weber）、福山（Francis Fukuyama）

---

① 赵延东：《再就业中社会资本的使用——以武汉市下岗职工为例》，《学习与探索》2006 年第 2 期。

② 张建新、M. Bond：《指向具体人物对象的人际信任：跨文化比较及其认知模型》，《心理学报》1993 年第 2 期；李伟民、梁玉成：《特殊信任与普遍信任：中国人信任的结构与特征》，《社会学研究》2002 年第 3 期；陆小娅、彭泗清：《信任缺失与重建》，《中国青年报》1995 年 9 月 26 日；彭泗清、杨中芳：《中国人人际信任的初步探讨》，第一届华人心理学家学术研讨会论文，中国台北，1995 年；彭泗清：《对人与对事：人际交往中的关系区分度与事件区分度》，第四届华人心理与行为科学学术研讨会论文，中国台北，1997 年；杨宜音：《"自己人"：信任建构过程的个案研究》，《社会学研究》1999 年第 2 期；彭泗清：《信任的建立机制：关系运作与法制手段》，《社会学研究》1999 年第 2 期；杨中芳、彭泗清：《中国人人际信任的概念化：一个人际关系的观点》，《社会学研究》1999 年第 2 期；王雪飞、山岸俊男：《信任的中日美比较》，《社会学研究》1999 年第 1 期。

关于中国社会缺乏普遍信任的论断进行了讨论。这种研究思路通常也将普遍信任和特殊信任作为分析对象，进而讨论了中国社会是否存在普遍信任的问题。然而韦伯的假设仅仅是简单认为中国社会缺乏普遍信任吗？笔者认为，目前的讨论忽略了韦伯论述的主要前提。韦伯认为，中国人的信任并非来源于信仰共同体，而是建立在血缘共同体的基础之上，即通过家族亲戚关系或准亲戚关系形成信任关系。这种信任是一种难以普遍化的特殊信任。① 韦伯同时也指出，"一种社会关系能够为其成员提供精神满足感和物质利益。如果其成员期望通过被其他人接纳而使其处境得以改善，使其地位、安全感、价值满足感得以提升，则他们会专注于保持关系开放；相反，如果经验告诉他们必须通过操控的策略才能改善其处境，他们就会专注于维持关系封闭"②。基于此，他认为，传统中国社会中基于亲属、血缘关系的特殊信任无法创造出市场社会所需要的普遍信任。

韦伯的分析实际包含了两个内在假设：首先，韦伯强调了当社会信任是建立在血缘共同体之上时，普遍信任是无法建立的；其次，当信任建立在这种共同体之上时，由于网络的封闭性，使信任无法外推至更大的范围。因此，韦伯论述中国信任问题的关键并不是中国人是否具有普遍信任，而是普遍信任是如何建立的问题。依照其观点，封闭的社会结构会加强社会网络的封闭性，因而社会排斥就有赖于以开放、包容为导向的社会政策和以平等为目标的社会制度来消除。费孝通认为，中国人的关系结构呈现"差序格局"，③ 也就是说，中国人的社会关系网具有突出的私人性质，韦伯称之为"特殊主义"（particularism）。社会关系网的私人性质往往使网络内资源难以流动和共享，而且也会对正式制度造成扭曲。帕森斯强调，传统中国"儒家在道德上支持的是个人对于特定个人的私人关系——在道德上强调的只是这些个人关系。为儒教伦理所接

---

① ［德］马克斯·韦伯：《儒教与道教》，王容芬译，商务印书馆 1995 年版。

② M. weber, Economy and society, Totowa, NJ: Bedminster, 1968, p. 43.

③ 费孝通：《乡土中国·生育制度》，北京大学出版社 2007 年版，第 26 页。

受和支持的整个中国社会结构，是一个突出'特殊主义'的关系结构"①。综合来说，中国人的社会关系网中成员与非成员之间具有明确的界线，非成员不能分享网络资源，而且强关系成员与弱关系成员的社会资本也不同，由于这个原因，中国人总是倾向于把网络中的弱关系强化。②

因此，信任越是建立在群体身份和群体特征（作为直接交往的替代品）的基础上，则信任就越有限，而且越有可能对任何外在于这一群体范围的人保留，结果是对于外界那些明显不属于"我们"的人严重歧视和过分不信任。③ 人们越是依靠密友和亲戚，就越是按照"我们"和"他们"来想象世界。在此背景下，社会成员很难信任"大多数人"。④ 而与局限于家庭及其扩展群体的特殊信任相比，真正可称为社会资本的信任是一种能够推广至陌生人的信任。特殊信任往往与反对局外人的各种群体特征联系在一起，这种信任模式增加了宗派活动，减少了可能通过民主方式解决冲突的机会。但普遍信任却有助于建立大规模的、复杂的、相互依存的社会网络和制度。因此，特殊信任起到了抵消普遍信任影响的作用，对人们的普遍信任导致我们参加广泛多样的集体行动，而特殊信任通常导致人们脱离公共生活。⑤

在此基础上，对与自己有密切交往的人或有血缘关系的人依赖程度越高，我们就越可能把世界划分为"我们"和"你们"。尤斯拉纳认为，在特殊信任的环境中，群体内成员往往专注于小圈子利益，甚至可能通过损害群体外成员利益来实现目标。这与普遍信任形成了鲜明的对照，

---

① ［美］塔尔科特·帕森斯：《社会行动的结构》，张明德译，译林出版社 2012 年版，第 616 页。

② 黎熙元、陈福平：《社区论辩：转型期中国城市社区的形态转变》，《社会学研究》2008 年第 2 期。

③ ［美］马克·E. 沃伦：《民主与信任》，吴辉译，华夏出版社 2004 年版，第 61 页。

④ 同上书，第 115 页。

⑤ 同上书，第 129 页。

普遍信任者对群体内外的人都持积极的看法。① 这样从特殊信任拓展到普遍信任就存在着困难：第一，如果普遍信任只是轻度依赖生活经验，人们就不清楚，为什么社会交往或群体成员身份应该使人们对他人有更大的信任；第二，"很少有证据表明，人们从他们加入的群体或非正式的圈子里得到良好感觉能够延伸至对外部社会"②。因此，由特殊信任者构成的组织不会产生道德主义信任，他们增强的是群体内的联系。③

通过上述分析，当重新审视韦伯的信任问题时，我们认为公众参与构建社会资本不仅是一个组织命题，同时也是一个文化命题。如果公众参与创造的人际信任仍然是延续传统的关系主义路径，那么这种人际信任也仍然是一种小圈子的信任。此外，理论分析表明，基于强关系或亲属、家族基础上的特殊信任和以陌生人信任为主的普遍信任之间也存在着一种此消彼长的关系。也就是说，公众参与社会组织并不必然带来普遍信任，而这取决于公众参与依赖何种关系模式，因为很可能存在另一种情况，参与者只会信任与自己有关系的组织成员并继续强化网络的封闭性。

二 市场化与普遍信任

市场经济是一种信用性经济。价格（市场）、权威（国家）和信任（人际网络）是保障市场社会有效运行，促进经济发展的三大机制。自20世纪80年代以来，经济学家开始深刻认识到信任对经济发展的重要意义。因此，相关研究从微观层面上对经济发展和信任的关系问题展开了实证分析。例如根据张维迎和柯荣柱的研究，市场化和交易频度是影响信任的重要因素，市场化程度和交易频度越高，社会信任度就会越高，

---

① ［美］埃里克·尤斯拉纳：《信任的道德基础》，张敦敏译，中国社会科学出版社2006年版，第35—38页。

② 同上书，第45—46页。

③ 同上书，第47页。

具体表现为市场化程度每提高1%，社会信任的程度就会提高5%。[1] 他们提出信任的形成与人和人之间的交流有关，在封闭的社会，人与人之间的交流非常少，就容易缺乏互相了解，这对信任的建立非常不利，如果是开放的社会，人与人之间会有很多交易，互相之间就会产生重复博弈，提高了人们建立信任的积极性。

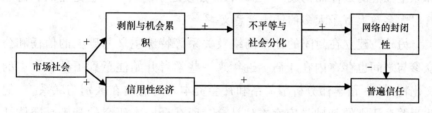

图6.2　市场化与普遍信任的内在矛盾

　　然而在社会学家眼中，市场化与信任之间也存在内在矛盾。如图6.2所示，蒂利在《身份、边界与社会联系》一书中阐释了市场社会和信任之间的矛盾，他认为社会民主化进程包含了不平等结构的形成和信任网络的建立。随着经济发展，剥削和机会累积的存在会使社会不平等趋势加大，这种趋势在教育和传播中进一步固化，维持了社会不平等的相对平衡状态。改变这种状态的内在动力则是在社会层面上建立不同群体之间、对政府和治理的代理人的信任，并通过不同社会主体协商，推动形成财富和福利平等化的公共政策，从而降低市场发展过程中不断累积的不平等。他在分析中也提出，对处于市场弱势地位的群体来说，为了增强竞争实力，这些群体往往会构建更具封闭性的社会网络，这样的社会网络一旦形成，会让他们更加不容易信任外人。[2]

　　改革开放以来，中国的社会发展路径是以市场经济为核心，从而带动政治与文化的变迁。因此，在制度或文化结构上，就可能存在与经济

---

　　① 张维迎、柯荣柱：《信任及其解释：来自中国的跨省调查分析》，《经济研究》2002年第10期。

　　② ［美］查尔斯·蒂利：《身份、边界与社会联系》，谢岳译，上海人民出版社2008年版。

发展不协调的问题。例如在制度层面上，有学者提出后共产主义国家的信任往往在人际关系和所属社区的基础上形成，在范围上，这两种信任结构比起由制度居间促成的信任结构明显要窄一些。当缺少由制度居间促成的信任时，社会交往具有局部的、小型的和短期性的倾向。因此，在后共产主义转型国家，被信任者往往由朋友、大学同学网络或地方的和原生社群的延伸而构成。① 当国家的强硬之手隐现于社会之上时，意味着对大多数人寄予太多信任毫无意义。②

另外，建立在封闭的社会网络及关系等特殊主义基础上的信任和公众参与之间也存在内在矛盾。近年来一些学者开始注意到了社会资本的文化特质。③ 翟学伟分析了关系和社会资本之间的内在区别与联系。④ 他认为关系研究的基础是家庭本位社会，而社会资本研究的基础是团体社会，它们在个体选择性、成员资格、公共利益、参与性和做人等方面都有差异。对于中国人而言，关系网络的建立有两个特点：第一，由于人与人之间的生存依赖关系是社会交往的逻辑起点，同时对中国人来说强关系往往是不可选择的，人们会天然地依赖于这种关系网络来扩大自身的利益，因此，在这一内生结构和利益需求的驱动下，中国人并不必然需要公众参与和社会组织；第二，在关系网络的运作中，内在规范更为重要，而社会规范则是次要因素。基于此，中国社会的正式制度就时常容易失效，而"潜规则"则大行其道。翟学伟对关系和社会资本之间差异的分析，与本书关于特殊信任和普遍主义的内在关系的讨论实际反映了同一种社会逻辑。以特殊主义为中心的人际关系模式，很难产生出公众参与的重要社会资本——普遍信任。因此翟学伟最后提出一个值得我们

———————

① ［美］马克·E. 沃伦：《民主与信任》，吴辉译，华夏出版社 2004 年版，第73—74 页。

② 同上书，第 133 页。

③ 翟学伟：《是"关系"，还是社会资本》，《社会》2009 年第 1 期；翟学伟：《再论"差序格局"的贡献、局限与理论遗产》，《中国社会科学》2009 年第 3 期；尧平清：《我们需要什么样的"关系社会学"研究》，《科学社会主义》2010 年第 1 期。

④ 翟学伟：《是"关系"，还是社会资本》，《社会》2009 年第 1 期；翟学伟：《再论"差序格局"的贡献、局限与理论遗产》，《中国社会科学》2009 年第 3 期。

深思的命题：关系是否阻碍了公众参与发展，以及传统型关系如何可能（或不可能）转换成现代型社会资本，这与本书的研究问题不谋而合。

　　基于以上的研究和讨论，笔者认为可以作出以下推论：首先，市场化可能推进了关系的使用。这种关系的使用具有加强网络封闭性和塑造小圈子文化的副作用，使得依赖关系性社会交往而形成的信任，更可能是特殊信任，而非普遍信任。其次，由于特殊信任和普遍信任之间是一种此消彼长的关系，那么可以推断，市场化进程是增强而不是减弱了特殊信任对普遍信任的抑制效应。最后，当公众参与网络成员间信任是建立在关系主义的特殊信任基础之上时，一方面其要面对来自市场经济对特殊信任的冲击（增强了普遍信任），而另一方面，其又要面对市场发展中特殊信任和普遍信任之间矛盾的强化。这可能正是公众参与网络或社会组织，在中国市场经济发展中内外部社会资本生成能力下降的原因。

　　图6.3总结了本章的研究思路，基于这种思路，本章将论证以下命题和假设：

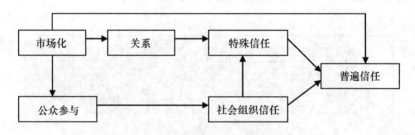

图6.3　市场经济中两种信任的矛盾关系

　　命题1：中国人的信任和关系具有同构性，因此，亲属信任对不同类别人群信任的影响就取决于关系的远近亲疏。

　　假设1：特殊信任与普遍信任之间存在此消彼长的关系，当公众参与是依赖关系路线而形成时，其所建立的信任仍然是一种无法普遍化的信任。

　　假设2：市场化在推进普遍信任的同时，也增强了特殊信任和普遍信任之间的矛盾，在这种背景下，依赖关系路线的公众参与和普遍信任之间矛盾也随之增强。

第三节 经验研究与发现

一 中国人的信任谱系：从外人到自己人

图 6.4 展现了中国人信任的强度分布情况。我们通过 CGSS2005 数据，研究比较了居民对不同类型人群信任程度的均值。中国人的信任呈现出根据关系亲疏从高到低的分布状态，具体表现为从血缘关系、地缘关系、业缘关系再到趣缘关系，信任程度逐渐降低。与以往研究发现相似，中国人的信任是呈现差序化结构。根据对世界价值观 2007 年中国数据中相应问题的分析结果，如图 6.5，也同样呈现出由亲属到邻居、熟人、初识朋友的信任递减现象。但本书无意讨论中国人对不同人群信任的高低问题，更让笔者感兴趣的是，不同类型信任之间是如何相互影响的。

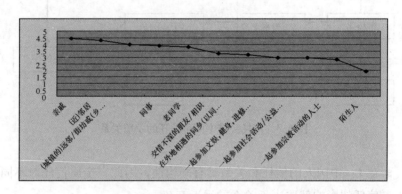

图 6.4 居民对不同类型人群的信任水平

数据来源：CGSS2005。

因此，我们将不同类型主体之间信任进行相关性分析。根据表 6.1，各种类型信任之间都呈现出显著的正相关关系，但是不同信任类型之间的相关性存在梯度变化。例如将对陌生人的信任与其他类型信任之间的相关系数排序，由高到低依次为：朋友/相识；同乡（外地相遇）；一起

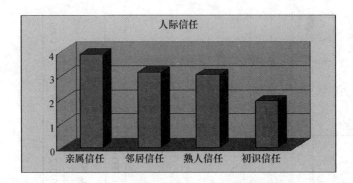

图 6.5 居民对不同类型人群的信任水平

数据来源：世界价值观调查数据（2007）。

参与文娱、健身、进修活动的人士；一起参加宗教活动的人士；一起参加社会活动/公益活动的人士；老同学；同事；邻里；邻居；亲戚。这里可以发现两个问题；第一，社会组织信任与普遍信任并没有最紧密的联系，相比之下，朋友信任与地缘信任更可能影响到对陌生人的信任感。第二，亲属信任虽然在差序性信任结构中位置最高，但是其相对其他类型信任，对陌生人的信任影响最小。正如前文所分析的，中国人的人际关系通过由外到里的"拟亲化"过程实现，这意味着信任也随着这种关系路径而形成。因此，我们可以找出各类型信任间的最大相关系数，建立以亲属信任为起点的信任最可能形成路径。如图 6.6 所示，在这个最可能路径中，业缘路径和地缘路径是从外人到自己人的两条主要途径，其中社会组织更依赖于地缘路径。在现实生活中，大量的地方性社会组织，其成员通常由邻里和同乡构成，因此这种路径拓展符合日常经验。此外，根据分析，陌生人的纳入却可能最不依赖于社会组织的作用。

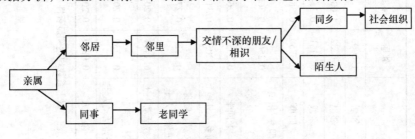

图 6.6 关系拓展的最可能路径

表 6.1　　不同类型人群信任水平的相关系数矩阵

	邻居	邻里	亲戚	同事	朋友/相识（交情不深）	老同学	同乡（外地）	文娱、健身、进修等人士	宗教活动人士	社会活动/公益活动人士	陌生人
邻居	1.0000										
邻里	0.6282	1.0000									
亲戚	0.4131	0.3546	1.0000								
同事	0.3750	0.3888	0.4664	1.0000							
朋友/相识（交情不深）	0.2561	0.3605	0.2168	0.3660	1.0000						
老同学	0.2558	0.2614	0.3576	0.4363	0.3308	1.0000					
同乡（外地）	0.2057	0.3155	0.1928	0.2965	0.4209	0.3457	1.0000				
文娱、健身、进修等人士	0.2122	0.2794	0.1581	0.2884	0.3292	0.2905	0.4500	1.0000			
宗教活动人士	0.1474	0.2012	0.1010	0.1884	0.2630	0.2229	0.3907	0.5935	1.0000		
社会活动/公益活动人士	0.1739	0.2089	0.1695	0.2422	0.2171	0.2950	0.3421	0.5950	0.6057	1.0000	
陌生人	0.0840	0.2039	0.0417	0.1643	0.3413	0.1844	0.3374	0.3189	0.3124	0.2971	1.0000

注：以上系数均达到显著性水平（0.05）。

为了进一步验证这种路径拓展的存在，笔者通过路径回归方法，分析了不同类型信任之间的联系。假定所有、外人都有成为"自己人"的可能性，那么亲属信任就成了所有信任的起点。而要与陌生人建立亲密的信任关系，则需要将其类别化和关系化。因此，所有类型关系都可能将陌生人进行转化，例如初见的陌生人逐渐成为相识，通过后期互动，转变成为自己的同事、邻里或同学等或是纳入这些类别之中。基于此，根据图 6.7 的路径回归分析，显示了以下两个特点：（1）当陌生人信任无法纳入到任何一种关系信任类型（不存在中介关系）时，亲属信任与陌生人信任之间是负向的直接关系，这一结果支持特殊信任与普遍信任存在矛盾的假设。也就是说当某个群体的主要社会关系只是亲属关系时，这种关系越紧密，也越不容易信任外人，这也就解释了缺乏广泛社会关系的弱势群体为何只拥有低度水平的社会资本。（2）所有受到亲属信任强影响的路径（回归系数较大的路径），如邻居、同事、老同学关系等，对陌生人信任的拓展可能性更小，而同乡关系这种"弱路径"最可能产生对陌生人的信任。在现实生活中，其实比较容易理解这种现象，面对初识的陌生人，中国人常会互报家乡，如果相互之间具有地缘关系，往往能够减少疏离感，拉近情感距离。综合以上讨论，笔者认为在当代中国，特殊信任与普遍信任之间的矛盾实际并未消失。

二　不同信任间的内在关系：公众参与的效果

由于以上分析并未考虑其他控制变量的影响，因此研究纳入了可能对信任影响的其他变量进行综合考察。为了简化分析，我们首先将信任量表进行了因子分析。结果如表6.2所示，在主要社会关系类型信任中得到了两个因子，分别是包含近邻、邻里、亲戚、同事等生活里有深度交往的特殊信任，以及包含交情不深的朋友/相识、老同学、在外地相遇的同乡（以同市或同县为界限）等一般交往的人际信任。因子分析结果基本与先前的相关研究一致。

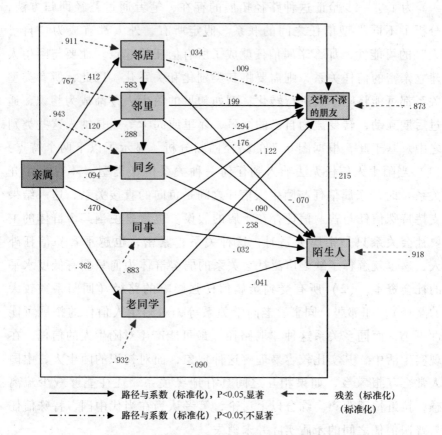

图 6.7　人际信任差序纳入的路径回归分析（Path Analysis）

CHI-SQUARE = 2343.218，DF = 8，RMSEA = 0.190

表 6.2　　　　　　　　　信任的因子分析（旋转后）

项目（信任程度）	因子负荷值（Factor Loadings）	
	特殊信任 （深度交往）	人际信任 （一般交往）
（近）邻居	0.8567	0.0655
（城镇的）远邻/街坊或（乡村）邻居以外的同村居民	0.7665	0.2350
亲戚	0.6912	0.1990
同事	0.5526	0.4757
交情不深的朋友/相识	0.1972	0.7388

续表

项目（信任程度）	因子负荷值（Factor Loadings）	
	特殊信任 （深度交往）	人际信任 （一般交往）
老同学	0.2731	0.6487
在外地相遇的同乡（以同市或同县为界限）	0.0785	0.7972
特征值（Eigenvalue）	2.224	1.928
方差贡献率（Variances%）	31.77	27.54
累积方差贡献率（Cumulative Variances%）	59.31	

如表6.3所示的回归分析结果，展现了公众参与对社会组织成员之间的信任和普遍信任的影响。模型1为基准模型，结果显示公众参与对社会组织成员之间的信任具有正向作用。但模型的整体解释力只有0.8%。这说明社会组织成员间信任并不非常地依赖参与行为本身，这与普特南对公众参与网络作用的论断并不完全一致。模型2里考虑了特殊信任的影响可能造成了公众参与构建社会资本能力降低的情况。结果表明特殊信任对社会组织成员间信任的影响也是积极的，甚至这种影响要高于公众参与或社会组织参与的作用（模型的整体解释力上升了2.4%）。这里就存在一个疑问：从社会组织信任的分析结果看，人们在公众参与中的社会资本构建是否仍沿着差序性社会关系结构而拓展呢？因此，研究在模型3中纳入了人际信任因子进行分析。根据模型3的结果，人际信任对社会组织信任的影响最强，模型的整体解释力上升到了27.56%。因此，当代中国人的信任更可能主要来源于人们与不同关系类型群体交往的经验，而公众参与的影响可能非常微弱，即由公众参与产生的组织内部社会资本很可能极为有限。社会组织内部的社会资本生产方式可能依然遵循外人到自己人的特殊主义路线。公众参与中的社会资本，或许仍然产生于文化系统，而不是公众参与行为本身。尤斯拉纳考察了参与社会组织活动能产生信任的公民共和论观点。他认为尽管某些类型的社会组织能产生普遍信任，但并非所有组织都这样。他发现体育运动型社会组织

表 6.3　不同信任间的内在关系的模型结果（GLM）

| 因变量 | 社会组织信任 | | | | | | 普通信任（陌生人信任） | | | | | | | |
| 自变量 | Model 1 | | Model 2 | | Model 3 | | Model 4 | | Model 5 | | Model 6 | | Model 7 | |
	β	S.E	β	S.E	β	S.E	β	S.E	β	S.E	β	S.E	β	S.E
性别[a]	0.278	0.032	0.033	0.033	-0.022	0.028	0.042**	0.020	0.037**	0.023	0.019	0.021	0.016	0.029
年龄	0.002	006	0.003	0.007	0.007	0.006	-0.004	0.004	-0.002	0.005	0.003	0.004	0.001	0.006
年龄平方/100	0.004	0.007	-0.002	0.007	-0.004	0.006	0.005	0.004	0.003	0.005	0.002	0.005	-0.001	0.006
教育程度	0.002	005	0.004	0.005	0.002	0.004	0.002	0.003	0.004	0.003	0.002	0.003	0.008*	0.004
收入对数	0.025**	0.008	0.030***	0.008	0.018**	0.007	-0.010**	0.005	-0.010**	0.006	-0.013**	0.005	-0.023**	0.007
政治面貌[b]	0.111**	0.053	0.075	0.054	0.052	0.046	-0.020	0.033	-0.039**	0.035	-0.071**	0.033	-0.115**	0.047
职业状态[c]	-0..023	0.044	-0.049	0.045	-0.021	0.039	-0.006	0.028	-0.014	0.031	0.013	0.028	0.048	0.040
婚姻状况[d]	0.022	0.045	0.016	0.045	0.006	0.039	-0.007	0.029	-0.022	0.033	-0.043	0.030	-0.044	0.040
社区类型[e]	-0.021	0.042	0.051	0.044	0.118**	0.038	-0.056**	0.026	-0.043	0.029	-0.039	0.027	-0.009	0.039
公众参与	0.044**	0.015	0.041**	0.015	0.033**	0.013	0.022**	0.011	0.011	0.011	-0.006	0.011	-0.043**	0.014
特殊信任			0.157***	0.016	0.150***	0.014							-0.046**	0.014
人际信任					0.479***	0.013			0.036**	0.011	0.040**	0.010	0.231**	0.016
社会组织信任											0.372**	0.010	0.294**	0.016
截距	0.252**	0.157	-0.367**	0.161	-0.437**	0.139	1.963	0.099	1.937	0.111	1.815	0.103	1.962	0.142
Adj-R²	0.8%		3.6%		27.56%		0.1%		0.2%		15.16%		21.62%	
样本数 (N)	3952		3952		3952		3946		3946		3946		3946	

注：参照组：[a]女性；[b]非党员；[c]非在职；[d]无配偶；[e]农村！[!] P<0.10；[*] P<0.05；[**] P<0.01；[***] P<0.001（双尾检定）；

数据来源：CGSS2005（城乡样本）。

产生普遍信任的效果最明显。① 因此，尤斯拉纳对公众参与和社会组织活动能够产生信任的观点提出了质疑。他认为有两个问题值得思考：第一，信任实际应是公众参与的原因，而不是结果；第二，当我们与朋友交往或者当参加社会组织聚会时，实际是和自己相似的同类人聚集在一起。参与者并没有把自己的道德共同体扩大。而从信任认识的人转到信任不认识的人并非那么简单。② "普遍信任和个别信任之间的区别类似于普特南在'团结型'和'桥梁型'社会资本之间划定的区别。我们与我们的朋友和我们的同类人之间的关系是团结型的，我们要在与我们不同的人们之间架设桥梁。把普遍信任和个别信任区别开来的核心概念是你的道德共同体的包容程度。"③ 因此，"普遍信任的基础就是道德主义信任"④。由此他认为，人们加入志愿组织只能使普遍信任有小幅度的（而且是短暂的）增长，而"对本群体其他成员的信任和对人们的普遍信任之间的相关性是负值"⑤。因此，本书正是阐释了在中国的文化环境中，这种道德主义是如何影响公众参与对社会资本的构建效果的。

另外，本书对不同类型信任对普遍信任的影响进行了分析。模型4为基准模型，根据模型4的结果，公众参与对普遍信任具有正向影响，这符合普特南社会资本理论的描述。然而需要厘清的主要问题是这种公众参与构建社会组织外部社会资本的方式是沿着参与的公共性路径还是差序性关系的路径。因此，研究依次在模型5、模型6和模型7中，分别纳入特殊信任、人际信任和社会组织信任三个变量，这三个变量对模型的贡献分别为0.1%、15%、7%。实际上对普遍信任影响最大的仍然是人际信任系统。在最终模型（模型7）中特殊信任对普遍信任的影响呈现出负向作用。因此，当代中国的特殊信任与普遍信任之间矛盾仍然存在。同时在最终模型中，公众参与对普遍信任变成了负向影响。这也进一步

---

① ［美］马克·E. 沃伦：《民主与信任》，吴辉译，华夏出版社2004年版，第9页。

② ［美］埃里克·尤斯拉纳：《信任的道德基础》，张敦敏译，中国社会科学出版社2006年版，第2—6页。

③ 同上书，第31页。

④ 同上书，第32页。

⑤ 同上书，第47页。

支持了前文的分析，当外人无法纳入于自己人这种差序性关系的信任拓展时，公众参与并不会带来社会资本提高。可以设想，社会组织成员仍然遵循着传统的社会资本构建路径，那么这种社会资本实际是普特南提出的"团结型社会资本"，而非"桥梁型社会资本"。这意味着中国社会的公众参与模式与西方社会有着本质区别。当组织创造的社会资本是内聚性的而非可发散性的时候，也就意味着参与越多，参与者对组织的情感投入越深，却会让参与者对圈外人更加的不信任。一些社会组织的个案研究也支持了本书的发现。例如孙志祥调查了北京市草根型社会组织，他发现所调查组织中发挥作用的是家族制的控制机制。在这种机制中，组织的目标是超功利性的，不会给他们带来物质上和经济上的收益，有些人还放弃了赚钱的机会成本来参加活动，所以讲究投入与产出、成本与效益的市场机制在这里完全失灵。加入这些组织唯一的条件就是要对组织的目标感兴趣。在这个组织中只有一个组织的章程，不存在什么规章制度。由于组织成员对组织的价值观念和目标具有强烈的认同感，所以无须别人布置也能自觉地为实现目标而努力。成员间重视分工与协作，强制与服从的色彩淡薄得可以忽略不计。因此，他认为这些真正具备非营利性特点的社会组织都是典型的情感性组织，即使没有完善的选拔、监督机制，组织也有理由相信每一个成员都会以高效的形式为实现组织的目标而努力工作，从而极大地节省了管理成本。因此这类组织的结构简单而实用，避免了许多制度化组织为获得合法性而造成的浪费。[①] 在许多公众参与活动中，这种"类家族化"的社会组织大量存在，而且有很强的行动力和凝聚力。但是这种公民参与组织构建的社会资本仍然是团结型的，而不是桥接型社会资本。

以上分析都是基于不同类型信任间的相互关系而展开。正如本章在理论部分中谈到的那样，信任的基础是关系网络结构和关系群体互动。那么关系网络结构本身是否对信任有影响呢？CGSS2003 数据中个人社会网络的调查模块，给分析提供了便利。虽然 CGSS2003 的调查只针对城市居民，但根据理论判断，城市的现代化变迁要快于农村。如果传统的信任形成模式

---

① 孙志祥：《北京市民间组织个案研究》，《社会学研究》2001 年第 1 期。

仍存在于城市的话，那么对于农村地区而言，这种模式可能也仍然有效。

基于此，笔者利用数据中春节拜年网的测量问题进行了分析。拜年网测量了被访者家庭春节拜年网中亲属、朋友以及其他社会成员的人数。研究将三者加总得到拜年网中总人数指标，同时也计算出每个城市家庭拜年网中亲属、朋友在总人数中的比例。拜年网中亲属比例代表着城市家庭基于血缘力量的关系，在核心性社会网络中的重要性程度。而朋友的概念较为宽泛，其比例可以代表跨血缘基础上的人际互动所建立的亲密关系，在城市居民生活中的重要性。因此，普遍信任在三个层面上与这些指标之间具有因果联系。第一，拜年网中总人数规模意味着个体的社会网络规模。如果普遍信任的建立，依赖于关系交往而非居间的制度，那么也就意味着个体拥有越大的社会网络，可以拓展关系信任越多，也会有越高的普遍信任。第二，与网络总规模的作用一样，朋友网络在个体网络中越重要，个体的普遍信任应越高。朋友通常是与自己有相似价值观念的社会成员。尤斯拉纳认为信任他人是基于一种基础性的伦理假设，即他人与你共有一些基本价值。而"信任的道德基础意味着，对于那些我们认为值得信任的人们来说，我们的所作所为必须比合作更多。对于陌生人、对于与我们有区别的人，我们必须持积极的看法而且必须认为他们是值得信任的……信任的道德基础所起的作用是，把我们与那些不同于我们的人联系起来了，而不是那些我们已经了解或那些相似于我们的人"[1]。也就是说朋友关系在人们构建普遍信任中的作用越重要，普遍信任的形成越可能依赖于关系路径。第三，亲属关系是特殊主义关系中的核心关系。如果特殊信任与普遍信任之间矛盾仍然存在于当代中国社会，那么亲属关系在居民的社会关系中越重要，越难形成超越圈子的社会资本。边燕杰用春节拜年网测量了中国城市家庭的社会网络资本，他研究发现，网络规模越大则亲属比例越小，同时网络资本总量也越高。[2] 这意味着亲

---

[1]　［美］埃里克·尤斯拉纳：《信任的道德基础》，张敦敏译，中国社会科学出版社 2006 年版，第 2—3 页。

[2]　边燕杰、李煜：《中国城市家庭的社会网络资本》，《清华社会学评论》（特辑）2000 年第 2 期。

属这类特殊主义关系在个人社会网络中的地位越弱，个体才会有更为丰富且异质的社会资源。

如表 6.4 所示，研究对分析了个体社会网络对普遍信任程度的影响。首先，拜年网中总人数的规模越大，则个体的普遍信任水平越高。其次，拜年网的朋友比例对普遍信任呈现积极影响，而亲属比例则是负向作用。因此，模型结果支持了本章假设，无论是从网络到信任还是信任类型之间的关系，都呈现出了特殊主义和普遍主义的矛盾，同时社会信任形成也仍然依赖于中国的特定关系模式。

表 6.4　　　　　个体社会网络对普遍信任程度的影响（GLM）

因变量 自变量	普遍信任（对陌生人的信任）					
	Model 1		Model 2		Model 3	
	β	S. E	β	S. E	β	S. E
性别[a]	0. 175***	0. 064	0. 188***	0. 067	0. 189***	0. 066
年龄	- 0. 082***	0. 017	- 0. 095***	0. 018	- 0. 094***	0. 018
年龄平方/100	0. 074***	019	0. 087***	0. 020	0. 087***	0. 020
教育程度	0. 049***	0. 010	0. 048***	0. 010	0. 047***	0. 011
收入对数	0. 026	0. 015	0. 024	0. 016	0. 024	0. 017
政治面貌[b]	0. 208***	0. 084	0. 205***	0. 086	0. 206***	0. 086
职业状态[c]	0. 136	0. 087	0. 137	0. 091	0. 137	0. 091
婚姻状况[d]	- 0. 074	0. 102	- 0. 020	0. 107	- 0. 018	0. 039
拜年网总人数	0. 003**	0. 001	0. 002**	0. 001	0. 002**	0. 001
拜年网朋友比例			0. 242**	0. 140		
拜年网亲属比例					- 0. 274**	0. 013
Pesudo - R^2	2. 37%		2. 48%		2. 50%	
- 2LL	8745. 48		8214. 48		8212. 74	
样本数（N）	4372		4372		4372	

注：参照组：[a] 女性；[b] 非党员；[c] 非在职；[d] 无配偶；! P < 0. 10；* P < 0. 05；** P < 0. 01；*** P < 0. 001（双尾检定）。

数据来源：CGSS2003（城市居民）。

三　市场化进程中的信任建构：从特殊信任、社会组织信任到普遍信任

本章对研究假设 2 进行了实证检验。随着市场经济发展，当制度建设尚未完善且社会信任更依赖关系路径而不是对客观制度的信心时，市场化是增强还是减弱了特殊信任与普遍信任之间的矛盾呢？

表 6.5 中的三个模型，展示了对以上假设和问题的实证分析结果。模型 1 首先纳入"市场化"这个二层次变量，考察市场经济对普遍信任的直接影响。正如前文所述，市场经济是一种信用型经济，其加快了市场交易的频率，促进了社会互动、沟通和联系。此外，市场经济作为法治经济也能够推动社会的制度化和理性化。由于有了制度性保障，人们才愿意信任其他陌生人。根据模型 1 的结果，市场化提高了社会的普遍信任水平。这里支持了关于市场化作用的第一个假定。在模型 2 中，研究考察了特殊主义信任在市场化进程中的角色。根据前文的实证分析，特殊信任和普遍信任之间矛盾仍然存在于当代中国。若市场化进程存在着第二种作用，即市场经济发展加剧了社会的不平等和分化，使社会群体的关系网络更具封闭性，那也就意味着市场经济激化了两种信任之间的矛盾。模型 2 的结果支持了这一推断，结果显示特殊信任对普遍信任存在负向影响。与此同时，模型中市场化与特殊信任之间的交互项为正向。这意味着市场经济发展反而强化了这种负向的作用。市场经济发展的两种作用在模型中都得到了支持。模型 3 结果则显示出，市场化对人际信任的影响并不显著。但值得注意的是，此时人际信任对普遍信任的影响也变为了负向（但不具有统计显著性）。这里可能的解释则是，如果人际信任仍然沿着差序性关系路径而形成，那么在市场经济发展中，特殊主义的关系作用会被强化，这样也就更加不利于普遍信任的形成。

表6.5 　　　　　　　影响居民普遍信任程度因素的多层次模型

(Multilevel Statistical Model N = 3946)

个体层次变量	Model 1		Model 2		Model 3	
	β	S. E	β	S. E	β	S. E
性别[a]	0.021	0.028	0.027	0.027	0.029	0.027
年龄	-0.001	0.005	0.001	0.006	-0.001	0.005
年龄平方/100	0.002	0.006	0.001	0.005	0.001	0.005
教育程度	0.007[!]	0.004	0.008*	0.004	0.007[!]	0.004
收入对数	-0.032***	0.007	-0.030***	0.007	-0.030***	0.007
政治面貌[b]	-0.078[!]	0.045	-0.075[!]	0.045	-0.065	0.044
职业状态[c]	0.074	0.037	0.062	0.038	0.051	0.037
婚姻状况[d]	-0.014	0.038	-0.017	0.038	-0.012	0.037
社区类型[e]	-0.048	0.038	-0.055	0.037	-0.068[!]	0.037
公众参与	-0.022	0.013	-0.022	0.013	-0.021	0.013
特殊信任	-0.040**	0.013	-0.294**	0.117	-0.302**	0.116
人际信任	0.203**	0.015	0.202**	0.015	-0.034	0.150
社会组织信任	0.303***	0.015	0.297***	0.015	0.298***	0.015
省级层次变量						
市场化程度	0.063*	0.031	0.067*	0.030	0.068*	0.029
交互项						
市场化×特殊信任			0.032*	0.016	0.033*	0.016
市场化×人际信任					0.031	0.021
截距	1.558***	0.261	1.488***	0.254	1.523***	0.250
模型拟合度 (BIC/df)	25598/13		25605/14		25481/14	

注：参照组：[a]女性；[b]非党员；[c]非在职；[d]无配偶；[e]农村 [!] P < 0.10；* P < 0.05；** P < 0.01；*** P < 0.001（双尾检定）。

　　因此，当只考虑市场化和普遍信任的内在矛盾时，根据以上数据分析结果，如图6.8展现了市场化、特殊信任和普遍信任三者之间的关系。假定在 A、B、C 三个地区中，市场化程度上 A 高于 B，B 高于 C。在所有地区，特殊信任和普遍信任的都是一种负向关系。由于市场化越高，会提高两种信任的负向斜率。因此，若假定特殊信任为常量，三个地区的普遍信任 G_C、G_B、G_A 却会随着市场化程度的提高，而依次递减。

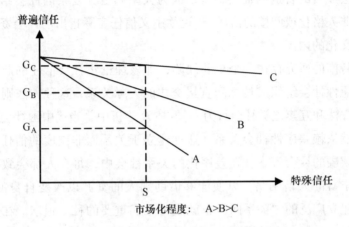

图6.8　市场化进程中两种信任的线性关系模型

第四节　本章小结与讨论

一　公众参与中的社会资本构建：基于制度还是基于关系？

所谓道德主义信任就是"信任我们不认识的人，信任与我们不同的人。我们相信他人与我们共有基础性的道德价值"。道德主义信任提供的是与他人共处和实现妥协的基本原理。[①] 因此道德主义信任是不涉及具体人或人群的信任。这种信任是一种信仰，即信仰他人与你共有基本的道德价值，因此，他人也应该得到你所希望从他人那里得到的待遇。[②] 而其

---

① ［美］埃里克·尤斯拉纳：《信任的道德基础》，张敦敏译，中国社会科学出版社2006年版，第18页。

② 同上书，第21页。

存在的基础则是一种世界观，那就是认为世界是仁慈的，人们是善良的，事物都是向好的方向发展，人们能够把握自己的命运。① 因此，处在现代化进程中的国家，需要从小范围、针对特殊对象的社会资本扩展为面对所有社会成员的普遍的社会资本，因为大型和更为复杂的社会结构，需要更多非人格化或间接的信任。② 道德主义信任实际指出了社会资本同时也具有文化的内涵。

普特南的研究存在一个重要缺陷，即该理论将社会信任的起源绝对化为志愿性社会组织成员之间直接交往的人际关系，这种方法则不能解释诸如守法和互惠之类社会行为。③ 在本章分析中，当代中国社会的信任构建仍然依赖差序性社会关系。这种建立于关系而非制度的信任，仍然是一种狭隘的社会资本。在差序化的关系社会中，每个人都会致力于建立资源丰富的人情网络，以便能够借助别人的资源以改变自身的境遇。因此，建立广泛的"关系网"也就成为人们重要的社会追求。在这种关系社会里，由于社会秩序不是通过契约而是通过关系来维持，那么关系在某种程度上就成为左右人们社会认同的重要因素。④

当缺乏必要的制度性保障时，公众参与则可能依靠关系主义模式来维持自身的行动力和实现组织内部整合。在此背景下，公众参与构建的社会资本实际是一种无法普遍化的社会资本。由于市场经济的规制普遍化要求和人们交往的利益化取向，随着市场经济的发展，这种基于关系主义的公众参与实际会越来越弱。因此，只有当公众参与建立在制度保障的基础上，组织参与者不再拘泥于血缘、地缘和其他关系主义路径而实现交往和信任时，这种公众参与才会如普特南描述的那般效果。

---

① ［美］埃里克·尤斯拉纳：《信任的道德基础》，张敦敏译，中国社会科学出版社 2006 年版，第 27 页。

② 马得勇：《社会资本：对若干理论争议的批判分析》，《政治学研究》2008 年第 5 期。

③ ［美］马克·E. 沃伦：《民主与信任》，吴辉译，华夏出版社 2004 年版，第 13 页。

④ 巩建华：《中国公共治理面临的传统文化阻滞分析》，《社会主义研究》2007 年第 6 期。

二　立足于陌生人信任的市场经济

对当代中国的市场经济来说，是否也存在着必需的道德基础呢？汪丁丁认为："任何经济机制的运行都需要适当的道德基础。制度经济学所谓的'非正式约束'很大程度上是指道德传统对经济行为的约束。"① 他进而对市场经济所需的道德基础进行了总结："市场经济是分工合作的秩序不断扩展的过程。这个秩序的道德基础是分工的人们对相互产权的尊重。尊重产权是一种社会共识，它要求人们之间建立基本的信任关系。越是缺乏信任，人们之间的分工就越不发达并且交易成本越高。当信任关系微弱到使交易成本（包括信息交流和互相监督的成本）高于分工与交往所能得到的好处时，合作秩序的扩展就停滞了。"② 汪丁丁还特别强调了作为市场经济基础的信任是大规模人群的信任，而不是"受到小集团利益的狭隘观念的束缚"的信任。这正是本书中所强调的普遍信任即对陌生人的信任。因此，中国社会要更好地发展市场经济，我们需要建立对陌生人的基本信任。这种信任不是建立在血缘、亲缘以及其他拓展关系的基础之上，而应该是建立在规则、共识和法制等现代要素之上的信任。基于后者的信任才是一种可以扩展的信任。

换言之，中国未来的市场经济发展可能存在两种道路。一种是依靠特殊主义的整合方式例如家族化、区域化、部门化，以此塑造市场社会的交易关系，从而推动经济发展。另一种则是依靠制度性力量，增强社会交易者的居间信任，扩大商品在全社会的流通，以此提高经济效益和实现社会发展。这两种方式或许都能够推进经济的快速发展。然而从市场经济的内在要求出发，笔者认为，第二种道路更应该是中国的发展方向。因为前者必然将部分的市场主体排除在外，这种发展模式在一定程度上也可能提升社会不公平感和社会排斥。这种社会状态与建立具有跨越性、开放性的社会资本目标更是背道而驰。

---

① 汪丁丁：《市场经济与道德基础》，上海人民出版社2007年版，第35页。

② 同上书，第46页。

第七章 跨越参与鸿沟：数字不平等下的在线公众参与

　　近年来，互联网的快速发展几乎重构了当代中国社会生活的方方面面，那么在此背景下，这种新技术带来的社会转型，网络时代的公众参与和社会资本构建又有怎样的变化，例如在线社会网络的构建是扩大了公众参与网络还是反之？一些研究认为在线形式的公众参与行动（例如在线社交网络讨论、网络投票、在线集体动员等）对于社会群体公共意识的产生、公共议题的传播、社会组织影响的扩大化等都起到了积极的作用。① 然而这种形式的沟通往往要求参与者必须具备某些技术和个人技能、资源等条件，因此在线参与的成员往往具有一些同质性社会网络特征，这也就是网络时代的"数字鸿沟"（Digital Divide）现象。② 虽然网络互动具有诸多好处，但是这些好处和互动话语的主导权仍然掌握在部分社会群体手里。

　　因此，本章将从数字不平等的视角出发，考察互联网使用差异与在线公众参与之间的内在联系，即试图分析不同社会经济地位人群各自的网络使用类型偏好，是否会带来其"参与鸿沟"的进一步强化。笔者利用 2011—2012 年对 10 个城市在职网民的调查数据，结合社会经济地位和使用心理以及行为变量进行分析，结果表明，虽然互联网参与鸿沟显著存在，但是以娱乐互动为中介的互联网使用能够促进低教育人群的公共

---

① P. Di Maggio, E. Hargittai, W. R Neuman and J. P. Robinson, "Social Implications of the Internet", *Annual Review of Sociology*, No. 27, 2001.

② Anderson, R. H, T. K. Bikson and S. A. Law, B. M. Mitchell. *Universal Access to E-mail-Feasability and Societal Implications*. Santa Monica, CA: Rand, 1995.

表达，而且独立于社会阶层影响的娱乐互动效能，也能够促进互联网使用者进一步去获取政治信息的行为。同时研究发现高社会阶层在网络公众参与中信息和互动的双重优势，可能潜在地给予了他们在公共议题上的引导性权力。

第一节 互联网时代的公众参与

互联网通常被认为对推动个体表达和促进公众活动起到了重要作用，[①] 尤其在中国，互联网对民主政治发展起到了"增强了公众对政治社会议题的批评、讨论和表达，扩展了社会组织的存在和发展形式以及形成了一种基于网络的新公众抗争形式"等作用。[②] 郑永年和吴国光利用2003年世界互联网项目数据进行比较发现，对"互联网帮助了解了政治"和"互联网可以促进讨论政府治理"两项问题持赞同态度的网民比例，中国为79.2%与60.8%，美国为42.5%与20%，日本为30.5%与24.2%，韩国为18.9%与25.7%。[③] 由此可以看出，中国公众多以较为乐观的态度看待互联网与公共治理之间的关系。

但另一方面，随着全球范围内越来越多的人成为互联网用户，在网络接入层面上，数字鸿沟也逐渐得到了缩小。然而研究社会不平等的学者对此却并不乐观，他们的分析焦点逐步由关注于接入沟转向了使用沟，

① H. Rheingold, "The Virtual Community", In D. Trend Eds. *Reading Digital Culture*. Madden, MA: Blackwell, 2001, pp. 272 - 280; P. DiMaggio, E. Hargittai, W. R Neuman, and J. P. Robinson, "Social Implications of the Internet", *Annual Review of Sociology*, No. 27, 2001.

② G. Yang, "The Internet and Civil Society in China: A preliminary assessment", *Journal of Contemporary China*, Vol. 12, No. 36, 2003.

③ Y. Zheng and G. Wu, Information Technology, Public Space, and Collective Action in China. *Comparative Political Studies*, Vol. 38, No. 5, 2005.

即第二道数字鸿沟和数字不平等研究。① 该研究视角认为，由于现实社会的群体差异，将导致只有部分使用者能够更多利用互联网诸如信息功能从而提高自身的社会机遇，而其他人群则多将互联网用于娱乐或匿名互动。因此，基于社会经济、认知和文化资源差异的互联网使用不平等将持续，而数字鸿沟也不会逐步缩小。

在这种数字不平等的背景下，对于互联网能否扩大社会参与和推动民主政治发展，研究者也产生了诸多质疑。针对接入鸿沟，哈佛大学政治学者诺里斯提醒我们要注意数字时代的民主鸿沟现象，即使用者和非使用者之间利用数字资源从事参与、动员和分享公共生活的差异。② 那么在新的数字鸿沟背景下，这种民主鸿沟是否会在使用者之间延续下去？而一些系统研究表明，纵然我们都接入了互联网，不同群体在利用互联网提高自己的政治话语和影响力方面仍存在着差距。③

因此，面对新的数字环境，当代中国的互联网发展对人们参与公共事务带来了何种影响？随着中国网民的快速增长，人们利用数字资源参与公共生活的能力是得到了增强还是反之？基于以上疑问，本章力图对数字不平等背景下互联网使用与在线公众参与之间的内在联系进行分析，希望通过实证研究从而更好地澄清当代中国互联网在扩大公众参与上的作用与不足。

---

① E. Hargittai, "Second-level Digital Divide: Differences in People's Online Skills", *First Monday*, Vol. 7, No. 2, 2002. Available at: http://firstmonday.org/ojs/index.php/fm/article/view/942/864. D. J. Gunkel, "Second Thoughts: towards a Critique of the Digital Divide", *New Media & Society*, Vol. 5, No. 4, 2003. E., Hargittai and A. Hinnant, "Digital inequality differences in young adults' use of the internet", *Communication Research*, Vol. 35, No. 5, 2008.

② P. Norris, *Digital Divide: Civic Engagement, Information Poverty, and the Internet Worldwide*, New York: Cambridge University Press, 2001.

③ K. Mossberger, C. J. Tolbert and R. S. McNeal, *Digital Citizenship: The Internet, Society, and Participation*. Cambridge, MA: MIT Press, 2008.

一 数字不平等下的公众参与

早期的数字鸿沟研究关注于数字技术使用者与非使用者之间的人口学差异，而第二道数字鸿沟的研究则强调随着互联网的普及，用户在互联网上的使用差异。① 沿着这一思路，迪马乔与哈吉泰尔在 2002 年向美国社会学年会提交的论文中提出了数字不平等现象，即越高社会经济地位的群体将更快地获得以互联网为中介的信息。他们利用 2000 年美国综合社会调查（General Social Survey, GSS）数据进行分析，发现教育、收入等社会经济地位因素积极地影响了使用者利用互联网从事信息搜索、教育培训以及健康信息获取等"资本提高型"（Capital-enhancing）活动。② 许多后续研究也验证了数字环境中新的阶层不平等。一些研究发现高学历者更多利用互联网收发邮件，搜索经济、教育、健康、政治等信息，而低学历者则多是用于娱乐或个人目的。③ 梅登的研究表明，高教育程度、高家庭收入的网民更多地会使用互联网获取新闻、工作信息、旅行安排和产品信息的功能，而低社会经济地位的成员则更多地使用音乐下载和即时聊天工具。④ 哈吉泰尔对美国青年群体的实证分析再次验证了拥有更高教育水平和更丰富资源（工作中使用电脑和互

---

① P. Attewell, "The first and Second digital Didives", *Sociology of Education*, No. 74, July 2001; E. Hargittai, "Second-level Digital Divide: Differences in People's Online Skills", *First Monday*, Vol. 7, No. 2, 2002. Available at: http://firstmonday.org/ojs/index.php/fm/article/view/942/864.

② P. Di Maggio and E. Hargittai, *The New Digital Inequality: Social Stratification among Internet Users*. Paper presented at the American Sociological Association Annual Meeting, Chicago, 2002.

③ P. N. Howard, L. Raine and S. Jones, "Days and Nights on the Internet: The Impact of a Diffusing Technology", *American Behavioral Scientist*, Vol. 45, No. 3, 2001; J. Robinson, P. DiMaggio, and E. Hargittai, "New Social Survey Perspectives on the Digital Divide", *IT & Society*, Vol. 1, No. 5, 2003.

④ M. Madden, *American's on Line Pursuit*. Washington, DC: Pew Internet and American Life Project, 2003.

联网的概率）的使用者会更多地从事网络"资本提高型"的活动。①
这种现象在多个国家得到了支持，例如瑞士、荷兰、英国、德国和
韩国。②

　　虽然数字不平等的研究力图描绘互联网类型使用的阶层化现象，然
而这些研究却很少去论证使用差异是否产生了真实的"资本"差异化，
即更多使用互联网信息功能是否真的带来了"资本"的提高？在这方
面，着力于研究互联网对民主政治以及社会资本影响的学者则提供了另
一些证据。诺里斯与琼斯将互联网用户划分为四种类型：研究型（使
用电子邮件和搜索目的）、消费型（在线购物、获得财务和旅行资源）、
表达型（在 BBS、新闻组和聊天室讨论观点或表达意见）、娱乐型（在
线游戏和娱乐）。他们发现只有研究型用户才会具有更多的政治知识。③
此后，肖恩等研究者系统地分析了不同的在线使用是否带来了社会资本
和公众参与上的差异，他们通过实证研究表明，出于信息目的的网络使
用者会有更高水平的社会资本和参与，而娱乐和匿名社会互动的互联网
使用并不会产生多少公民收益（Civic benefits），只带来了参与水平的下
降。他们认为原因在于，信息获取提高了使用者的政治知识，而私人化
社会娱乐的互联网使用，以及聊天室和其他在线环境中的匿名互动却无

---

①　E. Hargittai and A. Hinnant，"Digital inequalitydifferences in young adults' use of
the internet"，*Communication Research*，Vol. 35，No. 5，2008.

②　H. Bonfadelli，"The internet and knowledge gaps"，*European Journal of Communi-
cation*，Vol. 17，No. 1，2002；J. Peter，and P. M. Valkenburg，"Adolescents' internet
use：testing the "disappearing digital divide" versus the "emerging digital differentiation"
approach"，Poetics，Vol. 34，No. 4，2006；S. Livingstone and E. Helsper，"Gradations in
digital inclusion：children，young people and the digital divide"，New Media & Society，
Vol. 9，No. 4，2007；N. Zillien and E. Hargittai，"Digital distinction：status-specific types
of internet usage"，*Social Science Quarterly*，Vol. 90，No. 2，2009；Kim Sei-Hill，"Testing
the Knowledge Gap Hypothesis in South Korea：Traditional News Media，the Internet，and
Political Learning"，*International Journal of Public Opinion Research*，Vol. 20，No. 2，
2008.

③　P. Norris and P. Jones，"Virtual Democracy"，*Harvard International Journal of
Press/Politics*，Vol. 3，No. 1，1998.

法提供面对面互动所具有的公民利益，其只是塑造了一种"归属感的幻觉"。①

后来的一些研究也发现了同样的趋势：使用互联网获取信息尤其是政治信息者，显示了更高水平的政治效能、知识和参与。② "那些在一周多数时间使用互联网获得信息的人，会更倾向于报告参与了日常公共活动。"③ 而另一方面，年轻人尤其是低教育程度者，更倾向于以娱乐目的使用互联网，并且更少地参与线上公共活动，例如在网上论坛讨论政治议题。

因此，由数字不平等研究再到互联网使用差异与公众参与之间关系的研究，给予了我们这样的认识：纵然所有人都成为互联网用户，但是内在于社会位置的不平等仍将在这个虚拟社群中延续。因此互联网所推动的公众参与，同时还要面对数字不平等背景下的社会阶层代表性不足的问题。

二　争议：娱乐互动与公众参与

在互联网使用和公众参与关系的讨论中，争议从未结束。事实上，我们可以把这种争议总结为：基于娱乐和匿名互动的网络使用是否真的损害了公众参与？

---

① D. V. Shan, N. Kwak and R. L. Holbert, "Connecting" and "Disconnecting" with Civic Life: Patterns of Internet Use and the Production of Social Capital", *Political Communication*, Vol. 18, No. 2, 2001.

② T. J. Johnson and B. K. Kaye, " A Boost or Bust for Democracy? How the Web Influenced Political Attitudes and Behaviors in the 1996 and 2000 Presidential Elections", *The International Journal of Press/Politics*, Vol. 3, No. 3, 2003; K. Kensi and N. J. Stroud, "Connections between Internet Use and Political Efficacy, Knowledge, and Participation", *Journal of Broadcasting and Electronic Media*, Vol. 50, No. 2, 2006.

③ J. Pasek, K. Kensik, D. Romer and K. H. Jamieson, " America's Youth and Community Engagement: How use of Mass Media is related to Civic Activity and Political Awareness in 14 – to – 22 – Year-Olds", *Communication Research*, Vol. 33, No. 3, 2006.

首先，在经验层面也存在着相反的案例。在帕塞克等人的研究中，虽然通过互联网获取信息能够推动公众参与，但他们同时发现传统媒体（电视、报刊）的娱乐使用也提高了青少年的政治关注和参与。[①] 一项更有力的反面例子来自巴克和德威西的研究，他们发现互联网的非信息型使用（例如在线沟通和访问非新闻网站）同样对多样化形式的公众参与行为具有积极影响。[②] 此外，纵然是"饱受诟病"的互联网游戏，似乎也具有公民利益的效果。小林哲郎通过对日本网游社群的实证研究，发现这类社区的异质结构往往能够提高成员间的社会容忍度和社会资本。[③] 因此，网络游戏社区也可能成为促进公众参与的潜在资源。

其次，前述研究的理论假定也面临多种挑战。第一，依靠面对面互动才能产生公民利益？有研究表明，在线聊天室里的讨论比面对面互动更容易表达观点，从而对政治讨论和意见传递起到了积极影响。[④] 第二，是否只有使用互联网获取政治信息才能产生更多的政治知识？肖恩的后续研究发现，之所以媒体使用能够促进参与，公民间的信息传递固然重要，但是互联网中人际间的政治讨论也具有同样的效果。因此他认为信息和表达是互联网推动参与的两种基本机制。[⑤] 事实上，无关于政治的网

①　J. Pasek, K. Kensik, D. Romer and K. H. Jamieson, "America's Youth and Community Engagement: How use of Mass Media is related to Civic Activity and Political Awareness in 14 – to – 22 – Year-Olds", *Communication Research*, Vol. 33, No. 3, 2006.

②　T. P. Bakker and C. H. deVreese, "Good News for the Future? Young People, Internet Use, and Political Participation", *Communication Research*, Vol. 38, No. 4, 2011.

③　T. Kobayashi, "Bridging Social Capital in Online Communities: Heterogeneity and Social Tolerance of Online Game Players in Japan", *Human Communication Research*, Vol. 36, No. 4, 2010.

④　S. S. Ho and D. M. McLeod, "Social-psychological Influences on Opinion Expression in Face-to-Face and Computer-mediated", *Communication Research*, Vol. 35, No. 2, 2008.

⑤　D. V. Shan, J. Cho, JR. Eveland, P. William and N. Kwak, "Information and Expression in a Digital Age: Modeling Internet Effects on Civic Participation", *Communication Research*, Vol. 32, No. 5, 2005.

络沟通也具有积极的影响。池田健一和博斯分析了日本综合社会调查的多元讨论网模块后发现，无论政治是否为讨论的主题，更多的在线讨论都会增强人们的公众参与。他们进一步提出网络互动的副产品假说（By-product hypothesis）：虽然人们并无意去讨论政治主题，但是通过交谈、聊生活问题、政治人物的八卦等，都可能增加人们对政治的认知或对社会问题的思考，而这些都有可能促进公众参与。因此，重要的不是讨论政治话题与否，而是讨论的异质性会促进公众参与。①

最后，是否拥有了更多的政治知识，才能促进参与？前述许多研究往往将参与定位在传统公众参与上，然而随着新媒体力量的崛起，社会浮现出愈趋多元的参与形式，例如在年轻人中，虽然社交网络应用（Social networking site）并没有增加他们在传统参与形式上的政治知识，但却生成了许多新的在线参与形式。②

另外还有一些不同意见则出现在数字不平等研究所依赖的知识沟（Knowledge gap）假设本身。艾特玛与克莱恩曾提出，知识沟假设背后既反映了社会地位所内含的信息获取能力，同时也包含了信息本身对不同人群所具有的激励差异。因此，他认为应将动机与社会阶层作为不同的影响因素进行考虑。③ 除了通过社会结构视角研究媒介使用行为外，基于心理维度的媒介使用分析也有大量的研究成果，如使用与满足理论、技术接受模型、效能感理论等，这种取向实际反映了传播领域内"相信公众有反思和适应能力，传媒不是让受众俯首帖耳的神圣权威，而是面向公众的开放空间"的思潮。④ 周葆华、陆晔对中国公众的实证研究表明，

---

① K. Ikeda and J. Boase, "Multiple discussion networks and their consequence for political participation", *Communication Research*, Vol. 38, No. 5, 2011.

② J. C. Baumgartner and J. S. Morris, "MyFace Tube Politics: Social Networking Web Site and Political Engagement of Young Adults", *Social Science Computer Review*, Vol. 28, No. 1, 2009.

③ J. Ettema and F. Kline, "Deficits, differences, and ceilings", *Communication Research*, Vol. 4, No. 2, 1977.

④ ［法］埃里克·麦格雷：《传播理论史：一种社会学的视角》，刘芳译，中国传媒大学出版社 2009 年版，第 52 页。

公众的媒介评价和媒介参与功效积极地影响了其媒介参与意向。[①] 沈菲等研究者利用中国五个城市电话调查数据，表明互联网使用、使用效能都对网民的在线意见表达具有积极影响，其中互联网使用的影响以在线网络规模为中介变量，但是其与使用效能之间却没有相关性。[②] 因此，到底是使用动机还是社会阶层，抑或是使用动机与阶层相结合塑造了数字不平等现象，这仍然是个疑问。

三　目前国内的研究

综上所述，尽管数字不平等研究强调了互联网使用的差异化和信息获取的重要性，然而对这种差异是否导致了公众参与鸿沟却尚未达成共识。在目前国内的研究中，一些学者通过分析中国大学生互联网使用差异和家庭社会经济地位的关系，支持了数字不平等或第二道数字鸿沟的存在。[③] 而在网络公众参与上，却只有少量的实证研究，同时它们还有各自的分析局限。韦路最早通过美国皮尤项目数据，论证了利用互联网获取政治信息将造成用户在政治知识上存在鸿沟，然而他并没有进一步讨论更少的政治知识存量是否会导致公众参与的减少。[④] 魏娜、袁博将网络公共参与界定为"通过政府网站上的留言、参与政策论坛的讨论和参与网络调查"，并利用对北京、青岛两地的调查数据发现学历越高者会有更

---

① 周葆华、吕舒宁：《从媒介使用到媒介参与：中国公众媒介素养的基本现状》，《新闻大学》2008 年第 4 期。

② F. Shen, N. Wang, Z. Guo and L. Guo, "Online Network Size, Efficacy, and O-pinion Expression: Assessing the Impacts of Internet Use in China", *International Journal of Public Opinion Research*, Vol. 21, No. 4, 2009.

③ 江宇：《社会结构和网络技能获得——一项关于高中生互联网使用技能差异的实证研究》，《新闻与传播研究》2007 年第 2 期；冯强、李彦臻：《互联网接触与政治知识鸿沟——以大学生为例的实证研究》，《东南传播》2010 年第 8 期；曾凡斌：《第二道数字鸿沟的影响因素研究》，《江淮论坛》2011 年第 1 期。

④ 韦路、张明新：《第三道数字鸿沟：互联网上的知识沟》，《新闻与传播研究》2006 年第 4 期。

多的公共参与行为，但局限于政府网络平台的参与分析未必能够充分包含在线政治参与行为。[①] 邹静等以广东八所高校为例，分析了大学生的网络政治参与行为，但并没有将家庭经济地位状况纳入研究框架。[②] 李亚妤关于沿海城市网民在线参与行为的研究全面地分析了互联网使用与在线政治参与的关系，其研究结果表明，政治信息接触、在线社群规模和心理上的网络社区归属感、人际讨论的开放模式都会促进网民的政治意见表达，但包含在回归方程中的学历变量并不显著。[③] 值得商榷的是，因为社会经济地位变量实际上是经由网络的使用差异从而导致了公众参与的差异，若不考虑这一中介过程，变量间的真实关系很可能被掩盖。

　　网络参政在当前中国已然成为人们政治生活中极为重要的一部分，本书认为以差异性互联网使用最终是否会形成不平等的"资本"作为分析对象，是评估当代中国网络参政的广泛性和代表性的重要环节。因此，虽然在中国越来越多群体开始通过互联网来表达公众意图和利益诉求，人们对网络参与也抱有极大的期待，然而通过互联网实现的公众表达是否扩大了公众参与？或者说互联网作为一种科技力量，是否"加深了根植于原社会结构与制度的趋势"[④]，从而形成了一种新的参与鸿沟？基于以上疑问，本章将通过对中国互联网使用和民主实践的实证分析，对以往理论假设与争议做进一步讨论。在研究中，主要包含两个具体的分析问题：

　　研究问题一：当代中国互联网使用是否存在数字不平等现象？其有何表现形式？

　　研究问题二：在阶层化的互联网使用背景下，基于互联网实现的公众参与行为是否使这种不平等得以延续？

---

　　① 魏娜、袁博：《城市公共政策制定中的公民网络参与》，《中国行政管理》2009 年第 8 期。

　　② 邹静、王静、苏粤：《大学生网络政治参与现状调查与规范机制构建——以广东省八所高校为例的实证研究》，《政治学研究》2010 年第 4 期。

　　③ 李亚妤：《互联网使用、网络社会交往与网络政治参与——以沿海发达城市网民为例》，《新闻大学》2011 年第 1 期。

　　④ ［美］曼纽尔·卡斯特：《认同的力量》，曹荣湘译，社会科学文献出版社2003 年版，第 246 页。

第二节　实证与研究发现

一　数据使用与变量情况

（一）数据使用

本章使用的数据来源于笔者在 2011 年、2012 年 7—9 月对十个城市在职网民的抽样调查，[①] 其中抽选了东部城市四个、中西部城市各三个，抽选时考虑了同时涵盖省会以及二、三线城市。根据泰奥对不同职业人群（学生、IT 人士、非 IT 人士）的互联网使用研究，在职人士比学生更加关注技术、制度和经济方面的网络信息，而学生更关注休闲信息。[②] 而在以往对中国互联网使用的研究中，多使用学生样本，缺少对已进入劳动力市场成员的分析。针对本书意图讨论的问题，笔者认为使用在职群体的样本具有更好的政治参与意义。另外，由于缺乏调查抽样框，为了尽量达到调查人群的多样化和代表性，此次调查使用了分层配额抽样的方式。[③] 具体操作方法是先按各类控制特性进行样本分配的基础上，再采

---

①　2011 年调查了福建龙岩、山东临沂、湖北宜昌、河南郑州、广西南宁，2012 年调查了天津河西区、浙江温州、安徽宁国、陕西安康和云南丽江。2011 年每个城市发放问卷 250 份，回收 1158 份，应答率为 92.7%；2012 年除天津河西区发放 250 份外，每个城市发放 210 份，回收 1034 份，应答率为 94.9%。

②　S. Teo and H. Thompson, "Differential Effects of Occupation on Internet Usage", *Internet Research*, Vol. 8, No. 2, 1998.

③　以往的大多数研究多使用互联网招募调查，而非概率抽样。而且样本本身就具有更强的"参与性"，这对分析可能造成极大的内生性困扰。为了改善样本的代表性，笔者参照了在相关研究中使用的美国恒美广告公司尼达姆生活方式调查（Doyle Dane Bernbach Needham Lifestyle Survey）中分层配额抽样方式进行了样本招募和调查。普特南的《独自打保龄：美国下降的社会资本》一书的附录中对该调查情况做了详细的介绍。

用交叉控制安排样本的具体数额。根据 2011 年 7 月中国互联网信息中心发布的《中国互联网络发展状况调查统计报告》中网民的基本特征，笔者从性别、年龄和职业类型三个用户特质进行了分层，[①] 表 7.1 显示了各层的配额比例。

表 7.1　　　　　　分层配额抽样表（各层占总样本比例）

配额变量	29 岁以下 (24.8%)		30—39 岁 (37.7%)		40 岁以上 (37.5%)		合计
	男	女	男	女	男	女	
党政机关、企事业单位一般职员、个体户/自由职业者	7.9%	6.4%	5.9%	5.0%	7.9%	6.4%	39.5%
专业技术人员	2.0%	1.5%	5.9%	5.0%	5.0%	4.0%	23.4%
党政机关、企事业单位领导干部与管理者	0.0%	0.0%	7.9%	6.0%	7.8%	6.4%	28.1%
制造生产型企业工人、商业服务业职工	4.0%	3.0%	1.0%	1.0%	0.0%	0.0%	9.0%
合计	13.9%	10.9%	20.7%	17.0%	20.7%	16.8%	100%

注：男性总计样本数为 55.5%，女性总计样本数为 45.5%。

由于部分人群样本无法全额招募以及问卷存在漏答、中止访问等情况，最后完成的样本无法完全满足配额数。标准的配额规则以总体特征为基础，部分样本的缺失会使得调查样本的人群特征与总体有部分偏差。因此有学者建议，为了更好地改善配额抽样调查的代表性，可以考虑使用配额变量外的其他具有理论意义变量对样本进行调整。[②] 根据上述情

① 由于互联网信息中心发布的年度报告中，并没有网民特征的多变量交互分析，因此我使用了性别×年龄×职业类别的交互比例。因为排除了学生网民，在年龄配额上，我主要参照了报告中 20 岁以上网民分布。另外考虑到年龄与是否为管理者具有相关性，因此将 29 岁以下干部、管理者和 40 岁以上工人、职工样本比例设置为 0，而将这两类配额补充到了 29 岁以下工人、职工和 40 岁以上干部、管理者。这一设置并未改变各单一特征变量与总体的一致性。

② A. J. Berinsky, "American Public Opinion in the 1930 and 1940s: The Analysis of Quota-controlled Sample Survey Data", *Public Opinion Quarterly*, Vol. 70, No. 4, 2006.

况，笔者依照配额变量、收入水平对样本利用反复加权比例估计（Raking ration estimation）方法计算了权数，[1] 即配额变量、收入同时作为加权依据，逐项并反复对初始样本结构进行迭代式连续修正，直至收敛至初始样本结构与对应总体间的差异未达到显著性水平为止。[2] 此时得到的加权变量即为最后的概率权数。[3]

（二）变量情况

1. 因变量

（1）互联网使用类型

根据以往研究，互联网使用主要包括了两种基本类型：信息获取和娱乐互动。对此，笔者利用李克特量表测量了 11 种互联网使用项目的情况。在量表中，测量的尺度分为"每天几次""每周几次""每月几次""每年几次"到"从不"，笔者将其赋值为 5—1 分，并进行了主成分因子分析。如表 7.2 所示，测量显示了较好的经验效度，互联网的信息获取型行为主要包括信息搜索、了解新闻、看帖以及使用电邮，而娱乐互动型使用则包括了网络游戏、使用社交网络等互联网模块。[4]

---

① 使用收入变量的优势在于互联网信息中心发布的网民报告中，并未将学生和在职群体区分开来。能够真正区分两者的人口学特征则是收入和职业类别。同时收入变量也与本书的理论问题直接关联。

② G. Kalton, *Compensating for Missing Survey Data*. Ann Arbor, MI: Survey Research Center, University of Michigan, 1983; M. P. Battaglia, D. Izrael, D. C. Hoaglin, and M. R. Frankel, *Practical Considerations in Raking Survey Data*. Paper presented at the American Association for Public Opinion Research. Phoenix, Arizona, 2004. Available at: http: //www. abtassoc. us/presentations/raking_ survey_ data_ 2_ JOS. pdf.

③ 目前 STATA、SAS 和 R 等多个软件都有进行反复加权比例估计的宏程序或程序包。本章使用了 STATA12. 0 的 Raking 程序包进行了估计。

④ 其中各类在线资源下载和收发电子邮件项上，在互联网的"信息获取型使用"和"娱乐互动型使用"两个因子上的负荷值相差不大，这也较符合理论预期：在线资源下载可能既包含了信息获取目的，也具娱乐互动特点。而收发电子邮件既可能有工作原因，也可能是跟朋友娱乐互动。这潜在反映了量表的理论效度。

表7.2　　　　　互联网使用行为的主成分因子分析（旋转后）

网络使用项目	信息获取型	娱乐互动型	共同度
信息搜索	0.6827	0.2541	0.5307
影视、视频、音乐、软件等下载	0.4781	0.4539	0.4346
看体育、娱乐新闻	0.7743	0.1481	0.6215
看时事新闻	0.8175	−0.0073	0.6683
在网上论坛看帖	0.5634	0.4711	0.5394
在网上论坛回帖	0.3358	0.6215	0.4991
收发电子邮件	0.4641	0.4191	0.3911
在线网络游戏	0.0443	0.6723	0.4539
使用社交网站（人人、开心网等）	0.0781	0.7846	0.6216
使用博客、微博客等功能	0.1582	0.7583	0.6000
使用即时聊天工具（QQ、MSN等）	0.3127	0.5575	0.4085
累计解释方差比例	24.90%	27.54%	总计：52.44%

注：Cronbach's $\alpha = 0.850$；KMO $= 0.858$。

（2）在线公众参与

在线公众参与是本书最重要的被解释变量。线下参与一直是以往研究的重点，然而用户在互联网平台上实现公共表达和利益诉求的参与，事实上更为丰富和多样化，同时研究在线公众参与也更为符合利用互联网提高个体"资本"的内涵，因此本书主要考察了在线公众参与。在巴克和德威西的研究中，在线参与包含了消极参与和积极参与。[①] 消极参与包括访问当地政府网站、访问政府与行政机构网站、访问包含政治内容的网站，积极参与则包括对网络上的消息和文章进行回复、在线请愿和签名、参与在线投票。参照这一思路以及结合国内情况，笔者从七个方面测量了在线政治参与的方式，划分出"经常""偶尔"到"从不"三个参与强度，并进行了主成分因子分析，分析结果与他们的研究结论基

---

① T. P. Bakker and C. H. deVreese, "Good News for the Future? Young People, Internet Use, and Political Participation", *Communication Research*, Vol. 38, No. 4, 2011.

本一致（见表7.3）。因此，本书将在线公众参与分为以了解政治及政策为主的公共信息获取和反馈、参与日常各类机构治理为主的公共意见表达两类，且后者比前者更能反映出参与者的积极性。

表7.3　　　　在线公众参与行为的主成分因子分析（旋转后）

在线参与项目	公共信息获取	公共意见表达	共同度
浏览政府官方网站	0.8803	0.0942	0.7838
关注新政策出台的新闻	0.8859	0.0962	0.7941
在网站上对一些新闻发表评论	0.3338	0.6155	0.4902
给单位领导发邮件或网络留言提意见	0.2063	0.7363	0.6746
给政府官员或部门发邮件或网络留言提意见	0.1503	0.7339	0.6691
博客、日志、微博等发表关于单位或政府管理的评论	0.0438	0.7397	0.6490
网络信访、网络举报	−0.0721	0.6174	0.4863
累计解释方差比例	34.37%	24.91%	总计：59.28%

注：Cronbach's α = 0.790；KMO = 0.793。

2. 自变量

（1）社会经济地位

本书主要通过教育程度和收入水平衡量受访者的社会经济地位。其中教育为连续变量，受教育年限最小值为6、最大值为19；收入水平划分为高、中、低三级，其中低为2000元以下、中为2001—4000元、高为4001元以上。

（2）使用效能

基于理论分析，本章将效能感作为独立的动机变量纳入研究模型之中，并考虑了其可能存在的中介效应。效能感被视为人们对某种行为或社会事务所具效用的认知，[①] 对应于使用类型，本章考查了两种使用效

---

① A. Baudura, *Social Foundation of Thought and Action：Social Cognitive Theory.* Englewood Cliffs, NJ：Prentice-Hall, 1986.

能感：信息舆论和娱乐互动。信息舆论效能包括5个测量项目以及"非常赞同""比较赞同""比较不赞同""非常不赞同"四个测度（1—4）。因子分析结果显示 Cronbach's α 系数为 0.756，KMO 值为 0.738。娱乐互动效能同样包括 5 个测量项目和 4 个测度，因子分析中 Cronbach's α 系数为 0.847，KMO 值为 0.823。表 7.4 报告了两类效能的测量和因子分析结果。

表7.4 **两类效能的主成分因子分析（旋转后）**

信息舆论效能	负荷值	共同度
互联网上的信息或舆论有助于了解事实真相	0.5571	0.4104
互联网上的信息或舆论有助于问题得到解决	0.6887	0.5743
互联网上的信息或舆论有助于弱者获得帮助	0.5538	0.4067
互联网上的信息或舆论有助于促进行政监督	0.7319	0.6356
互联网上的信息或舆论有助于发挥公民权利	0.6714	0.5508
累计解释方差比例	51.56%	
娱乐互动效能	负荷值	共同度
互联网上的娱乐或互动让我们不容易感到孤单	0.8071	0.6515
互联网上的娱乐或互动让我们感到更加自由	0.8446	0.7134
互联网上的娱乐或互动让我们拥有了更多表达自己的机会	0.8268	0.6837
互联网上的娱乐或互动让我们认识了更多志同道合的朋友	0.7884	0.6215
互联网上的娱乐或互动让我们加深了与现实朋友的联系	0.6674	0.4454
累计解释方差比例	62.31%	

（3）其他控制变量

笔者对一些人口学特征和网络使用特征变量进行了控制，而这些变量在许多研究中都被证实对媒介使用具有一定影响。这些变量在研究模型中的具体操作方式包括：

人口学特征：性别，类别变量，其中男性=1，女性=0；年龄，连续变量，最大值为61，最小值为20；婚姻，类别变量，其中已婚=1，未婚=0；地区，虚拟变量，其中东部城市=1，中西部城市=0。互联网使用特征：网龄（使用互联网的年限），连续变量，最大值为23，最小值为

1；周上网时长，连续变量，其中将调查选项中"小于 1 小时""1—2 小时""3—5 小时""6—10 小时"以及"10 小时以上"，分别赋值为 1—5 分。

表 7.5 显示了除因子变量外，研究所用变量的描述性统计情况。

表 7.5　　　　　　　　　　变量情况的描述性统计

类别变量		加权前（N = 2192）		加权后（N = 2192）	
		样本数	百分比（%）	样本数	百分比（%）
性别	男性	1204	54.9	1223	55.8
	女性	988	45.1	969	44.2
收入水平	低	634	28.9	553	25.2
	中	1108	50.6	1137	51.9
	高	450	20.5	502	22.9
婚姻类型	未婚	774	35.3	618	28.2
	已婚	1418	64.7	1574	71.8
地区	东部	884	40.3	873	39.8
	中西部	1308	59.7	1319	60.2
连续变量		均值	标准差	均值	标准差
年龄		33.90	9.23	35.70	9.24
受教育年限		14.53	2.35	14.50	2.37
网龄		8.47	3.74	8.44	3.77
周上网时长		3.65	1.18	3.63	1.19

注：研究中使用了不改变样本数的概率加权。加权变量为性别、年龄、职业类别和收入水平，加权后样本以上变量的分布和网民总体一致。

（三）统计模型与思路

根据以往研究，互联网的发展受到地区发展水平的影响，[①]另外不同地区的收入和人力资本发展也不尽相同，因此在分析中笔者使用了以城市为标准的稳健聚类回归（Robust cluster regression）对模型进行了

---

① 汪明峰：《互联网使用与中国城市化》，《社会学研究》2005 年第 6 期。

控制。

同时，从社会经济地位、互联网使用差异再到在线公众参与方式，分析路径明显存在中介过程。因此，笔者将通过依次检验回归系数的方式判断是否存在中介效应，思路如以下三个方程：（1）$Y = a_1X + e_1$；（2）$Y = a_2X + b_2M + e_2$；（3）$M = a_3X + e_3$，其中 X、Y 分别为自变量和因变量，M 为中介变量。判断方式为：若三个方程中，a_1、a_3、b_2 都显著且 a_2 小于 a_1，则可判断存在部分中介效应；如果 a_2 不显著，则可判断 X 对 Y 的影响存在完全中介效应；若在（1）中 a_1 显著，（3）中 a_3 或（2）b_2 中有一个不显著，则需要通过 Sobel 中介检验进行效应判别。[①]

二　数据分析与研究发现

根据历年《中国互联网络发展状况调查统计报告》，从 2008 年开始，中国网民数量已居于世界第一，同时截至 2011 年 12 月底，中国网民数为 5.13 亿，普及率则达到了 38.3%。随着网民群体的日益扩大，以接入为核心的第一道数字鸿沟是否表现为逐渐缩小呢？这可以通过对网民结构的宏观分析进行验证，因而笔者利用中国互联网信息中心历年发布的报告，分析了近十年来网民结构的变化趋势。出于比较的方便，结合过往数字鸿沟研究，笔者将网民群体根据性别、年龄、教育、收入及地区划分为相对的"优势"和"弱势"的两方，图 7.1 显示了互联网接入上的"数字弱者"在近十年里的结构变动情况。

可以看到，自 2002 年以来，传统数字接入的弱势人群都有不同程度的增长，尤其是高中及以下学历者的增长速度最快，由 40% 翻番达到 80%，超过了互联网普及率的增长速度。当然这也有可能是因为国家在各级学历教育中推动信息技术的普及。学生网民的比例一直维持在 30% 左右，因此基于教育的接入沟缩小得最为迅速。另外，3000 元以下收入网民的比例则呈现近 15% 下降的趋势，然而过去十年间人均收入水平的

---

① 温忠麟、刘红云、侯杰泰：《调节效应和中介效应分析》，教育科学出版社 2012 年版，第 71—81 页。

增长明显高于这一比例，可以推断出低收入群体的接入也呈增长态势。由此可见，由社会经济地位带来的互联网接入鸿沟确实呈现逐渐缩小趋势。

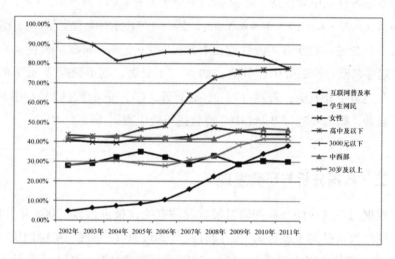

图 7.1　网民结构的变化趋势（2002—2011 年）

注：根据《中国互联网络发展状况调查统计报告》整理（2003.01—2012.01）。

那么在数字不平等即使用鸿沟上，中国网民是否有相同的表现？对此，笔者对两类互联网使用行为进行了分析，表 7.6 报告了分析的稳健聚类回归结果。首先在模型 1 和模型 2 中呈现了信息获取型使用的影响因素。在人口学及网民特征上，男性、年龄越小、网龄及网络使用频率越高者都会有更多的网络信息获取行为。模型 1 表明，教育、收入对信息获取型使用都具有积极影响，而在模型 2 中加入效能变量后，教育变量的影响仍显著而收入的影响消失了。通过艾特玛和克莱恩的动机假设，这种现象可能是不同收入水平群体通过互联网使用得到的激励具有差异，从而存在效能的中介效应。对此，我通过对两类使用效能的多元回归分析进行了验证。如模型 5 和模型 6 所示，高收入者具有更高的信息舆论效能但却并不具有更高的娱乐互动效能。可以判断，这一效能对收入具有完全中介效应，即高收入者具有更高的信息舆论效能从而更倾向于使用互联网信息功能。综合收入、教育的影响表明，高社会经济地位网民的确会有更强的信息获取倾向。

表 7.6　互联网使用的稳健聚类回归分析结果（N=2192，加权后）

自变量	信息获取		娱乐互动		信息舆论效能	娱乐互动效能
	模型1	模型2	模型3	模型4	模型5	模型6
性别[a]	0.201*** (0.054)	0.209*** (0.057)	0.012 (0.058)	0.023 (0.062)	-0.033 (0.064)	-0.034 (0.050)
年龄	-0.006* (0.003)	-0.004 (0.003)	-0.046*** (0.003)	-0.043*** (0.004)	0.003 (0.005)	-0.015** (0.006)
已婚[b]	0.038 (0.063)	0.045 (0.061)	-0.216** (0.069)	-0.214** (0.069)	-0.024 (0.057)	-0.011 (0.087)
东部地区[c]	-0.002 (0.098)	0.007 (0.096)	0.129 (0.080)	0.162* (0.073)	0.120 (0.149)	-0.156 (0.139)
网龄	0.029** (0.009)	0.028** (0.009)	0.011 (0.011)	0.010 (0.010)	0.003 (0.006)	0.004 (0.006)
周上网时长	0.241*** (0.030)	0.236*** (0.032)	0.103*** (0.025)	0.099*** (0.020)	0.021 (0.042)	0.027 (0.049)
社会经济地位						
受教育年限	0.063*** (0.015)	0.061*** (0.015)	-0.019** (0.008)	-0.011** (0.006)	0.028** (0.012)	-0.005 (0.022)
收入水平（中）[d]	0.081** (0.028)	0.051* (0.026)	0.027 (0.067)	0.008 (0.071)	0.125* (0.055)	0.117 (0.091)
收入水平（高）	0.094** (0.025)	0.074 (0.074)	0.003 (0.083)	-0.003 (0.080)	0.164** (0.060)	0.050 (0.153)
网络效能感						
信息舆论效能		0.092*** (0.024)		-0.019 (0.021)		
娱乐互动效能		0.119** (0.038)		0.194*** (0.038)		
常数项	-2.028*** (0.255)	-2.028*** (0.241)	1.013*** (0.290)	0.912** (0.299)	-0.685*** (0.095)	0.470 (0.334)

自变量	信息获取		娱乐互动		信息舆论效能	娱乐互动效能
	模型 1	模型 2	模型 3	模型 4	模型 5	模型 6
F 值	2135	2123	2135	2123	2180	2181
调整的 R^2	0.178	0.207	0.281	0.314	0.009	0.024

注：非标准化回归系数，括号内为稳健标准误；参照组：[a]女性，[b]未婚，[c]中西部，[d]低；***p<0.01，**p<0.05，*p<0.1。

表 7.6 中模型 3 和模型 4 报告了娱乐互动型使用的影响因素。控制变量中，年龄越小、上网时长越长者会有更多的网络娱乐互动行为。在社会经济地位变量的影响上，其中教育程度越低者，更倾向将互联网用于娱乐和社会互动，而收入水平的影响并不显著。综合以上四个模型分析，上述结果具有两个理论内涵：第一，高收入阶层更懂得信息对其生活的"资本价值"，因此获取信息的同时又会得到更高的心理效用，而娱乐互动在心理层面与教育、收入没有关系；第二，控制了心理维度变量，教育所代表的知识获取能力显著地塑造了数字不平等现象，支持了过往研究的假设。因此，虽然接入鸿沟缩小了，而本书的实证分析则回答了本章的研究问题一，即当代中国互联网的数字使用鸿沟正在逐渐扩大。另外值得注意的是，娱乐互动效能虽不受到阶层的影响，但对两类互联网行为都产生了积极作用。

最后，本章进一步评估了社会经济地位、效能感以及使用类型对两类在线公众参与的影响。多阶段回归结果如表 7.7 所示。综合模型 1—3 对网民的公共信息获取行为的影响因素进行了分析，其中有以下发现：1. 互联网信息获取型使用及信息舆论效能，都显著地促进了使用者进一步利用互联网去了解政治或政策信息的行为；2. 教育变量在三个模型中都呈现显著的积极影响，但系数逐渐减小，同时结合表 7.6 中模型 2，教育既通过直接影响又通过信息舆论效能的中介效应对信息获取型在线公众参与产生了积极作用；3. 收入变量只在最高收入组上边际显著，但加入信息舆论变量后，这种影响消失了。根据前文对信息舆论效能的回归分析，可以判断信息舆论效能对收入起到了完全中介作用。模型4—模型6显示了意见表达型在线公众参与的影响因素。首先可以看到，娱乐互动型使用及其效能也对意见表达型参与具有积极的作用。这表明了在中国互联网使用环境中，非信息型使用同样能够促进数字时代公众参与的发展。其次，教育变量在模型4和模型5中显著，但在加入信息获取和娱乐互动两个使用变量后则变得不显著。

表7.7　　　在线公众参与行为的稳健聚类回归分析结果
（N＝2192，加权后）

自变量	公共信息获取			公共意见表达		
	模型1	模型2	模型3	模型4	模型5	模型6
性别[a]	0.172**	0.180**	0.122	0.190**	0.201**	0.185**
	(0.070)	(0.071)	(0.069)	(0.064)	(0.068)	(0.063)
年龄	0.014***	0.015***	0.018***	-0.020**	-0.017**	-0.005
	(0.003)	(0.003)	(0.004)	(0.007)	(0.007)	(0.007)
已婚[b]	0.156*	0.159**	0.152**	0.006	0.006	0.055
	(0.072)	(0.066)	(0.063)	(0.036)	(0.036)	(0.042)
东部地区[c]	-0.147	-0.158	-0.164	0.055	0.079	0.042
	(0.206)	(0.188)	(0.174)	(0.133)	(0.132)	(0.120)
网龄	0.022*	0.022*	0.013	0.009	0.009	0.007
	(0.011)	(0.010)	(0.010)	(0.006)	(0.006)	(0.006)
周上网时长	0.019	0.014	-0.057	0.054	0.050	0.019
	(0.070)	(0.066)	(0.064)	(0.042)	(0.040)	(0.032)
社会经济地位						
受教育年限	0.072***	0.067***	0.051***	-0.030**	-0.019**	-0.015
	(0.017)	(0.016)	(0.015)	(0.015)	(0.009)	(0.014)
收入水平（中）[d]	0.012	-0.019	-0.034	-0.078	-0.100	-0.105
	(0.082)	(0.082)	(0.089)	(0.054)	(0.061)	(0.064)
收入水平（高）	0.197*	0.118	0.116	-0.074	-0.086	-0.085
	(0.094)	(0.093)	(0.101)	(0.130)	(0.126)	(0.128)
网络效能感						

自变量	公共信息获取			公共意见表达		
	模型 1	模型 2	模型 3	模型 4	模型 5	模型 6
信息舆论效能		0.145**	0.120*		0.015	0.018
		(0.058)	(0.059)		(0.031)	(0.030)
娱乐互动效能		0.072	0.040		0.155***	0.095***
		(0.040)	(0.039)		(0.027)	(0.026)
使用类型						
信息获取			0.290***			0.063**
			(0.029)			(0.029)
娱乐互动			0.040			0.263***
			(0.044)			(0.024)
常数项	−1.881***	−1.805***	−1.291***	0.453	0.375	0.175
	(0.219)	(0.223)	(0.238)	(0.431)	(0.434)	(0.389)
F 值	2174	2160	2111	2174	2160	2111
调整的 R^2	0.090	0.122	0.189	0.049	0.073	0.119

注：非标准化回归系数，括号内为稳健标准误；参照组：[a]女性，[b]未婚，[c]中西部，[d]低；*** $p < 0.01$，** $p < 0.05$，* $p < 0.1$。

　　结合前文中介效应的判别法则，两类网络使用变量对教育的影响起到了完全中介作用。但由于它们的影响方向完全相反，为了更好地展现变量间的关系，笔者对此进行了 Sobel 中介检验，表 7.8 所示结果也支持了预期。

表 7.8　　　　　　　　教育与在线公共意见表达的中介效应检验

中介效应	Z 值	单尾检定 P 值	双尾检定 P 值
教育→信息获取→在线公共表达	1.929*	0.027	0.053
教育→娱乐互动→在线公共表达	−2.056**	0.019	0.039

注：*** $p < 0.01$，** $p < 0.05$，* $p < 0.1$。

　　因此，虽然互联网的信息型使用的确促进了高社会阶层参与到两种类型的在线公众参与行为之中，但是研究同时表明了低社会阶层使用者通过在线娱乐互动也能够参与到积极的公共意见表达中。这一证据不支持数字不平等研究中的娱乐互动行为不利于政治参与的假定。针对本章的研究问题二，本书不完全支持"数字不平等的存在会导致在线公众行动产生参与鸿沟"这种观点，因为低学历人群也同样善于利用互联网参与日常的政治反馈和行动。但同时我们也应该注意到，政治信息和知识的获取上的参与鸿沟也确实仍然存在。

第三节　本章小结与讨论

综合以上分析，本章利用一项基于城市在职网民的专项调查数据，采用多组稳健聚类回归分析模型和中介分析方法，对数字不平等背景下在线公众参与问题进行了研究，勾画了一个如图7.2所示的从网络使用到在线政治参与的路径。研究主要结论包括：1. 社会阶层显著地影响了互联网使用差异，高社会经济地位网民更倾向于利用互联网去获取信息，而另一部分网民尤其是低教育阶层者更多地使用互联网的娱乐互动功能。

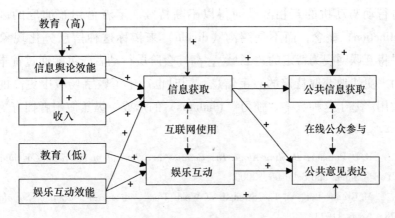

图7.2　从网络使用到在线公众参与的路径

2. 基于中国网民的互联网使用分析，本书不支持数字不平等会导致互联网上公共意见表达的阶层化的假定。低教育阶层者虽然不善于利用互联网从事信息获取活动，然而他们通过在线的娱乐互动也能够参与在线公共意见表达行动。高社会阶层则不但会更积极地获取在线公共信息，同时也通过信息获取从而参与公共意见的表达。3. 阶层化使用差异不仅表现在行为上，同时也呈现出心理强化的特征，但是只有高社会地位的群体会受到互联网信息功能的心理激励。

在网络公众参与上，我们注意到，互联网促进了低教育阶层的公共表达，无论是在线娱乐互动的行为还是动机，都推动了这种公共话语上的网络赋权。在理论上，以往的数字不平等研究却忽视了互联网所具有的"社会资本提高型"特点，在线娱乐互动创造了更多线下所不具有的群体连接纽带。普特南认为玩保龄球这种体育娱乐活动之所以能够提供公民收益，是因为其通常以群体活动为主。① 与此同时，这种纽带所蕴含的弱关系特征提供了更为广泛的多元化信息传递功能。② 尤其是当基于社交网络（SNS）和个人门户的自媒体兴起时，我们实际已经很难把信息仅仅局限于特定的互联网使用类型，因为人们的许多信息也可以通过在线娱乐和互动来获取。因此，不同于数字鸿沟研究者的担忧，本章的实证分析表明一旦接入互联网，网络能够起到相对的跨越参与鸿沟的作用。然而，在信息层面上，使用者的社会地位继续塑造了新的数字鸿沟，并通过行动与动机的互相激励而得以不断持续。笔者借用布迪厄的区隔（distinction）概念，而不是鸿沟（divide）来指称这种信息分化现象。③如果将互联网视为特定的"场域"，高社会阶层行动者既可能通过资本或能力来更快地获取特定的数字信息，同时也产生了数字场域中更高的信息效用。基于这种数字"惯习"（habitus）的形成，纵然使用者拥有更为

① R. D. Putnam, *Bowling Alone. The Collapse and Revival of American Community*, New York: Simon and Schuster, 2000.

② M. Granovetter, "The Strength of Weak Ties", *American Journal of Sociology*, Vol. 78, No. 6, 1973.

③ P. Bourdieu, *Distinction: A Social Critique of the Judgment of Taste*, Cambridge: Harvard University, 1984.

便利的互联网平台，信息使用者中的马太效应却仍将持续。因此，在线公众参与的信息区隔，并非仅仅是因为能力或资源的差异，同时还展现了一种认知与文化意义上的阶层分化。

值得思考的是，这种不同社会地位人群在运用互联网获取信息和参与意见表达所存在的分化现象可能造成的社会影响。这种网络参与生态潜在地给予了高地位群体更多的信息优势，我们也就不难理解为什么知识精英往往是网络空间中的公共议题引导者。正如拉扎斯菲尔德对两级传播流中意见领袖的描绘："他们要比其他选民更多地参与政治讨论，但他们却认为正式媒介是比人际关系更有效的影响来源，这就意味着信息是从广播和印刷媒介流向意见领袖，再从意见领袖传递给那些不太活跃的人群的。"① 对于更多依靠在线互动获取信息的低社会地位使用者而言，他们极可能扮演了信息传递者的角色，而本书从受众构成角度表现了这种互联网信息再生产过程的"金字塔"结构。

因此，政府在互联网空间中的角色并不应该只是发布者、管理者，同时也是一种参与者。在本章的分析中，对于多数的网络受众来说，政治信息的获取来自网络娱乐互动。从地方政府网站的表现上看，且不说信息公开、发布和内容建设都显迟滞，互动性更是不强。② 以作为社交媒介的政务微博为例，张志安、贾佳分析了政务微博的互动情况，结果表明微博参与数量虽然多，但活跃度不高，而能以积极网民身份参与互动的政务微博，往往取得较好的效果。③ 因此，作为公共信息的发布主体，公共管理者需要在网络化社会中真正转变工作作风，而这一切的理由则是公共管理者也是跨越公众参与信息鸿沟、弥合政治信息不对称的重要主体。一个好的网络治理结构，只有在政府、社会精英和大众网民三者之间的有效互动中才可得以实现。

---

① ［美］拉扎斯菲尔德：《人民的选择：选民如何在总统选战中做决定（第三版）》，唐茜译，展江、彭桂兵校，中国人民大学出版社 2012 年版，第 128 页。

② 强明月、张明新：《"互动性"理论观照下的我国政府网站建设》，《武汉大学学报》2007 年第 3 期；张连夺、王庆蒙、李旭、杨松柏：《2010 年中国政府网站绩效评估结果分析》，《电子政务》2011 年第 1 期。

③ 张志安、贾佳：《中国政务微博研究报告》，《新闻记者》2011 年第 6 期。

第八章 结论、贡献与局限

第一节 转型期中国公众参与的基本状况与解释

一 转型期中国公众参与发展的内在模式

本书主要考察了当代中国社会随着市场经济的发展，由此形成公众参与逐步推进的深层结构。通过对这种深层结构的剖析，笔者认为公众参与中取得的成就和出现的问题，有其组织制度和文化观念的内在原因。综合本书的讨论，可以在三个层面上对转型期中国公众参与和社会资本构建的关系进行阐释。

（一）市场经济与公众参与的内在联系

随着市场经济发展的深入，学术界对于市场经济和公众参与之间关系存在着争论。这些研究主要有"市场推进论"和"市场制约论"两种意见。市场推进论者认为，市场经济的发展将促进公众参与，原因在于市场经济带来了社会资源的自由流动和配置、公民素质和教育水平的提高，使人们具有更高的自主水平。无论是在计划经济时代还是在传统社会，这些要素都是十分缺乏的。当个体拥有更多的自主能力和资源时，公众参与行为也会逐渐增多。市场制约论者则认为市场经济也推动了个体理性化和社会行动的利益取向。由于社会集体行动本身存在搭便车的困境，当社会尚缺乏对这种搭便车困境的外在约束时，公众参与的结果只能是一种零和博弈，即大多数人的最优行为是选择不参与或最低限度的参与。因此，市场经济又制约了社会成员发展公众参与所需的合作精神。

基于这种争论,本书通过实证资料分析了这两种矛盾的观点。根据本书的实证研究,市场经济同时存在对公众参与作用的两种效应:一方面,市场化的确提高了个体的能力和资源,促进了公众参与行为的"量"的提高。但另一方面,市场化对公众参与也存在抑制作用。当这种抑制作用表现为公众的合作精神正在消失,而"原子化"的参与正在加强时,本书对普特南社会资本理论的主要命题——公众参与网络能够产生社会资本进行了反思。本书进而提出了新的社会资本分析类型:形式性社会资本和实质性社会资本。不同于普特南在其经验分析中直接将公众参与网络视为社会资本本身,本书只将其视为形式性社会资本,因为存在公众参与网络并不等于参与者就能从中获得社会资源。然而公众参与网络中怎样的资源在流动,其又是如何流动的,我们实际上知之甚少。因此,公众参与网络中流动的社会资源才是实质性的社会资本。只有认识了这种发生了实质效力的资源,才能够真正理解社会资本的"资本"内涵。对此本书作了进一步的推论:如果市场经济的确降低了人们的合作意愿,公众参与只是"原子化"参与,而参与者不愿在参与行动中与他人构建更多联系和合作的话,那么由公众参与网络生成实质性社会资本的能力实际是降低的。此外,如果社会组织的功能在于将公众组织起来,通过参与、互动与合作形成对社会的积极感知,若缺少了参与的合作精神,公众参与生成外部社会资本(普遍信任)的能力可能也会下降。通过对经验资料的分析,支持了本书的以上假设与推论。

综合上述发现,揭示了隐藏在公众参与数量快速增长背后的问题:公众参与行为或组织的数量增长了,然而其质量却在下降。虽然本书给出了社会合作精神衰弱的解释,然而随之而来的问题则是:为什么人们的合作精神衰弱了?这种现象是否存在着更深层的制度与文化上的原因?

(二)社会组织制度背后的公众参与:两类组织的效果

如何考察国家的社会组织发展模式对公众参与行为产生的影响呢?这需要在研究中把握两个方面:第一,根据政治机会结构理论,当国家的制度规则发生变化时，公众参与行为会产生相应转变以适应这种变化。这是一种动态的视角。而从横向静态地看，不同国家或地区政治体制和社会组织制度的差异，同样也会塑造公众参与行为及其效果。第二，研究需要利用合适的经验资料来展现这种动态和静态的变化，同时也要考察这种变化可能导致的社会影响。

两位学者的理论争议启发了本书的研究思路。普特南强调了公众参与组织对社会资本构建的积极作用，然而奥尔森却认为社会组织的特殊利益和分利倾向会阻碍社会进步和群体整合。对此，普特南对奥尔森的社会组织悲观论提出了批评。然而当细致考察两者理论的内在逻辑时，他们的研究实际上并不存在本质性分歧。普特南将社会资本划分为团结型社会资本和桥接型社会资本，奥尔森也提出社会组织有排他性和相容性两种类型。而两类组织和两种社会资本之间可能存在着对应关系，即排他性组织创造了团结型社会资本，而相容性组织则生成了桥接型社会资本。换言之，相容性组织是普特南所强调的公众参与网络的组织形式，团结型社会资本的排他性正是奥尔森分析的利益组织分利化倾向的结果。

然而奥尔森强调的政党、工会以及专业协会等分利组织和普特南分析的民间性社会组织，在当代中国的转型时期，所面对的组织制度不同于奥尔森和普特南理论所立足的西方社会。因此，本书从特定社会组织与政治系统的关系、社会组织的经济性和专业化需求、公众参与的"去政治化"以及参与的合法性问题四个方面阐释了这种制度背景的差异。由此，通过对不同时段和不同区域社会组织制度变化下两类组织所能发挥作用的考察，提供了从中观的组织运行观察宏观制度作用的窗口。

利用跨度13年和涵盖了39个国家资料的世界价值观调查数据，我们试图对不同制度环境下社会组织功能发挥的差异进行分析。通过对中国数据的历时性分析，研究发现，在中国社会，参与奥尔森类型组织能够提高社会资本，促进社会整合。但另一方面，研究也发现参与普特南类型组织却在某种程度上造成了公众参与网络的封闭性。本书认为当缺乏必要且清晰的规则时，公众参与网络也会转化成为小型的、内聚的、排他的利益团体，使其无法承担促进更大范围的社会整合责任。本书也使用了各国家或地区的公众参与的资料，以横向比较方式进行了分析。根据分析结果，在相似的政治结构和制度规则的国家或地区中，两类组织的社会影响也是相似的。因此，无论是奥尔森还是普特南的研究，在使用他们的理论时要考虑社会组织在国家政治系统中的位置，也就是主体政治起到的宰制作用。这项研究有助于我们理解为何中国社会的公众参与程度有限，但人们却有较高社会信任水平的理论谜题。综合上述发现，社会组织的功能实现，很大程度上取决于外在组织制度的支持以及与政治系统的契合程度。

最后，本书提出转型期普特南式公众参与的功能发挥不足源于其无法兼容于以纵向联系为主的政治系统。那么一些新的疑问则是：中国社会组织发展的根基是与"吸纳性政治"兼容，那么普特南式公众参与网络的内部行动力和社会资本构建能力从何而来？又为何随着市场经济发展，其社会资本构建能力降低了？此外，如果普特南式公众参与网络的内部社会资本构建能力降低了，那么在中国的市场转型进程中，其对社会资本理论所强调的普遍信任又产生了怎样的影响？

（三）中国社会的深层文化结构：从特殊信任到普遍信任

经济的现代化变迁带动了制度规则的改变，而制度的落地同时要与社会的文化系统相协调。因此，社会的文化系统在公众参与的发展中也扮演了重要角色。人际关系及信任的构建模型是社会资本研究的核心领域。根据当代中国的信任研究，中国的信任结构中存在着特殊主义和普遍主义两种类型。从这两种结构类型出发，研究者的取向也存在差异。有的学者关注微观人际互动和网络交往中信任的建立和拓展，而另一些学者则强调居间制度和组织规则对于社会信任建立的意义。研究公众参与对普遍信任的影响时，我们也仍然需要重视这两种结构类型的作用。

因此，本书进而分析了中国社会中特殊信任的作用。根据差序格局理论，中国人的社会关系呈现水波纹般逐层拓展的结构。如果中国人基于人际关系的特殊主义模式来构建信任，那么对于陌生人的信任则又是通过互动类型化，如反向的水波纹般，逐渐将陌生人纳入到自己人的信任圈中。可以将这种过程称为人际关系的差序性拓展和信任的差序性纳入的双向过程。因此在解读中国社会的信任结构时，特殊信任实际上是所有信任类型的内生因素。这也意味着所有依赖于关系路线建立的信任，其实质都属于特殊主义的信任。真正意义上的普遍信任是对陌生人这种与自己没有人际互动者的信任，对他们的信任则建立在对制度的信赖和人性的认知之上。基于此，本书从现代社会是一种陌生人社会的角度出发，分析了在这种关系性信任形成中公众参与对普遍信任的影响。

　　然而信任研究中也存在着另一个潜在命题：中国社会中之所以难以形成普遍信任，是因为特殊信任和普遍信任之间存在着矛盾。特别是当信任建立在关系主义路径时，公众参与如果越依赖这种路径，实际越难形成对参与网络外群体的信任。也就是说在这种信任构建模式中，信任结构的核心部分与外围部分存在矛盾。与此同时，市场经济作为信用性经济，可能也加强了社会不平等和分化，从而强化了社会关系网络的封闭性。这种影响可能进一步造成特殊信任与普遍信任之间矛盾的激化。

　　因此，本书利用相关调查数据对上述命题和假设进行了验证。研究结果提供了三个方面的启发：首先，在当代中国社会，特殊信任与普遍信任之间的确存在矛盾。无论是不同信任类型之间的分析，还是从网络结构对信任程度的影响，都支持了这种假设。其次，市场经济发展虽然降低了特殊信任的作用，但由于缺乏公共协商的制度，增强了不平等效应对网络封闭性的作用，特殊信任和普遍信任之间的矛盾则被强化了。最后，公众参与中信任形成仍然遵循差序性关系的路径。这就意味着公众参与中社会资本构建尚未建立在制度和共识等外在客观力量的基础之上。对公众参与组织的内部信任而言，人际合作精神的衰弱，使得组织成员间的内部信任降低了。而由于特殊信任与普遍信任矛盾的加强，公众参与通过内部人际互动生成外部社会资本的能力实际也下降了。这就解释了为何中国社会的公众参与对形成最重要的社会资本——普遍信任上的贡献甚少。

　　因此，从中国社会的深层文化结构出发，我们应反思转型期中国的社会网络和信任建构应立足于制度还是关系。虽然依赖社会关系网络的公众参与有很强的行动力和成员认同感，但是其构建的仍然是一种无法普遍化的特殊信任。这意味着我们也要对制度进行反思：当保障公众参与行为的制度供给不足时，如何能够形成可以包容而非排他的社会资本？最后，本书也强调了建立立足于陌生人信任的市场经济的重要性。实现市场经济发展可以通过家族化、关系化的路径，也可以依赖于制度体系的、去情境化互动的路径。两种路径都能够推动经济的阶段性快速发展。然而对缺乏关系拓展能力的社群而言，在前一种路径中，其改善自身处境的能力实际只会在一个低度水平上发展。

二　转型期中国公众参与问题的总体解释

（一）从公众参与到社会资本：两种路径

本书分别从经济、组织制度与文化的三个角度，对从公众参与到社会资本，再从社会资本作用于公众参与的循环路径上，探讨了中国社会中公众参与和社会资本构建的关系问题。然而在公众参与和社会资本之间的两条循环路径实际依赖不同的社会结构。一个社会的基本结构存在着经济、政治、文化三种基本类型。对于这三者的关系，存在着现代化理论和文化相对论两种观点。

一方面，现代化理论有两种视角。一是马克思主义的视角，认为一个社会的经济结构决定这个社会的政治、文化和社会等其他方面的特征。二是韦伯的文化主义视角，认为文化对社会变迁和发展起到了重要作用。尽管两种视角之间存在争议，但两者都认为社会现代化的过程中社会各种结构特征会按照某种次序而发展并最终相互协调。因此，两种视角都认为社会的经济结构、政治结构和文化结构之间相互关联，而呈现系统性。

另一方面，从文化相对论的观点看，文化属于社会结构中相对独立的系统。如果不承认文化的相对独立性，就会陷入种族主义的文化观中，即认为一个民族的文化是先进的、现代的，而另一个民族的文化是落后的、原始的。因此，文化相对论者并不承认经济结构和文化之间的关联性，也就是说，其认为政治、经济和文化三者的联系仅仅是一种偶然的关系。

然而根据目前的经验研究看，这两种观点都具有部分的解释能力。

或许文化堕距理论更有助于理解这三种结构类型之间的内在关系。美国社会学家奥格本在 1923 年出版的《社会变迁》一书中首先使用文化堕距概念，用来指称物质文化和非物质的适应性文化在变迁速度上所发生的时差。一般来说，物质技术方面的变化发生在前，非物质的适应性文化变化于后。如科学技术上的发明创造和发现，使物质生产发生了变化，而指导和管理生产的政策、组织、制度等并没有及时作出相应的调整，这时后者就成为文化变迁过程中的滞后部分，从而发生堕距现象。然而文化堕距并非专指适应性文化落后于物质文化变化的情形，在物质文化变化之前先发生非物质文化变化的情形是时常发生的。这也是文化堕距的一种表现。因此，文化堕距理论是建立在社会及文化功能整合理论基础之上的。整合理论认为，社会文化体系的各部分、各分支在功能上是互补的，部分和分支对于整体有不可缺少的功能，若各部分的变化不一致，就会发生社会解组现象。

辩证唯物论的观点认为，物质文化决定非物质文化，而非物质文化一经形成，便具有相对的独立性和稳定性。首先，从客观过程来看，在物质文化发生变化的时候，这种变化信息传达到适应性文化中去时要有一个过程，即适应性文化反映物质文化的变迁要经历一段时间，然后才能发生相应的变化，因而发生堕距现象。其次，由于特殊利益集团的保守，凡是对某一集团有特殊利益的文化，必然受到该集团的保护，因而使这种文化得以保存。文化堕距不可避免，但是可以通过社会整合和社会改革而缩短。

因此如图8.1所示，在中国社会的现代化转型过程中，从当代公众参与的发展路径上看，公众参与首先由经济的转型而推动。在这场经济结构的深刻变化中，社会财富快速增长，人们的生活水平提高，这是催生出公众参与意愿和参与行为的主要力量。其次，在本书的分析中，组织制度和文化系统对于公众参与的作用则滞后于经济发展的影响。因此，无论是在政策鼓励层面还是成员参与层面，都更倾向发展公众参与行为的实用取向。然而由公众参与构建的社会资本，其深层内核则更倾向于属于制度和文化范畴。例如普特南所强调的合作精神、互惠规范、信任等社会资本要素，无疑都与社会制度和文化密不可分。对转型期的中国社会来说，公众参与的发展和社会资本的构建拥有不同的起点，即前者从经济领域开始，而后者则根植于制度和文化系统。

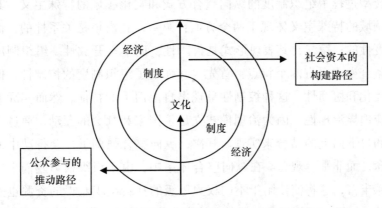

图8.1　转型期公众参与和社会资本的双向路径

因此，从社会资本反向推动经济发展的路径中，也需要通过开放的、多元化的公众参与，从而建立社会的合作传统。通过这种传统，再带动制度和文化的变迁，如此循环，实现更有效率的经济发展。然而当公众参与的多样性受限于特定管理制度时，社会成员只能够依靠其他本土性的资源来适应这种制度供给上的不足。利用这种资源固然能够在某个阶段帮助参与成员解决行动中出现的问题，但这样就可能将本质属于普遍主义的社会资本"狭隘化"在小圈子中。也是由于这样，根据我们的实证分析，这两条路径的对接中就往往只能看到其中一端的作用，而另一端则常常出现无效或低效的问题。公众参与行为的繁荣实际并不能等同于社会资本的发展。

（二）从传统型社会资本到现代型社会资本

根据研究思路的出发点，综合以上研究和讨论，本书勾画了一个转型期中国社会中通过公众参与建构社会资本的图景。

如图8.2所示，在这个图景背后，首先要区分出两种类型的社会资本。基于制度整合和文化结构上的差异，笔者认为在当代中国社会中，存在着传统型和现代型的社会资本。传统型社会资本，是建立在特殊主义的人际关系模式上，通过制度的纵向联系而形成的社会资本。这与普特南分析的团结型社会资本具有相似性。但不完全等同于普特南的概念，本书更强调这种传统型社会资本的历史阶段性。传统型社会资本内生于经济转型过程中组织制度的纵向整合方式和文化领域的特殊主义。其中文化领域的特殊主义体现于两个方面：第一，其内核是关系性的，而不是制度性的；第二，其表现形式是封闭性，而不是开放性。组织制度的纵向整合方式也有两个特点：首先，其强调了组织制度的控制性，但缺乏多元化和协商性，这种控制性呈现出自上而下的特征。然而实际上我们更应倡导治理性。因为治理模式立足于国家和社会的互动，通过自上而下和自下而上的结合来实现。其次，纵向整合强调了社会行动中的等级观念，而非平等观念。在纵向整合体系中，由于组织权力越向上，资源才越丰富，这将使依附于不同权力等级的社会组织获得的资源也是等级化的，这不利于以平等、开放、协商为核心精神的公众参与的发展。

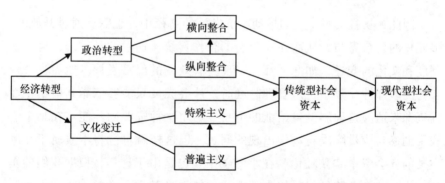

图8.2　转型背景下的社会资本构建结构

因此，对中国的社会转型而言，更提倡构建现代型社会资本。现代型社会资本是建立在普遍主义的人际关系模式上，通过制度的横向联系而形成的社会资本。这种社会资本与普特南的桥接型社会资本是相似的。普遍主义强调社会交往的道德基础是一种超越了关系，并建立在个体之间或群体之间的共识之上的文化结构。这种普遍主义并不排斥个体的理性和利益取向，但更重在通过不同群体间的协商和互动，达成共识，从而实现整体理性和群体利益。现代型社会资本也立足于制度的横向整合。这种整合是平面化的，而非等级性的。整合的基础则是制度的有效性和去中心化。当社会组织所依赖的发展环境，是制度规制本身，而不是依靠特殊主义的关系性资源时，公众参与所构建的社会资本才会有助于进一步促进善治，从而更好地推动当代中国的经济转型。

综合上述研究发现和相关讨论，可以通过以下几点解释在转型期中国的公众参与中出现的相关问题：

1. 市场经济发展推动了个人参与能力的提高和参与空间的扩大，公众参与得到了发展，然而公众的合作精神却下降了。

2. 这种发展与下降，反映了社会转型中传统型社会资本和现代型社会资本之间的矛盾。

3. 由于转型期中国的组织制度和文化结构的影响，社会资本的传统型构建方式并未消失，但是这种方式由于市场经济的冲击而在慢慢失效。与此同时，现代型社会资本构建方式却也未得到充分发挥。

4. 综合以上就能够解释在市场化进程中，为何普特南式公众参与网络出现内部和外部社会资本构建能力都在逐渐降低的现象。

一些海外学者的研究通过结合中国现实，分析了公众参与的现状和潜在影响，他们强调了中国政府与社会组织之间合作的重要意义。① 这种强调是对社会组织发展的分析，实际体现了对国家在社会组织发展中所应承担责任的期盼。社会组织是现代共同体生活的基础，其良性成长既有赖于经济发展，也有赖于社会建设与国家治理能力现代化的发展。因此，实现国家经济、政治和文化等社会结构的协调发展，也才是我们真正追求的目标。

---

① M. K Whyte and W. L. Parish, *Urban Life in Contemporary China*, Chicago: University of Chicago Press, 1984, pp. 77 - 102; White and Gordon, "Perspective for Civic Society in China: A Case Study of Xiaoshan City", *The Australian Journal of Chinese Affair*, No. 29, 1993; Chamberlain and B. Heath, 1993, "On the Search for Civil Society in China", *Modern China*, No. 19, 1993; Saich and Tony, "The Search of Civil Society and Democracy in China", *Current History*, No. 26, 1994; White, Gordon, Jude Howell and Xiao Yuan Shang, In *Search of Civil Society: Market Reform and Social Change in Contemporary China*, Oxford: Clarendon Press, 1996.

第二节　让参与运转起来:制度的意义

一　公众参与之源：普特南的历史分析

根据本书的分析，处于转型期的当代中国，公众参与的发展存在着"双重困境"：其内部和外部社会资本构建能力都逐渐降低了。我们或许可以从市场经济的特质找到原因：市场发展也导致人们心理和行为的自利化，所以社会的合作精神衰弱了。然而值得思考的是，普特南以现代意大利为研究样本，构建了自己的社会资本理论。也就是说，普特南研究的社会背景恰恰是一个经济发达的市场社会。那为何人们在这种自利化的市场社会中，没有让公众参与这个"社会轮轴"停止运转呢？这个问题的答案实际就隐藏在普特南对研究样本——意大利南北部的历史比较分析中。

普特南从制度演变历史的角度，介绍了意大利南北部公众参与传统的差异。在《让民主运转起来》一书中，他首先介绍了意大利中世纪的公共生活。在较长的历史时期中，意大利半岛的南部和北部存在两种截然不同的制度特性。[1] 在南部，中央政体（拜占庭）解体时间短暂，新生的诺曼王国很快掌握了政权，这个新政权具有经济、政治、文化上的新特点。首先，其推行了腓特烈宪法。这部宪法表达了君主垄断正义和公共秩序供给权力的强烈诉求，同时也反映了他们对封建贵族特权的坚决认可。[2] 其次，该政权在文化上实行宗教宽容的政策，推动学术研究，并且拥有着西方各王国中最为发达的官僚制度。最后，诺曼王国也成为欧洲最富裕、最先进和组织最严密的国家。然而这个王国在社会和政治制

---

① ［美］罗伯特·普特南：《使民主运转起来》，王列、赖海榕译，江西人民出版社 2001 年版，第 141 页。

② 同上书，第 142 页。

度安排上"提供了一种权威模式"。"南部的小城镇也曾表现出了某些自治的愿望，但很快被纳入到诺曼王国之中，被压制在只对国王负责的中央和地方官员的网络之下。"因此在这个王国里，"无论什么时候，城市自治的星星之火一旦出现，立刻就会被扑灭；工匠和商人的公共生活受到来自中央和上面的管制，而不是（像北方那样）内部的调节。"①

北方城市则建立了城市共和制的传统。在这种制度传统下，"农村贵族被城市贵族接纳，形成了一种新的社会精英。"② 自治城市的行政领导是根据一定程序选举产生的，这些程序因城镇而异。城市共和国的管理者们承认自己的统治有合法的界限。在这些城市共和国里，公共行政管理被专业化了。城市专家们在诸多领域都建立了极为发达的制度，"例如公共财政、土地开垦、商业法规、会计、行政区域划分、公共卫生、经济发展、公共教育和社会治安等，他们还建立了政府的各种委员会，并经常与临近城市的同行们交流经验"③。同时人们对"书面协议、谈判和法律"具有不同寻常的信任。在此之后，金融业和商业逐渐发展起来，信用制度出现了，因为"金融业和远程贸易依赖于信用，而信用的有效率供给，则需要相互之间的信任，需要双方确信有关的合同和法律会得到公正的执行"④。在北方城市中出现了共和国制度，也出现了各种组织网络以及超越亲属纽带的团结。这对增加人们的相互信任，增强人们对合同和法律公正性的信心至关重要。

因此，虽然意大利南北部有同样的经济繁荣，但是"北方和南方创造出的制度，在结构上和产生的影响上，是截然不同的"。随着战争和席卷了整个欧洲的瘟疫的出现，北部城市衰弱了。到了 17 世纪，中、北部许多城市都不再实行共和制，城市共和制的衰弱使意大利半岛出现了一种再封建化。⑤

---

① ［美］罗伯特·普特南：《使民主运转起来》，王列、赖海榕译，江西人民出版社 2001 年版，第 143 页。
② 同上书，第 145 页。
③ 同上书，第 147 页。
④ 同上书，第 149 页。
⑤ 同上书，第 156 页。

普特南继而分析了 19 世纪意大利统一后公共生活的变化。在意大利全境内统一后，现代的民主制度逐渐确立。1970 年意大利实行了一场制度变革试验，政府打破了长达一个世纪之久的中央集权模式，将权力下放到全国 20 个地区政府。普特南和他的同事们为了追踪这次制度改革的系统进程，开展了长达 20 多年的研究，他们发现意大利南北历史上存在的差异随着新制度的建立而加剧了。于是也就有了我们所看到的，在《让民主运转起来》一书中，他们运用新制度主义研究方法对南北意大利20 多年的政府改革绩效进行的实证研究。

通过重新梳理普特南的研究，反思当前的公众参与问题和社会资本理论，笔者认为有以下几个启示：

第一，经济发展并不必然能够持续地推动公众参与和构建社会资本。经济发展让社会成员拥有更强的参与能力，而商业社会的信用制度会提高人们的普遍信任。对于中世纪的意大利南部来说，其经济发展水平丝毫不逊色于北部城市。但是意大利南部却没有形成公众参与的传统，因为这种发展首先要归功于高度集权政体通过对经济、政治和社会的强有力整合，其推动了区域的发展水平。但事实也表明，这种对纵向整合的依赖也为后来的南部经济衰弱和社会治理问题埋下了伏笔。

第二，社会资本既可能通过当下的公众参与网络得以形成，也可能发端于历史制度。根据普特南对意大利南北部的历史分析，公众参与网络作为一种构建社会资本的力量，其对政府治理绩效的影响一直延续到了百年之后。这意味着在社会现代化的初始阶段，一系列鼓励公共协商和社会互动的制度实际成为未来社会资本发展的土壤。

第三，历史制度塑造的国家和社会关系，会通过文化传承，持续地影响公众参与的运转。普特南对意大利近代政府绩效和经济发展的研究表明，尽管历史发展在某种程度上存在断裂，但是公众参与文化一旦形成，随着新的社会发展环境再次出现，不同公众参与文化中的参与行为会产生不同效果，最终造就了区域经济发展和社会治理水平的差异。

因此，当回顾并重新梳理普特南的分析路径，反思当代中国的公众参与和社会资本理论，我们可能简单化了构建社会资本的社会要素。事实上，公众参与并不等同于社会资本，也不必然带来善治。普特南在后续的相关研究中将公众参与视为社会资本本身，却忽略了其作为社会资本时所蕴含的社会背景。这也可能是他后来提出关于美国社会资本下降的论断后引发诸多争议的内在原因。

因此，如图8.3所示，本书重新修订了普特南的社会资本模型。事实上普特南的研究是通过比较不同区域内制度对国家与社会之间关系的塑造作用而展开的。当制度鼓励国家和社会进行相互建构时，公众通过参与网络中的互动，实现了多元主体的社会协商，从而提高了政府治理绩效。在这个过程中，地方治理者和公众都学习到了在公共协商活动中，通过共识和规则进行沟通，从而滋养了公众参与的文化土壤。随着时代变迁，这种文化土壤并不会消失，而会通过文化传承得以继续保留。当新的发展环境出现时，公众和地方治理者就能够利用这种本土性资源，重燃参与和协商行动，进而实现运转良好的治理秩序，创造新型的社会资本来推动经济发展。而在传统制度缺乏开放和协商的地方社会中，伴随着政府权力的膨胀和社会组织萎缩，公众参与实际无法发挥出应有的效能。因此，这种地方社会在新的发展环境出现时，无论是地方管理者还是公众都缺乏通过沟通和互动共同提升社会治理的能力，从而使社会资本的构建也只能处于低效水平。

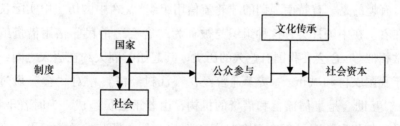

图8.3　普特南公众参与和社会资本模型的内在结构

二　当缺乏有效制度时，公众参与如何发展？

如何减少一个社会的集体行动中的"搭便车"困境？公众参与是普特南的主要解决方案。普特南在《使民主运转起来》一书中，提出了一种通过"互助会"来增加社会资本存量的方法：依靠公众参与"轮流信用组织"。轮流信用组织的具体运作为成员同意定期向一个基金注入资金，这笔钱全部或部分地轮流交给每一个捐款人使用。例如在一个典型的轮流信用组织中，20个成员每人每月交一块钱，每一个月都有一个成员得到这笔钱做他或她自己想做的事情（如操办婚礼、购买生活用品等）。这个成员虽然下个月就没资格再拿钱了，但是要继续交钱，直到所有成员都拿到了钱。普特南认为社会资本诸如信任、规范、网络促进了自发的合作，可以将社会交往与小额资本的形成结合起来。参与者都能意识到违约的风险，集体的成员自身必须具有良好的声誉否则难以进入这个信用组织，这样可以减少机会主义和逃避义务的难题。他还认为，轮流信用组织表明了集体行动的困境可以通过利用外部的社会资本加以克服。人们借助于原有的社会联系解决信息缺乏和行动执行方面的问题，在没有物质财富作担保时，参与者实际上是在用他们的社会联系作担保，"就像常规资本一样，那些拥有社会资本的人往往会积累更多的社会资本"。这样社会信任就会被建立起来，"社员在参与社会网络时形成了互惠与规范行为，他们能够建立起一些制度，正式的或者非正式的，利用这些社会资本来解决公共资源使用中出现的困境"。

有趣的是，普特南强调的"轮流信用组织"，在中国历史中实际长期存在着。在中国社会，这种组织与被称为"合会"的民间信用借贷组织非常相似。① 合会在我国有悠久的历史，其起始时间大约在唐宋之间，流行于我国农村和城市。② 费孝通曾经在《江村经济》中对"会"做过描述："互助会是集体储蓄和借贷的机构，由若干会员组成，为时若干年，会员每年相聚数次。每次聚会时存一份款。各会员存的总数，由一个会员收集借用。第一个收集人即组织者。一开始，他是该会的借债人。他

---

① 其名称千差万别，又有如会、钱会、赊会、认会、摊会、标会、轮会、摇会等名称，但是从组织运转、成员参与等方式看是一致的。参见徐畅《"合会"述论》，《近代史研究》1998年第2期。

② 冯和法：《中国农村经济史资料（下册）》，华世出版社1978年版，第596页。

分期付款，交一定量的利息。最后一个人是存款人，他最后收集自己那笔存款和利息。其他成员则依次收集存款，从存款人变成借债人。"

这种组织确如普特南所预想的那样，主要依靠会员之间的信用来维持。然而我国法律并未明确认可其合法地位，产生纠纷时法律也无法给予受害人完全的保护，特别是那种大规模集群性的投机性标会或以骗取会款而设立的恶性标会。一般标会利息上限没有事先限制，标中最高利息者得会钱，而不问其用途和还款收入来源。如果会员标中利息过高，而其经济基础过于薄弱，或者是转放到更高中标利息的标会以赚取利息差，那么金融风险就陡增。极端时会出现标会之间大规模会套会、会抬会，中标利息越来越偏高，一旦会首或者会员中出现欺诈逃逸，就会导致支付链和信任链的断裂，发生大规模倒会风波，直至相互斗殴、寻仇，引发社会动荡。在相关研究中可以看到对这种"崩会"问题的分析。[①] 根据这些分析的描述，中国的"标会"组织与乡土社会的关系网络实际密不可分。中国文化背景下，在特殊的社会资本及社会信任环境下建立起来的传统民间标会，实际上就是一种小型、短期和封闭的网状人际关系网络。这些特点决定了传统标会的低风险性，因此长久以来，民间标会十分盛行。[②] 如果村庄是全面开放的、参会人中外村成员较多且没有亲戚朋友关系、标会的规模很大、标会的周期很短（一周、一天甚至以小时计）、标会的目的主要是赚取利息收入等，都将直接加大标会的风险。[③] 在长期的"标会"互动过程中，人们又由不熟到相识，一些原本没有关系的陌生人也成为"标会"的新会员。随着"标会"雪球越滚越大，最终形成了会会相叠的开放式结构。当"标会"的利息空间越来越大时，个人的机会主义行为越来越频繁。信任结构的开放、信任关系的扩展与信任链的脆弱同步增长，增加了崩会的风险。传统的经验表明，标会适

① 郑振龙、林海：《民间金融的利率期限结构和风险分析：来自标会的检验》，《金融研究》2005 年第 4 期；张翔、邹传伟：《标会会案的发生机制》，《金融研究》2007 年第 11 期。

② 陈晓云：《社会资本与民间标会风险》，《法制与社会》2009 年第 2 期（中）。

③ 胡必亮：《村庄信任与标会》，《经济研究》2004 年第 4 期。

合于一个流动性较弱的熟人社会。它依靠非正式的社会关系、信任关系，还依赖非正式的制裁机构，比如社会排斥。在一般情况下，会员不选择诉诸法律而是对违反标会还款规定的会员进行社会排斥。只有在大规模"倒会"现象出现后，农民才不得不诉诸法律。然而会员范围的扩展，使得标会的安全运行面临强大挑战。①

邱建新在《信任文化的断裂——对崇川镇民间"标会"的研究》一书中展现了当市场经济浪潮袭来时，这种民间组织所遇到的困境。② 民间"合会"的信任基础是乡土社会中的血缘和地缘关系。最初大多是亲戚、朋友、邻居之间的相互借贷。由于大家世世代代居住在一起，个人信用变得异常重要，因此这种经济互助形式一般不会出现大的问题。但是改革开放以后，民营经济的迅速发展冲击了原有的经济体系，陷入相对贫穷的村民受到那些"做会"人的刺激，看到他们阔绰乃至奢侈的生活，也都蠢蠢欲动。很多职业"会头"因为许诺过高，知道最终肯定还不清钱，干脆采取"会套会"的形式聚敛钱财，过着奢侈的生活，使小镇的社会风气急速堕落。原有的来自单位体制的控制体系因为众多企业的倒闭和职工下岗而变得无足轻重。政府在对待这种越来越疯狂的民间"标会"的官僚主义和"不作为"致使后果更为严重。最终，这种来自乡土社会的、依靠人与人之间相互信任的民间借贷形式，在现代社会的欲望刺激、体制变革带来的混乱和政府的官僚主义中走向崩溃，发展成类似"高息揽储"的恶性循环，一个环节的断裂最终导致了整个"信任链"和"资金链"的断裂。聚敛大笔资金的"大会头"有的被绳之以法，有的潜逃他乡，"中小会头"也纷纷逃走。处于这个链条底层的很多人发现自己被欺骗之后，由于政府的不作为，干脆采取极端的报复形式，对会头的家人殴打折磨。结果反而使得整个社区陷入集体困境，人人自危。

本书无意于将标会组织作为分析对象，因为从公众参与或社会组织的特性来看，很显然这种组织是以营利为目的，不符合公众参与组织所

---

① 陈晓云：《社会资本与民间标会风险》，《法制与社会》2009 年第 2 期（中）。

② 邱建新：《信任文化的断裂：对崇川镇民间标会的研究》，社会科学文献出版社 2005 年版。

强调的非营利性质。但是较之普特南乐观看待"轮流信用组织"的功能,恰好中国"标会"组织的现实状况和面临问题,提供了思考转型期中国社会里,特定组织缺乏制度规范和保障时如何运作和发展的鲜活例子。当缺乏相关制度时,这些组织只能依靠传统的关系机制来维护成员间的信用。若遇到市场经济的冲击,这种传统的关系机制实际会遇到巨大的挑战而陷于崩溃。

三 我们的启示:制度建设与社会建设

根据上述分析,本书从普特南社会资本构建的内在逻辑出发,阐释了有效的公众参与的社会机制。这个机制的核心就是在制度上需给予多样化公众参与的发展空间和组织资源,增强其"公共性"。当缺乏相关制度保障时,随着市场经济发展,普特南式公众参与网络则会发生参与的"变形",不但无法发挥促进善治的作用,反而在一定程度上可能使社会发生"断裂"和"区隔"。

在普特南的论述中通常只将政府视为一种受制于公众参与的地方管理者角色。这种角色定位实际隐含了国家与社会的分化和对立理论倾向。因此,也有学者提出了一些不同观点。例如斯考波尔等比较了小型横向网络和大型垂直网络两类社会组织,质疑了普特南社会资本理论中关于公众参与网络只具备民间性、志愿性等观点。她与合作者通过对美国近100年来社会组织形式的研究表明,在现代化的早期,美国的社会组织创建者借鉴了联邦政府的结构形式,形成了通过代表机制来管理跨地域大型社会组织的方法。同时美国社会组织还利用宗教的世界观来形成组织的道德目标。从某种角度上看,社会组织在结构上和目标上都受国家建设的影响。她们指出社会资本的研究需要整合政府和政治等治理元素。① 塔罗也指出,普特南将国家作为社会资本的外来因素,认为是公众参与

---

① Skocpol, Theda. Marshall Ganz and Ziad Munson, "A Nation of Organizers: The Institutional Origins of Civil Voluntarism in the United States", *American Political Science Review*, No. 94, 2000.

形成了国家机构建立的土壤，而不是由国家建设（State Building）塑造了公众参与。但事实上国家在公众参与及其精神形成的过程中并非总是被动的，其受这种精神的影响，但也塑造着公众参与的文化。①

一些对东亚民主转型期国家的研究，也关注了国家政策对公众参与和社会资本构建的作用。例如金对韩国的社会组织进行了考察。② 他认为多数社会资本研究都基于欧美国家的社会背景，但是极少研究关注处于民主巩固型的国家。然而恰恰在某种体制转型背景下，社会组织会更倾向于变得封闭、有限而被动，而不是开放、自由和活跃。例如对苏联国家的研究表明，社会网络对制度信任存在着"反向关系"，即"人们利用信任的网络来使自己隔离于其不信任的国家制度"③。因此，他对韩国社会的社会资本与政治参与之间的关系进行了分析。结果表明，在韩国，社会资本对新型公众参与（制度化政治参与，如投票等）影响很小。同时参与社会组织和社会信任对人们的制度信任是负向作用，这些因素都不能提高人们的投票行动。

那么当国家被视为具有相对独立性的行动主体时，应该如何推动公众参与的发展呢？一些欧洲学者也不满意普特南在对意大利的研究中对国家意义的忽视。他们通过欧洲更多地区的案例，强调了在社会资本构建中国家和制度的作用。两个基于英国社会治理经验的研究可以给予我们一些启发。

马洛尼、斯密斯和斯托克认为普特南的研究存在两个方面的不足：

---

① Tarrow and Sidney, "Making Social Science Work across Space and Time: A Critical Reflection on Robert Putnam's Making Democracy Work", *American Political Science Review*, No. 90, 1996.

② Kim, Ji-Young, "'Bowling together' isn't a cure-all: The relationship between social capital and political trust in South Korea", *International Political Science Review*, Vol. 26, No. 2, 2005.

③ Richard Rose, "Russia as an Hour-Glass Society: A Constitution without Citizens," *East European Constitutional Review*, Vol. 4, No. 3, 1995; Richard Rose and William Mishler, "What Are the Origins of Political Trust?", *Comparative Political Studies*, Vol. 34, No. 2, 2001.

一是其只关注于自下而上的社会资本构建方式，却忽视了国家的角色。二是他们认为，普特南假设了只需要了解社会组织活动和地方社会资本存量就能理解治理。针对这两个问题，他们利用英国伯明翰的公众参与案例展开了分析。[①] 他们提出，政府角色对地方社会资本发展有三个方面的贡献：首先，政府通过社会政策可以促进社会资本的发展和保存；其次，地方权威对于公众参与网络或社会组织的支持，对参与的效果非常重要；最后，社会组织与政府的关系会显著影响公众参与的行动绩效。实际上，社会组织与地方政府更多是合作关系，而非对抗关系。当地过半数的社会组织与地方政府保持了紧密联系，同时社会组织也和伯明翰城市委员会保持了高度互信。在英国，作为官方化身的城市委员会是地方性组织信息资源、财政支持的重要提供者。在1971年伯明翰城市委员会对地方性社会组织提供了100万英镑财政资助，而到了1998年金额则增长到了1700万英镑。

此外，他们还分析了地方政治机会结构对社会资本的影响。政治机会结构是分析集体行动生成的政治过程理论的重要概念，马洛尼等借用这一概念阐释了地方治理的动态过程。地方社会组织发展的政治机会结构包括正式的制度、地方分权的程度、公共行政的一致性程度以及高级管理层对社会组织施加影响的能力等。从这些方面，伯明翰地区构建了政府创造社会资本的良好行动框架。此外，政治机会结构也体现于非正式程序和行动成功策略。在伯明翰，地方权威和社会组织保持了信任和互惠，同时由专业性和规范性塑造的"封闭的社会网络"创造了地方性社会资本的发展空间。最后政治机会结构还表现在公共权威之间的竞争结构。为了争取选票，地方官员与社会组织也需保持紧密的社会联系。因此，他们提出，纵然在相同的政策背景下，不同的社会组织也会有不同的政治机会结构，这种政治机会结构造就了拥有不同程度社会资本的社会组织。他们也提醒研究者，社会资本也可能只产生于政治精英和社

---

① W. Maloney, G. Smith and G. Stoker, "Social Capital and Urban Governance: Adding a More Contextualized 'Top—Down' Perspectives", *Political Studies*, No. 48, 2000.

区领袖之间，而不会向草根阶层和社区扩散。因此保持社会资本的开放性就需要一种"代表"制度。

瓦利斯和多勒则从社会资本理论出发，提出社区层面的社会资本产生于居民参与的长期传统中。他们认为社区社会资本的形成也有赖于当地治理者通过推动"政治机会结构"并参与到社区组织的行动中。[1] 他们同样对英国伯明翰郡的社会治理情况进行了研究。该研究首先分析了时代变化中地方政府的角色和功能面临的新挑战。对于地方政策制定者而言，由于社会分工和城市服务业的进一步发展，传统科层体制在现代城市管理中逐渐暴露出了不少弊端。城市里组织与组织之间也拥有了更多的重叠功能和交叉效应。如何整合跨组织的网络成为城市政策制定者的难题。要创造更有效率的政策实施系统，就需要政策部门重新定位自身角色，提供能跨越组织的服务。

因此他们分析了地方政府的三种递进性的角色和功能。首先是最低限度角色，主要表现为社会公众提供公共物品；其次是调解角色，主要表现在实现政府、地方组织和民众之间的信息沟通，促进冲突化解；最后则是活动家角色，需要地方政府部门能够协调公共部门与私人社会的关系，发展地方性社会资本。该研究认为如果地方政府越趋于第三种角色，则表明其有越强的地方治理能力。因此政府需要在地方社会资本发展中担负起应有的责任。

综合以上理论分析和经验阐释，笔者认为"行政吸纳社会""分类控制""选择性管理"等政治整合方式，始终是一种纵向的、等级化的方式。如果我们缺乏横向的、利于公众参与制度化的联结国家和社会的政策，公众参与网络或社会组织可能会继续的"内卷化"，即有增长但是没有推动现代型社会资本的发展。在这个层面上，本书尝试提出了一种现代型社会资本的建设思路。

对于当代中国社会来说，社会转型已经进入一个加速的新时代。物质生活极大丰富的同时，相关社会问题和矛盾也逐渐变得尖锐而敏感。

---

[1] Wallis Joe and Brian Dollery, "Social Capital and Local Government Capacity", *Australian Journal of Public Administration*, No. 61, 2002.

近年来，政府和学术界都开始倡导"社会建设""国家治理"和"社会治理"的意义。相关研究强调了社会组织建设在社会治理中的重要地位，同时也有研究在分析中提出国家建设是社会建设重要保障的观点。[①] 因此，如图 8.4 所示，本书提出对现代型社会资本建设的几点建议：

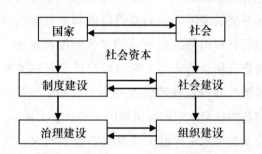

图 8.4　现代型社会资本的建设路径

第一，社会资本产生于国家和社会之间的互动与合作中，若缺少了任何一方，公众参与组织的作用发挥都可能是有限而褊狭的。正如纽顿所强调的"个体的社会信任有利于建立合作性的社会关系，从而推动了高效的社会和政治组织的形成。这是一个由下到上的过程，与此同时，高效的社会和政治组织能够帮助建立产生一个高效合法的政府，这个政府能够创造出有利的社会条件而形成高水平的社会资本"[②]。因此必须依赖国家政府和民间社会之间的联系与合作才能实现社会资本的有效构建。

第二，国家作为具有相对独立性的主体，应该通过制度建设而非直

---

① 郑永年：《政治改革与中国国家建设》，《战略与管理》2001 年第 2 期；李强：《后全能主义体制下现代国家的构建》，《人大复印报刊资料·政治学》2002 年第 2 期；徐勇：《现代国家建构中的非均衡性和自主性分析》，《华中师范大学学报》2003 年第 5 期；徐勇：《"回归国家"与现代国家的建构》，《东南学术》2006 年第 4 期。

② K. Newton, "Trust, social capital, civil society, and democracy", *International Political Science Review*, No. 22, 2001.

接控制的方式，克服经济发展中公众参与构建社会资本的障碍。[①] 这可以通过两方面的转变来实现：一是通过开放政治机会结构的方式，在制度上给予公众参与以更多的行动空间和行动资源，同时削弱传统"关系路线"的影响；二是增强政府的沟通和治理作用，转变单一的管控思维。"治理是各种公共的或私人的个人和机构管理其共同事务的诸多方式的总和。它是使相互冲突的或不同的利益得以调和并且采取联合行动的持续的过程。这既包括有权迫使人们服从的正式制度和规则，也包括各种人们同意或以为符合其利益的非正式的制度安排。"[②] 这意味着地方治理者不仅仅要关注经济性和专业性等服务经济发展的组织建设，也需要为更多具有相容性利益的社会组织做好协调国家和社会关系的"中间人"。

第三，对公众参与来说，组织建设具有重要意义。当公众参与能够在法制和政策支持的基础上进行时，作为个体参与者和作为社会组织参与者的意义完全不同。通过组织化的公众参与，公众能够对国家和地方建设提供多元化的理性意见，并通过组织内外的合作，与政府互动、沟通和意见反馈来寻找社会转型的最大共识。这个过程中无论是政府管理者还是社会公众，都能够学习到"共建共治共享"的治理技能和共同推进社会资本构建的经验。只有这样，才能够实现真正的善治。

第三节　政策意义、研究局限和未来方向

一　政策意义

在当代中国的社会转型背景下，从公众参与和社会资本构建的内在

① ［美］西达·斯考切波：《国家与社会革命——对法国、俄国和中国的比较分析》，何俊志、王学东译，上海人民出版社 2015 年版。

② ［瑞典］卡尔松：《天涯成比邻——全球治理委员会的报告》，中国对外翻译出版公司 1995 年版，第 23 页。

结构和作用效果出发，笔者认为针对公众参与或社会组织的制度和政策设计应重视以下几个方面的建设：

（一）既重视公众参与的"量"，更要重视参与的"质"

根据本书的分析，随着市场化进程的深入，公众参与的方式、参与人数、获得资源等在数量上都大幅增长。但是从通过参与实现社会资本构建的效果看，在实现国家和社会良性互动的内在要求上还有诸多体制和机制弊端，公众的非理性、群体性集体行动时有发生。公众参与传统和合作的精神是形成这种效果的重要原因，这也意味着需要通过较长的历史时期来逐渐培育。但是我们也要重视当代公众参与中出现的"原子化"倾向。从某个角度上讲，当社会组织活动的公共性不足时，参与行为可能被掩盖了其最有社会效益的一面。事实上，社会组织同时还承担着能够提出公共理念和讨论公共议题的职能，也就是一种"倡导"功能。若公众提出的公共议题，得不到国家或市场的有效反应，而只是社会治理中特定主体中的单方面行动，公众参与的社会效益也将大打折扣。因此，笔者相信给予公众参与更多提出公共议题和进行公共协商的空间，这样更有助于现存社会组织的功能发挥，形成真正平等、开放和协商的公众参与网络。

（二）给予社会组织更多的活动空间，一定程度上给予公众参与行为的自主渠道

本书在分析中阐释了制度的缺失和限制，会对社会组织的社会资本构建效果产生重要影响。因此，公众参与行动及其组织的产生虽然可能是一个自发的过程，但也需要政府通过完善制度建设来积极培育，这对后发型市场社会来说更为重要。政府应扩大必要的公众参与公共事务的渠道，为优质的草根型社会组织发展创造相应条件。具体来说，政府治理要与公众保持联系并倾听其诉求，以此制定相应政策，从而缩小民众的参与需求与政府管理满足民众需求能力之间的距离。从国家控制失序的参与和防止"参与爆炸"危及社会稳定的角度看，社会组织实际是一种理想的选择。社会组织作为利益相同者联结而成的组织，其不仅反映参与者的利益诉求，也可以使公众的参与行动得到整合，利于有序协商

并提高社会共识，从而实现良性的公众参与。

（三）培育公众的合作精神，增强公众教育，促进文化上的现代化转型

社会资本的积累与信任、规范、制度、传统、网络、形象等这些文化要素相联系。① 因此，社会治理的建设目标与社会政策层面上的社会资本投资是一种相辅相成的关系。对社会成员来说，社会政策应当有助于形成参与和互助的社会氛围，诚信、良知、有荣辱观和道德观等方面的公众素质教育，有助于现代型社会资本的提高。有效的公众教育是运用适当的方式和活动，让社会成员了解公民所拥有的权利和义务，理解个人与集体的关系，并培养正确的价值观、守法守纪的行为和服务利他的胸怀，使公众成为具有民主、尊重、守法和负责的公民。在结构开放的社会，公众素质教育强调民主与开放，尊重多元价值，维护法律体制，透过反思和行动增进公民素质。但在结构封闭的社会，其公众教育注重服从权威，提倡单一的思想，学习者很少能够借此进行独立思考和行动，发展其公众参与能力。因此本书认为，只有具有自由、平等、民主、守法精神的现代公众才能够真正在参与网络中建构现代型社会资本。

（四）加强法制建设，保持政策推行中的稳定性和有效性

要做到有效、广泛的公众参与，除了经济、文化等的发展以及民主意识的提高外，还必须有法律的、制度的和程序的保证。公众参与的程度，不仅仅指公民对政府决策和政策执行的影响和制约的程度，同时也指当公民有参与的要求时，参与的条件和途径方面的法律的、制度的、程序的保障是否充分。就公众参与的法律保障而言，我国宪法和法律对公众参与有系统而具体的规定。例如在宪法第一章的一些条款中，分别规定了公众参与的原则性内容。在第二章"公民的基本权利和义务"的一些条款中，则规定了公众参与的一些具体内容。我国的立法法、行政诉讼法、行政复议法、选举法、工会法、集会游行示威法、居民委员会

---

① 李惠斌：《什么是社会资本》，载李惠斌、杨雪冬主编《社会资本与社会发展》，社会科学文献出版社 2000 年版，第 13 页。

组织法、村民委员会组织法、公益事业捐赠法，以及关于环境保护的一些法律、法规等，都有公众参与的相关内容。

我们要用制度的健全和持久，特别是用恰当的制度安排来代替信心，这对当代社会资本的塑造具有重要意义。制度一旦被实施，就会对公众参与的内部结构和动力产生效果，即对个体极为不利的多数也不能严重伤害他，因为对他的伤害将意味着干涉由制度赋予的权利。而且通过制度进行权利划分和权力制衡，有利于防止任何形式的干预。通过将某些抽象和间接的信任契约作为整体的公众联系起来，可以克服参与者和那些不过是陌生人的同胞之间信任不足的问题。"信任的这种范围扩展，能够通过反事实地声称共同体（实际上）的所有成员对民族特征——民族的历史、领土和文化，民族的法律、制度和宪法——所具有的某些义务而产生。"①

二　研究局限和未来方向

（一）研究局限

1. 缺乏对其他类型公众参与的分析

从研究的理论视角出发，我们在分析中主要对社会组织中的公众参与情况进行了研究，以此回应普特南理论关于公众参与网络的论述。但事实上，公众参与的概念和应用可能更为宽泛和多元化，而本书只进行了狭义层面上的讨论。然而例如居民投票、参与听证会、参与政府预算的监督、对政府的阶段性规划进行评议等活动，都属于广义的公众参与范畴。因此从本书的研究对象出发，在对分析结论进行推论和发展时，应谨慎地限于分析草根型和非政治性社会组织的参与情况。

2. 缺乏对公众参与组织的内部结构和互动的分析

本书的分析主要依靠微观调查资料，从组织成员的参与情况和作用效果入手，从而了解公众参与中存在的制度性和结构性困境。然而由于

---

① ［美］马克·E.沃伦：《民主与信任》，吴辉译，华夏出版社2004年版，第55页。

缺乏对于公众参与的组织层次调查，研究只能采取逻辑推演的方法讨论组织结构和成员之间互动的关系。组织水平调查的缺失可能使本书存在分析层次不足的局限。因此，未来社会组织研究可以考虑开展更多针对组织水平的调查，从而全面了解当代中国公众参与和社会组织的发展情况。

3. 二手数据问题

本书主要使用了中国社会综合调查（CGSS）和世界价值观（WVS）的相关数据，对转型期中国的公众参与结构和效能进行了实证分析。使用全国性数据，具有样本量大、代表性好等优点。但二手数据分析也存在目标变量缺乏、使用者不了解调查的背景情况等问题。此外，由于二手数据是为其他目的而不是为本书问题而收集，因此其可能并不适合分析本书的问题，例如资料可能无法对最新发生的变化进行考查。这也有待于未来研究加以补充和完善。

（二）未来方向

1. 公民的有序参与和无序参与的关系

本书主要分析了社会组织的参与问题，将普特南式的社会组织或公众参与作为主要研究对象。这类公众参与基本都属于有序参与。然而在转型期中国，公众参与行为同时存在着有序参与和无序参与，两者的差异在于参与行为是否符合理性的社会秩序。值得我们思考的是，是否群体性事件这类公众失序参与现象与公众有序参与问题之间存在着联系？是否是由于公众参与的制度化渠道缺失，使重要的公共议题无法进行社会协商，才造成群体性的无序参与呢？这两种参与之间的内在联系也值得我们在未来研究中进行深入探讨。

2. 互联网公众参与和社会资本构建的关系

在对未来世界的社会资本和社会网络的展望中，社会网络理论学派的学者们都强调互联网将对社会互动的结构和功能产生重要影响。根据统计，当代中国的网民数量已超过总人口的半数。在网络世界里，大量的社会互动也呈现出爆炸性增长的趋势。这对公众参与和社会资本理论来说，无疑是一个重要的研究新领域。虽然本书在第七章中尝试对公众在线参与行为的人口特征和社会心理进行了分析，然而尚缺乏对其可能的社会资本影响进行评估。事实上，在当代中国的互联网上已出现了网络公众论坛、在线意见讨论、公众在网络中结成组织而进行活动等现象。相对于现实世界的参与，网络公众参与具有条件便利、制度约束性小、互动主体多元化等特征，这类参与行为能够产生新型的社会组织吗？其对当代中国的社会资本构建又会产生怎样的影响呢？这些问题也值得在未来的研究中进行进一步的分析。

参考文献

一　著作类

[1]［美］罗伯特·普特南：《使民主运转起来》，王列、赖海榕译，江西人民出版社2001年版。

[2]［德］马克斯·韦伯：《经济、诸社会领域及权力》（韦伯文选第二卷），李强译，生活·读书·新知三联书店1998年版。

[3]［德］马克斯·韦伯：《新教伦理与资本主义精神》（全译本），于晓等译，生活·读书·新知三联书店1987年版。

[4]［美］奥尔森：《国家兴衰探源》，吕应中译，商务印书馆1999年版。

[5]［美］奥尔森：《集体行动的逻辑》，陈郁等译，格致出版社2014年版。

[6]［美］奥尔森：《权力与繁荣》，苏长河、嵇飞译，上海人民出版社2005年版。

[7]［美］奥罗姆：《政治社会学导论》，张华青译，上海世纪出版集团2009年版。

[8]［美］埃里克·尤斯拉纳：《信任的道德基础》，张敦敏译，中国社会科学出版社2006年版。

[9]［德］黑格尔：《法哲学原理》，范扬等译，商务印书馆1961年版。

[10]［德］尤尔根·哈贝马斯：《合法化危机》，曹卫东译，上海人民出版社2000年版。

[11]［美］加布里埃尔·A.阿尔蒙德、西德尼·维伯：《公民文化》，徐湘林等译，华夏出版社1989年版。

[12]［波］什托姆普卡：《信任——一种社会学理论》，程胜利译，中华书局 2005 年版。

[13]［德］格奥尔格·西美尔：《阅读城市：作为一种生活方式的都市生活》，郭子林译，生活·读书·新知三联书店 2007 年版。

[14]［法］托克维尔：《论美国的民主》，董果良译，商务印书馆 1988 年版。

[15]［美］查尔斯·蒂利：《身份、边界与社会联系》，谢岳译，上海人民出版社 2008 年版。

[16]［美］戈兰·海登：《公民社会与治理转型——发展中国家的视角》，刘明珍选编，中央编译出版社 2008 年版。

[17]［美］马克·E. 沃伦：《民主与信任》，吴辉译，华夏出版社 2004 年版。

[18]［美］马克·格兰诺维特：《社会网与经济行动》，罗家德译，社会科学文献出版社 2003 年版。

[19]［美］迈克尔·基梅尔等：《社会与政治原理》，北京大学出版社 2005 年版。

[20]［美］西达·斯考切波：《国家与社会革命——对法国、俄国和中国的比较分析》，何俊志、王学东译，上海人民出版社 2015 年版。

[21]［美］塞缪尔·亨廷顿：《变化社会中的政治秩序》，王冠华等译，生活·读书·新知三联书店 1989 年版。

[22] 费孝通：《乡土中国·生育制度》，北京大学出版社 2007 年版。

[23]［美］林南：《社会资本——关于社会结构与行动的理论》，张磊译，上海人民出版社 2006 年版。

[24] 王名、刘培峰等：《民间组织通论》，时事出版社 2004 年版。

[25] 王名：《中国民间组织 30 年——走向公民社会》，社会科学文献出版社 2008 年版。

[26] 何增科：《公民社会与第三部门》，社会科学文献出版社 2000 年版。

[27] 何增科：《公民社会与民主治理》，中央编译出版社 2007 年版。

[28] 贾西津：《第三次改革——中国非营利部门战略研究》，清华大学出版社 2005 年版。

[29] 李惠斌、杨雪冬：《社会资本与社会发展》，社会科学文献出版社
2000 年版。

[30] 燕继荣：《投资社会资本》，北京大学出版社 2006 年版。

[31] 刘培峰：《结社自由及其限制》，社会科学文献出版社 2007 年版。

[32] 罗家德：《社会网分析讲义》，社会科学文献出版社 2005 年版。

[33] 孙隆基：《中国文化的深层结构》，广西师范大学出版社 2004 年版。

[34] 冯和法：《中国农村经济史资料（下册）》，华世出版社 1978 年版。

[35] 高嵩：《公共选择经济学导论》，经济管理出版社 2007 年版。

[36] 龚咏梅：《社团与政府关系——苏州个案研究》，社会科学文献出版
社 2007 年版。

[37] 侯小伏：《打开另一扇门——中国社团组织的现状与发展》，群众出
版社 2003 年版。

[38] 李路路：《中国社会结构转型》，袁方等编，中国社会出版社 1998
年版。

[39] ［美］唐文方：《中国民意与公民社会》，胡赣栋、张东锋译，中山
大学出版社 2008 年版。

[40] 汪丁丁：《市场经济与道德基础》，上海世纪出版集团 2007 年版。

[41] 赵鼎新：《社会与政治运动讲义》，社会科学文献出版社 2006 年版。

[42] 周雪光：《组织社会学十讲》，社会科学文献出版社 2003 年版。

[43] 樊刚等：《中国市场化指数——各地区市场化相对进程 2004 年报
告》，经济科学出版社 2004 年版。

[44] 樊刚等：《中国市场化指数——各地区市场化相对进程 2006 年报
告》，经济科学出版社 2006 年版。

二　论文类

[1] 阿兰纳·伯兰德、朱健刚：《公众参与与社区公共空间的生产——对
绿色社区建设的个案研究》，《社会学研究》2007 年第 4 期。

[2] 边燕杰、李煜：《中国城市家庭的社会网络资本》，《清华社会学评
论》（特辑）2000 年第 2 期。

［3］卜长莉：《"差序格局"的理论诠释及现代内涵》，《社会学研究》
2003 年第 1 期。

［4］蔡永飞：《简析人民政协协商民主在我国协商民主中的地位和作用》，
《天津市社会主义学院学报》2007 年第 3 期。

［5］陈捷、卢春龙：《共通性社会资本与特定性社会资本——社会资本与
中国的城市基层治理》，《社会学研究》2009 年第 6 期。

［6］陈晓云：《社会资本与民间标会风险》，《法制与社会》2009 年第 2
期（中）。

［7］储建国：《市场经济、公民社会和民主政治》，《武汉大学学报》（哲
学社会科学版）1999 年第 1 期。

［8］邓燕华、阮横俯：《农村银色力量何以可能——以浙江老年协会为
例》，《社会学研究》2008 年第 6 期。

［9］邓正来：《国家与社会：中国市民社会研究的研究》，《中国社会科
学季刊》1996 年第 15 卷。

［10］方朝晖：《对 90 年代公民社会研究的一个反思》，《天津社会科学》
1999 年第 5 期。

［11］费孝通：《对上海社区建设的一点思考——在"组织与体制：上海
社区发展理论研讨会"上的讲话》，《社会学研究》2002 年第 4 期。

［12］冯仕政：《沉默的大多数：差序格局与环境抗争》，《中国人民大学
学报》2007 年第 1 期。

［13］冯仕政：《典型：一个政治社会学的研究》，《学海》2003 年第
3 期。

［14］冯仕政：《西方社会运动研究：现状与范式》，《国外社会科学》
2003 年第 5 期。

［15］高丙中：《社团合作与中国公民社会的有机团结》，《中国社会科
学》2006 年第 3 期。

［16］高春芽：《利益集团、合作主义与经济增长——试论奥尔森的共容
组织思想》，《甘肃行政学院学报》2008 年第 3 期。

［17］高兆明：《公民社会的建立与家族精神的破灭——兼论"公民社
会"研究进路》，《学海》1999 年第 3 期。

［18］巩建华：《中国公共治理面临的传统文化阻滞分析》，《社会主义研究》2007年第6期。

［19］何宏光、李远行：《中国社会语境下关系网的发生运作和变迁》，《安徽大学学报》（哲学社会科学版）2008年第1期。

［20］胡必亮：《村庄信任与标会》，《经济研究》2004年第4期。

［21］奂平清：《我们需要什么样的"关系社会学"研究》，《科学社会主义》2010年第1期。

［22］康晓光、韩恒：《分类控制：当前中国大陆国家与社会关系研究》，《开放时代》2008年第2期。

［23］康晓光：《转型时期的中国社团》，《中国社会科学季刊》（香港）1999年第28期。

［24］黎熙元、陈福平：《社区论辩：转型期中国城市社区的形态转变》，《社会学研究》2008年第2期。

［25］李强：《后全能主义体制下现代国家的构建》，《人大复印报刊资料·政治学》2002年第2期。

［26］李涛等：《什么影响了居民的社会信任水平？——来自广东省的经验证据》，《经济研究》2008年第1期。

［27］李姿姿：《国家行为与社会资本构建》，《兰州学刊》2007年第2期。

［28］李姿姿：《社会团体内部权力与交换关系研究——以北京市海淀区个体劳动者协会为个案》，《社会学研究》2004年第2期。

［29］梁克：《社会关系多样化实现的创造性空间——对信任问题的社会学思考》，《社会学研究》2002年第3期。

［30］刘春荣：《中国城市社区选举的想象：从功能阐释到过程分析》，《社会》2005年第1期。

［31］刘林平、万向东：《论"树典型"——对一种计划经济体制下政府行为模式的社会学研究》，《中山大学学报》（社会科学版）2000年第3期。

［32］刘林平、万向东：《企业的社会资本：概念反思和测量途径——兼评边燕杰、丘海雄的〈企业的社会资本及其功效〉》，《社会学研

究》2006 年第 2 期。

[33] 刘林平、万向东：《外来人群体中的关系运用——以深圳"平江村"为个案》，《中国社会科学》2001 年第 5 期。

[34] 刘能：《怨恨解释、动员结构和理性选择——有关中国都市地区集体行动发生可能性的分析》，《开放时代》2004 年第 4 期。

[35] 刘岩、刘威：《从"公民参与"到"群众参与"——转型期城市社区参与的范式转换与实践逻辑》，《浙江社会科学》2008 年第 6 期。

[36] 陆小娅、彭泗清：《信任缺失与重建》，《中国青年报》1995 年 9 月 26 日。

[37] 路风：《单位：一种特殊的社会组织形式》，《中国社会科学》1993 年第 1 期。

[38] 马得勇：《社会资本：对若干理论争议的批判分析》，《政治学研究》2008 年第 5 期。

[39] 马得勇：《政治信任及其起源——对亚洲 8 个国家和地区的比较研究》，《经济社会体制比较》（双月刊）2007 年第 5 期。

[40] 倪星：《政府合法性基础的现代转型与政绩追求》，《中山大学学报》（社会科学版）2006 年第 4 期。

[41] 彭泗清：《信任的建立机制：关系运作与法制手段》，《社会学研究》1999 年第 2 期。

[42] 沈毅：《"家""国"关联的历史社会学分析——兼论"差序格局"的宏观建构》，《社会学研究》2008 年第 6 期。

[43] 施芸卿：《机会空间的营造——以 B 市被拆迁居民集团行政诉讼为例》，《社会学研究》2007 年第 2 期。

[44] 石发勇：《关系网络与当代中国基层社会运动——以一个街区环保运动个案为例》，《学海》2003 年第 3 期。

[45] 随付国：《奥尔森分利集团理论述评》，《东南大学学报》（哲学社会科学版）2006 年 6 月第 8 卷增刊。

[46] 孙立平：《"关系"、社会关系与社会结构》，《社会学研究》1996 年第 5 期。

[47] 孙立平：《改革前后中国大陆国家、民间统治精英及民众间互动关

系的演变》,《中国社会科学季刊》(香港) 1994 年第 1 期。

[48] 孙志祥:《北京市民间组织个案研究》,《社会学研究》2001 年第 1 期。

[49] 陶传进:《市场经济与公民社会的关系:一种批判的视角》,《社会学研究》2003 年第 1 期。

[50] 田忠:《经济市场化背景下的当代中国公民社会》,《理论与改革》2001 年第 2 期。

[51] 王绍光、何建宇:《中国的社团革命——中国人的结社版图》,《浙江学刊》2004 年第 6 期。

[52] 王绍光、刘欣:《信任的基础:一种理性的解释》,《社会学研究》2002 年第 5 期。

[53] 王小章:《中古城市与近代公民权的起源:韦伯城市社会学的遗产》,《社会学研究》2007 年第 3 期。

[54] 王雪飞、山岸俊男:《信任的中日美比较》,《社会学研究》1999 年第 1 期。

[55] 王毅杰、周现富:《城市居民信任的差序格局》,《天府新论》2009 年第 2 期。

[56] 魏伟:《政治经济学视角下的中国城市研究:资本扩张、空间分化和都市运动》,《社会》2007 年第 2 期。

[57] 翁玲玲:《从外人到自己人:通过仪式的转换意义》,《广西民族学院学报》(哲学社会科学版) 2004 年第 6 期。

[58] 熊跃根:《转型经济国家中的"第三部门"发展:对中国现实的解释》,《社会学研究》2001 年第 1 期。

[59] 徐畅:《"合会"述论》,《近代史研究》1998 年第 1 期。

[60] 徐勇:《"回归国家"与现代国家的建构》,《东南学术》2006 年第 4 期。

[61] 徐勇:《"政党下乡":现代国家对乡土的整合》,《学术月刊》2007 年第 8 期。

[62] 徐勇:《现代国家建构中的非均衡性和自主性分析》,《华中师范大学学报》2003 年第 5 期。

[63] 阎云翔:《差序格局与中国文化的等级观》,《社会学研究》2006 年第 4 期。

[64] 杨敏:《作为国家治理单元的社区——对城市社区建设运动过程中居民社区参与和社区认知的个案研究》,《社会学研究》2007 年第 4 期。

[65] 杨宜音:《"自己人":信任建构过程的个案研究》,《社会学研究》1999 年第 2 期。

[66] 杨宜音:《关系化还是类别化:中国人"我们"概念形成的社会心理机制探讨》,《中国社会科学》2008 年第 4 期。

[67] 杨中芳、彭泗清:《中国人人际信任的概念化:一个人际关系的观点》,《社会学研究》1999 年第 2 期。

[68] 俞可平:《中国公民社会:概念、分类与制度环境》,《中国社会科学》2006 年第 1 期。

[69] 翟学伟:《是"关系",还是社会资本》,《社会》2009 年第 1 期。

[70] 翟学伟:《再论"差序格局"的贡献、局限与理论遗产》,《中国社会科学》2009 年第 3 期。

[71] 张冠生:《中国政党制度的社会整合效应》,《中央社会主义学院学报》2007 年第 4 期。

[72] 张济顺:《上海里弄:基层政治动员与国家社会一体化走向（1950—1955)》,《中国社会科学》2004 年第 2 期。

[73] 张建新、M. Bond:《指向具体人物对象的人际信任:跨文化比较及其认知模型》,《心理学报》1993 年第 2 期。

[74] 张紧跟、庄文嘉:《非正式政治:一个草根 NGO 的行动策略——以广州业主委员会联谊会筹备委员会为例》,《社会学研究》2008 年第 2 期。

[75] 张磊:《业主维权运动:产生原因及动员机制——对北京市几个小区个案的考查》,《社会学研究》2005 年第 6 期。

[76] 张其仔:《社会网与基层社会生活——晋江市西滨镇跃进村案例研究》,《社会学研究》1999 年第 3 期。

[77] 张强:《自家人、自己人和外人——中国家族企业的用人模式》,

《社会学研究》2003 年第 1 期。

［78］张文宏：《城市居民社会网络中的差序格局》,《江苏行政学院学报》2008 年第 1 期。

［79］张喜红：《社会团体与当代中国民主政治发展》,《长白学刊》2007 年第 3 期。

［80］张献生：《共产党领导的多党合作：世界政党制度中一种特殊的类型》,《政治学研究》2007 年第 2 期。

［81］张献生：《我国多党合作中的政党关系》,《政治学研究》2006 年第 1 期。

［82］张翔、邹传伟：《标会会案的发生机制》,《金融研究》2007 年第 11 期。

［83］张翔：《合会的信息汇聚机制——来自温州和台州等地区的初步证据》,《社会学研究》2006 年第 4 期。

［84］张扬：《社会运动研究的国家——社会关系视角》,《学海》2007 年第 5 期。

［85］赵秀梅：《中国 NGO 对政府的策略：一个初步考察》,《开放时代》2004 年第 6 期。

［86］赵延东：《再就业中社会资本的使用——以武汉市下岗职工为例》,《学习与探索》2006 年第 2 期。

［87］郑永年：《政治改革与中国国家建设》,《战略与管理》2001 年第 2 期。

［88］郑振龙、林海：《民间金融的利率期限结构和风险分析：来自标会的检验》,《金融研究》2005 年第 4 期。

三　外文类

［1］ Adam B. Seligman, *The Problem of Trust*, Princeton University Press, 1997.

［2］ Barbara A. Misztal, *Trust in Modern Societies*, Blackwell, 1996.

［3］ Bernard Barber, *Informed Consent*, University Press, 1980.

［4］ Bernard Barber, *The Logic and Limits of Trust*, University Press, 1983.

［5］ Dacvid Meyerand, Sideney Tarrow, *The Social Movement Society*: *Contentious Politics for a New Century*, Rowman and Littlefied, 1998.

［6］ David G. Green, *Reinventing Civil Society*, Institute of Economic Affairs Health and Welfare Unit, 1993.

［7］ Doug McAdam, *Political Process and the Development of Black Insurgency*: 1930 – 1970, University of Chicago Press, 1982.

［8］ Ernest Gellner, *Conditions of Liberty*: *Civil Society and Its Rivals*, Allen Lane/Penguin Press, 1994.

［9］ Franklin I. Gamwell, *Beyond Preference*: *Liberal Theories of Independent Association*, University of Chicago Press, 1984.

［10］ Gabriel Almond, Verba Sidney, *The Civic Culture*. Princeton, Princeton University Press, 1963.

［11］ D. Gambetta (ed.), *Trust*: *Making and Breaking Social Relations*, Oxford: Oxford University Press, 1988.

［12］ Gordon White, Jude Howell, Shang Xiao Yuan, In *Search of Civil Society*: *Market Reform and Social Change in Contemporary China*, Clarendon Press, 1996.

［13］ J. Craig Jenkins, Bert Klandermans, *The Politics of Social Protest*, University of Minnesota Press, 1995.

［14］ Jeffrey M. Berry, *The Interest Group Society*, Addison Wesley Longman, 1997.

［15］ John Flower, Pamela Leonard, *Community Values and State Cooptation*: *Civil Society in the Sichuan Countryside*, in Hann, Chris and Dunn, Elizabeth, ed. , Civil Society. London: Routledge, 1996.

［16］ Jonah Levy, *Tocqueville's Revenge*: *State, Society and Economy in Contemporary France*, Harvard University Press, 1999.

［17］ Keith Tester, *Civil Society*, Routledge, 1992.

［18］ Mark E. Warren (ed.), *Democracy and Trust*, Cambridge University Press, 1999.

[19] Nan Lin, *Social Capital*, Cambridge University Press, 2001.

[20] Paul Hirst, *Associative Democracy: New Forms of Economic and Social Governance*, University of Massachusetts Press, 1994.

[21] Philip Abrams, *Historical Sociology*, Cornell University Press, 1982.

[22] Robert D. Putnam, *Bowling Alone: The Collapse and Revival of American Community*, Simon & Schuster, 2000.

[23] Robert D. Putnam, Robert Leonardi, Raffaella Y. Nanetti, *Making Democracy Work: Civic Traditions in Modern Italy*, Princeton University Press, 1993.

[24] Ronald Burt, *Structural Holes: The Social Structure of Competition*, Harvard University Press, 1992.

[25] Ronald Inglehart, *Culture Shift in Advanced Industrial Society*, Princeton University Press, 1990.

[26] Ronald Inglehart, *Modernization and Post-Modernization: Cultural, Economic and Political Change in 43 Societies*, Princeton University Press, 1997.

[27] Theda Skocpol, Morris Fiorina (eds.), *Civic Engagement in American Democracy*, Brookings Institute, 1999.

[28] Valerie Braithwaite, M. Levi, *Trust and Governance*, Russell Sage Foundation, 1998.

附录 互联网用户网络参与调查问卷

尊敬的朋友：

您好！

这次调查是由厦门大学社会学与社会工作系组织实施的问卷调查，主要目的是了解互联网用户网络使用和网络参与等方面的情况。

近十年来，互联网用户已在我国逐渐增多起来。越来越多的人认识到，互联网的使用与每个人的生活与工作息息相关，与人们的社会参与息息相关。通过这次调查，我们可以了解互联网用户在网络使用方面的情况，对制定相应的社会政策具有十分重要的意义。

这次调研工作采取无记名的方式进行。我们保证对您所提供的信息严格保密。每一份问卷的信息以数据编码形式输入，您的回答不涉及是非对错，请您按照实际情况逐一回答问卷中所提出的每个问题。

厦门大学社会学与社会工作系

2011 年 7 月

对您的合作与支持，我们表示衷心的感谢！

填答问卷说明：

[1] 本问卷由访问员在访问过程中填写，或由被访问人在访问员的指导下填写。

[2] 如果由被访人自己填写，请仔细阅读题目，并根据题目的要求，在答案中选择与您的情况最相符的答案，在编号上打"√"，或将编号填写到空格里。

〔3〕有些题目需要您直接填写数字或文字。

〔4〕请一定要注意填写的要求。例如，如果只能选择一个答案的话，请勿选择两个答案。

〔5〕所有问题都要作回答。如果你没有此项内容，请在答题处填"0"。

问卷编号：_____

访问员编号：_____

调查地点：_____

填写日期：_____

一　互联网使用基本情况

A1. 您一般在何处使用计算机？（可多选）

A. 家里　B. 学校　C. 工作单位　D. 朋友家或亲属家
E. 网吧　F. 其他_____

A2. 过去的 7 天里，您接入互联网上网的时间是_____（包括计算机、手机、平板电脑等）

A. 小于 1 小时　B. 1—2 小时　C. 3—5 小时　D. 6—10 小时
E. 10 小时以上

A3. 您第一次上网是在哪一年？_____

A4. 您如何评价自己运用互联网搜索信息的技能水平？

A. 初等水平　B. 中等水平　C. 中等偏上　D. 优秀

A5. 以下何种原因最可能让您停止使用互联网？

A. 花费太大　B. 没有时间　C. 失去兴趣
D. 在网上得不到自己想要的信息　E. 网上认识的人都不是真心朋友
F. 其他_____

A6. 您使用互联网以下功能的频率是?

	每天几次	每周几次	每月几次	每年几次	从不使用
A6.1 信息搜索	4	3	2	1	0
A6.2 影视、视频、音乐、软件等下载	4	3	2	1	0
A6.3 看体育、娱乐新闻	4	3	2	1	0
A6.4 看时事新闻	4	3	2	1	0
A6.5 在网上论坛看帖	4	3	2	1	0
A6.6 在网上论坛回帖	4	3	2	1	0
A6.7 收发电子邮件	4	3	2	1	0
A6.8 在线网络游戏	4	3	2	1	0
A6.9 使用社交网站（人人、开心网等）	4	3	2	1	0
A6.10 使用博客、微博等个人空间功能	4	3	2	1	0
A6.11 使用即时聊天工具（QQ、MSN 等）	4	3	2	1	0
A6.12 网络销售购物	4	3	2	1	0
A6.13 网络金融服务（炒股、网银、理财等）	4	3	2	1	0
A6.14 网络教育与培训	4	3	2	1	0
A6.15 通过网络了解工作相关的信息、资讯	4	3	2	1	0

二　网络沟通与交往情况

B1. 大多数人时常会和他人讨论重要的问题。这些人，可以是自己的配偶、家人、亲戚、同事、老同学、邻居、朋友及网友等。在过去半年内，您在网络上和谁讨论过对您来说是重要的问题呢? 请你说出所有这些人的姓或简称，如老张、小李、王姨、老伴等。（调查员：将被访者所说的交往对象按重要性程度，把其中最重要的五个人依次记录在下表第一行，同时请调查员记录被访者提出的全部人名的数目：_____。注意：如果提名超过 5 个，记录实际数字。）

与之讨论问题的主要对象	第一人姓：	第二人姓：	第三人姓：	第四人姓：	第五人姓：
B1　a. 您与他主要讨论哪方面问题呢？ 1）有具体事情要办　2）情感方面的问题，或生活、工作以及其他方面的社会问题　3）两者都有　0）不适用					
B1　b. 他是您的什么人？ 1）家庭成员　2）亲属 3）朋友　4）网友　5）同事 6）邻居　7）其他　0）不适用					
B1　c. 他的性别： 1）男　2）女　0）不适用					
B1　d. 他的年龄是： 0）不适用					
B1　e. 他的教育程度是： 1）小学及以下　2）初中 3）高中（含中专、职高） 4）大专　5）本科　6）研究生以上　0）不适用					
B1　f. 他的职业是： 0）不适用					
B1　g. 他的工作单位/公司是： 1）党政机关　2）国有企业 3）国有事业　4）集体企事业 5）个体经营　6）私/民营企事业　7）三资企业　8）其他类型　0）不适用					

续表

与之讨论问题的主要对象	第一人姓：	第二人姓：	第三人姓：	第四人姓：	第五人姓：
B1　h. 他在工作中是否从事管理工作，如果承担管理工作，他的级别属于哪一层次： 1）无管理职务　2）一般管理人员　3）中级管理人员 4）高级管理人员　0）不适用					
B1　i. 在过去半年内与他聊天或娱乐的频繁程度是： 1）经常（每周一、二次） 2）有时（一月一、二次） 3）很少（半年一、二次） 4）没有过					

B2. 他居住在：

A. 同一社区　B. 同一城市　C. 同一省份　D. 其他省份

E. 其他国家　F. 不适用

B3. 您曾经有在互联网上与陌生人认识并成为朋友的经历吗？

A. 没有　B. 有→有几人？ ＿＿＿＿＿＿人→其中见过面的有几人？

＿＿＿＿＿人

B4. 在最近半年内，您与下列人群联系的主要方式是？（不适用＝0）

	面对面交流	手机、电话	纸质信件	电子邮件	即时聊天工具（QQ/MSN 等）
家人	1	2	3	4	5
朋友、同学	1	2	3	4	5
同事	1	2	3	4	5

B5. 您如何看待大多数在网络上认识的陌生网友？ ＿＿＿＿＿＿＿（被访者没有认识的，可假设他人）

A. 与现实中一样，可以成为亲密的朋友

B. 认识一下，不可以深入持久

C. 完全是骗人的，不可交往

B6. 您对网络上各类互动平台或社区的评价是_____

A. 大多数社区都很有秩序，风气非常文明

B. 各社区差异比较大，有好有坏

C. 大多数社区都缺乏秩序，风气很不文明

B7. 您觉得网络上各种不文明（谩骂、情绪发泄和使用脏话等）和各种不法现象（欺诈），最可能是由于以下何种原因造成？（限两项）

　1.　_____　2.　_____

A. 在匿名环境下人的本性　　B. 在虚拟环境下人的非理性情绪

C. 网络管理不力　　D. 部分人的素质原因

E. 现实社会的不公平　　F. 缺乏现实的表达渠道

G. 其他_____

三　网络参与状况

C1. 您平时主要通过什么方式获得时事新闻或政策信息（例如房价涨跌、两会提案、社会冲突事件、政府政策等)？

A. 政府机构　B. 电视、电台　C. 互联网　D. 专家学者

E. 报纸、杂志　F. 与周围人交流　G. 其他_____

C2. 您觉得网络上的新闻与现实新闻相比较_____

A. 更真实　B. 更不真实　C. 差不多

C3. 您觉得网络上的评论_____

A. 更多情绪表达　B. 更多理性思考　C. 差不多

C4. 您参加过以下哪些类型的网络投票？_____（可多选）

A. 生活娱乐（美食、旅游等）　　B. 财经（经济预测、房价股市走势等）　C. 时事政治（表达政策意见、对新闻事件态度等）　D. 体育娱乐（比赛预测、喜爱的明星等）　E. 其他_____　F. 从没有参与过

C5. 您对以下网络活动的参与频率是?

	经常	偶尔	从来没有
浏览政府官方网站	3	2	1
关注新政策出台的新闻	3	2	1
在网站上对一些新闻发表评论	3	2	1
给单位领导发邮件或网络留言提意见	3	2	1
给政府官员或部门发邮件或网络留言提意见	3	2	1
在博客、日志、微博上发表关于单位或政府管理的评论	3	2	1
网络信访、网络举报	3	2	1
参加过网友组织的线上集体活动	3	2	1
参与过网友组织的线下集体活动	3	2	1

C6. 网络管制政策既可能对网络自由和网络民主产生限制,但是又可能起到保护公民信息安全和网络有序环境的作用。您对以下网络管制政策的态度是怎样的呢?

	非常支持	比较支持	比较反对	非常反对
关键词过滤	4	3	2	1
屏蔽敏感词	4	3	2	1
限制境外网站访问	4	3	2	1
网络实名制	4	3	2	1

C7. 就您的个人感觉而言,您觉得政府在回应网络上的意见和评论时的态度是: _____

A. 非常有效率 B. 比较有效率 C. 一般,遮遮掩掩的

D. 不太有效率 E. 完全不理睬 F. 其他_____

四 互联网评价

D1. 以下对于网络交往的评价,比较符合您的感受的情况是:

	非常符合	比较符合	不太符合	完全不符合
网络交往让我不容易感到孤单	4	3	2	1
网络交往让我感到更加自由	4	3	2	1
网络交往让我拥有了更多表达自己的机会	4	3	2	1
网络交往让我认识了更多志同道合的朋友	4	3	2	1
网络交往让我加深了与现实朋友的联系	4	3	2	1

D2. 对于网络信息和舆论的评价，比较符合您的感受的情况是：

	非常赞同	比较赞同	不太赞同	完全不赞同
网络信息和舆论有助于行政监督	4	3	2	1
网络信息和舆论有助于公民权利发挥	4	3	2	1
网络信息和舆论有助于了解更多的事实真相	4	3	2	1
网络信息和舆论有助于让弱者获得帮助	4	3	2	1
网络信息和舆论有助于让问题得到解决	4	3	2	1
网络信息和舆论有助于人们能力的提高	4	3	2	1

D3. 与现实相比较，对于网络各类组织和活动的参与，比较符合您的感受的情况是：

	非常赞同	比较赞同	不太赞同	完全不赞同
网络活动比现实活动更加开放	4	3	2	1
网络活动比现实活动更加公平	4	3	2	1
网络活动比现实活动更加多元化	4	3	2	1
网络活动比现实活动更能引起人们的兴趣	4	3	2	1
网络活动比现实活动互动性更强	4	3	2	1

五 社会参与和认知

E1. 总体而言，您对自己所过的生活感觉是怎样的呢？您感觉您的生

活是：_____

A. 非常不幸福　B. 不幸福　C. 一般　D. 幸福　E. 非常幸福

E2. 根据您的一般印象，您对一些重要事情所持的观点和看法与社会大众一致的时候有多少呢？_____

A. 非常少　B. 比较少　C. 一般　D. 比较多　E. 非常多

E3. 根据您对自己的评价，您觉得自己的性格是：_____

A. 非常外向　B. 比较外向　C. 比较内向　D. 非常内向

E. 差不多

E4. 在过去半年里，您与以下各类人群的日常来往联系的频率是：

	每天几次	每周几次	每月几次	每年几次	从不
家人	4	3	2	1	0
亲戚	4	3	2	1	0
朋友	4	3	2	1	0
同事	4	3	2	1	0
同学	4	3	2	1	0
邻居	4	3	2	1	0
陌生网友	4	3	2	1	0

E5. 对于您所在的社区中的以下各项活动，您的参与意愿是：

	很有兴趣	比较有兴趣	较少兴趣	完全没兴趣
社区体育活动（健身、球类活动）	4	3	2	1
社区治安活动（治安讨论会、联防）	4	3	2	1
社区环境活动（绿化、环境公益）	4	3	2	1
社区志愿者活动（助老、助残、助学等）	4	3	2	1
社区选举（居委会、业委会）	4	3	2	1

E6. 假设当您的个人权益受到损害时，您可能选择以下方式的排序是：

A. 找熟人帮忙_____　　B. 借助法律手段_____

C. 向相关政府机关申诉_____   D. 在网络上发帖_____

E. 求助社会组织_____   F. 其他_____

E7. 假设当他人的个人权益受到损害时，您可能支持选择以下方式的排序是：

A. 找熟人帮忙_____   B. 借助法律手段_____

C. 向相关政府机关申诉_____   D. 在网络上发帖_____

E. 求助社会组织_____   F. 其他_____

E8. 对下列说法，您的态度是：

	非常同意	比较同意	比较不同意	完全不同意
应该从有钱人那里征收更多的税来帮助穷人	4	3	2	1
只要孩子够努力聪明，都该有同样的升学机会	4	3	2	1
遇到社会不公正现象，每个人都有义务去抵制	4	3	2	1
任何见到他人遇到危险的人，都应该去帮助	4	3	2	1
社会应该给予人们更多表达自己意见的机会	4	3	2	1
各类政策、法规和制度应该是多数人同意的结果	4	3	2	1
人们在讨论中应该用更多事实证据来证明自己的观点	4	3	2	1
组织应该在对后果利弊充分考虑后，作出决策	4	3	2	1
社会应该接纳不同背景（户籍、信仰、性取向等）的人	4	3	2	1
社会上大多数人是值得信任的	4	3	2	1

六　个人基本情况

F1. 您的性别：_____   A. 男 B. 女

F2. 您的出生年是：_____

F3. 您的教育程度是：_____

A. 小学及以下 B. 初中 C. 高中（含中专、职高）   D. 大专   E. 本科 F. 研究生以上

F4. 您的政治面貌是：_____

A. 群众 B. 中共党员   C. 民主党派 D. 共青团员

F5. 您居住的社区是：_____

A. 商品房社区　B. 老城区　C. 单位社区　D. 城中村社区

E. 乡镇社区　F. 其他_____

F6. 您的月收入是：_____

A. 1000 元以下　B. 1001—2000 元　C. 2001—3000 元

D. 3001—4000 元　E. 4001—5000 元　F. 5000 元以上

F7. 您的职业是：_____

F8. 您的工作单位类型是：_____

A. 党政机关　B. 国有企业　C. 国有事业　D. 集体企事业

E. 个体经营　F. 私/民营企事业　G. 三资企业　H. 其他类型

F9. 您在工作中是否从事管理工作，如果承担管理工作，您的级别属于哪一层次：_____

A. 无管理职务　B. 一般管理人员　C. 中级管理人员

D. 高级管理人员　E. 否　F. 不适用

F10. 您的婚姻状况是：_____

A. 未婚　B. 已婚　C. 离异　D. 丧偶

方便的话，能否留给我们您常用的电子邮箱或 QQ/MSN 号？该信息仅为我们复核问卷之用。非常感谢！

您的电子邮箱：_____　　QQ/MSN：_____

问卷到此结束，再次感谢您的积极配合！

祝您生活愉快，万事如意！

后 记

从我在中山大学获得社会学博士学位，毕业至今已逾八个年头。一直有出版博士学位论文的想法，奈何工作后申报课题、备课教学、写作论文、结婚生子、生了再生等诸事缠身，外加拖延症作祟，直到今日才将博士学位论文的书稿付梓，着实有些惭愧。以今日视之，书稿的主题和资料似乎也略显陈旧，难免贻笑方家。

然而当品读发表在国际顶尖期刊上的中国研究时，发现不少海外学者仍在用中国20世纪90年代的数据资料反复探讨一个个并不时新的中国问题，我心便得稍安。细想自己这十几年来的学术之路，从关注"社区建设"到"社会组织""公众参与"和"社会资本"，再到工作后开始做互联网方面的研究，实际上"参与"这个主题贯穿了我这些年的学术生涯。对于社会科学研究来说，任何旧话题都可以是新话题，任何旧资料也可以是新资料。新旧与否不取决于时间，而在于这些话题和资料揭示了何种社会科学原理。也因为纠结于理论贡献的小自信和回看书稿时惊叹"这写得是啥"的不自信，自思虑再三才决定出版，分享一些对中国社会运行的浅见，热忱地期待同行们暴风骤雨般的批评。

言归正传，由于多年来我的研究领域是城市社区研究，无论是实体社区还是虚拟社区，社会成员"参与"的问题一直萦绕心中，玩味至今。参与，可以是原子化的或组织性的，也可以是理性的或非理性的，还可以是众生喧哗的或万马齐喑的。不同的参与会有不同的效果，想通过何种参与取得何种效果，这种问题让社会学的结构分析可以大展拳脚。简而言之，本书的主旨就是利用社会学的结构分析方法，尝试探讨怎样的公众参与可以构建我们想要的社会资本，而这样的公众参与又通过改变何种社会结构可以逐渐实现的问题。

　　无奈水平有限，而在求学、工作多年的今天，我更加深刻体会到了这一点。从构思，资料收集、分析，前人著述的研读，写作直到书稿的修改和内容补充，这数十万字的书稿成型，包含了诸多的纠结和兴奋。但这种个体写作的体验却是难以分享的，一切都需要希望在学术之路上能收获更多的学人之努力和勤奋。然而，本人做得并不好。

　　有幸的是，在学术生涯中，我总能遇到睿智、勤奋、努力的学者。这份书稿最初的诞生，无疑凝聚着我的博士生导师——中山大学蔡禾教授的心血。从读博开始时，我本想偷懒，延续硕士阶段时的研究，自认为再补充点资料就可以完成博士学位论文。然而蔡老师的严格，让我打消了这个念头。此后因为在硕士阶段对两个非营利组织有较长时间的跟踪调查资料，我又想做一个微观的组织研究。但在蔡老师的启发与要求下，逐步转变成为这篇力图在更大理论视野下看待公众参与和社会资本问题。在与蔡禾教授的交流中，他对城市社会学理论的清晰阐释和独到见解，总能让我有茅塞顿开的感觉，也使我对自己的课题研究有了更深刻的理解和认识。最让我感动的是，蔡老师不对学生的学术兴趣进行约束，而是以鼓励和指导的方式，对学生进行启发。这种方式，也给予了我更多的空间去探索自己感兴趣的问题。在未来的人生路上，我要努力做到的，也应该做到的，就是用更好的学术作品来回报曾经教育过我的导师和老师们。

　　这本书稿的成型也离不开中山大学黎熙元教授的启发。在硕士阶段的学习中，我很庆幸自己遇到了人生路上的第一位导师——黎熙元教授。在她身上，我看到了一位优秀学者的才华和学术品质。从读研、读博再到现在在厦门大学工作，我也一直能得到她孜孜不倦的教诲和关心。黎老师对社会网络理论和中国社会的文化特质有着深刻理解，在我们边喝茶边天马行空般聊天、辩论的时光中，这些思想火花也慢慢融会到了这本书稿之中。

　　同时，在此也对我的博士学位论文曾提出过宝贵建议的中山大学社会学与人类学学院的李若建教授、王宁教授、刘林平教授、丘海雄教授、李伟民教授、梁玉成教授、万向东副教授、王进教授等诸位老师表示衷心的感谢和祝福。在我入职厦门大学后，厦门大学社会学与社会工作系的胡荣教授、张友琴教授、徐延辉教授、易林教授、周志家副教授、唐美玲副教授、龚文娟副教授和魏爱棠副教授等诸位教授也为书稿的修订和补充章节提供了帮助和建议，在此深表感谢。我也必须感谢中山大学2007级社会学博士班的李超海、许涛、王嘉顺、罗忠勇、陈小娟、林湘华、曾平治、张宇翔等诸位同学，感谢在与每一位同学的讨论、交流中，让我获得了诸多论文写作的灵感和精彩建议。

我也必须感谢厦门大学公共事务学院的陈素蜜女士和中国社会科学出版社的孔继萍女士。书稿修订之时，我正身处美国访学，若没有她们的关心和帮助，或许这份书稿至今还躺在电脑里，不知何时得见天日。

感谢在我的书稿写作中，一路支撑和陪伴我的家人。我的父亲、母亲和岳父、岳母，在这些年从求学到工作的科研之路上，他们不仅仅在物质和精神上全力支持我，也在家务劳动和照料小孩上给予了最大的帮助。最后，我对我的妻子陈丽女士深表谢意。她不但在生活中承担了大量照顾和培养孩子的工作，让我有足够的时间从事写作，而且也直接帮助我修订了书稿中若干章节的语病和缺漏。得妻如此，人生之幸。

陈福平

2018 年 4 月 12 日于美国